가족의 탄생

인문사회과학총서 • 76

가족의 탄생

가족 개념의 변화에 따른 미혼모와 입양인의 권리

이준일

고려대학교출판부
KOREA UNIVERSITY PRESS

The Birth of Family

Rights of Unwedded Women and Adopted People according to the Change of Concept of Family

Prof. **ZOONIL YI**

Korea University Law School

이 책은 고려대학교출판부가 조성한
학술출판기금으로 만들어졌습니다.

책머리에

듣기만 해도 가슴을 뭉클하게 하는 단어가 있다. 가족. 하지만 모든 사람에게 가족이 같은 의미로 다가오는 것은 아니다. 어떤 사람에게 가족은 혈연이다. 그 사람에게 가장 감동적인 문장은 아마도 '피는 물보다 진하다'일 것이다. 반면에 어떤 사람에게 가족은 사랑이다. 물론 혈연이 사랑의 원천이라면 할 말이 없지만 사랑은 결코 혈연에서만 나오는 것은 아니다. 죽음보다 강한 사랑은 사랑하는 사람을 위해 목숨을 걸게 하기도 한다. 피도 한 방울 섞이지 않은 사랑하는 연인, 배우자, 친구, 동지를 위해 많은 사람이 목숨을 바친다. 사랑으로 묶인 공동체를 가족이라 불러도 무방하지 않은가?

아직도 많은 사람들이 궁금해 한다. 가족은 혈연인가? 사랑인가? 하지만 이건 '엄마가 더 좋아, 아니면 아빠가 더 좋아'만큼 유치한 질문이다. 엄마가 더 좋다고 해도 아빠의 중요성이 없어지는 것은 아니고, 아빠가 더 좋다고 해서 엄마의 가치가 사라지는 것은 아니다. 가족에서 혈연은 중요하다. 하지만 사랑도 가족에서 중요하다. 오히려 혈연이 중요했던 전통적인 가족에서 사랑이 중요한 현대적인 가족으로 가족 개념이

진화하고 있다. 따라서 혈연과 사랑은 양자택일적 가치가 아니다. 혈연이 중심이 된 가족도 가족이고, 사랑이 중심이 된 가족도 가족이다. 이 명제를 증명하는 과정에서 미혼모와 입양인을 만나게 되었다. 그리고 그들의 권리를 체계적으로 정리해야 할 필요를 느끼게 되었다. 그래서 이 책을 세상에 내놓는다.

유난히 더웠던 여름 동안 런던에서 금메달을 따기 위해 투혼을 불사르는 국가대표선수들처럼 교정을 위해 불철주야로 수고해 준 나의 조교 손민호에게 감사한다. 그리고 편집을 위해 땀 흘려 수고해 준 고려대학교 출판부 편집진에게도 고마움을 전한다. 끝으로 항상 글을 쓴다는 핑계로 가족에게 소홀한 남편이자 아버지를 이해해 준 사랑하는 아내와 세 아들(요한, 우혁, 예훈)에게도 이 자리를 빌려 가족의 이름으로 감사의 마음을 전하고 싶다.

2012년 여름
고려대학교 연구실에서
이준일(YI, Z.I.)

차례

제1장

헌법상 가족의 개념

I. 한국 헌법에서 가족

1. 가족에 관한 헌법규정의 역사

이미 건국헌법에서부터 등장한 '가족'은 중간에 잠시 사라지기는 했지만 현행 헌법에 이르기까지 헌법에서 사용되는 중요한 개념 가운데 하나다(〈표 1-1〉 참조). 그런데 헌법에서 '가족'은 등장할 때마다 항상 '혼인'과 함께 결합됨으로써 그 연관성을 추정하도록 만들었다. 어쨌든 혼인과 결합된 가족은 재산과 함께 사법질서(재산법질서와 가족법질서)를 형성하는 두 기둥 가운데 하나다.

우선 1948년 건국헌법은 혼인에 대해서는 '남녀동권(同權)'과 '순결'을 요구하고, 가족에 대해서는 '건강'을 요구하였다. 당시에 축첩(蓄妾)이나 조혼(早婚) 또는 매매혼(賣買婚)과 같은 여성에게 불평등한 전근대적 폐습이 여전히 남아 있었고, 산업사회로 진입하기 이전이어서 대부분의 가족 형태가 대가족이었음에도 충분한 주거시설이 제공되지 못했던 현실을 반영한 것으로 이해된다. 건국헌법을 기초한 유진오 박사는 이 규정의 의미를 비슷한 맥락에서 설명한다. "혼인은 남녀동권을 기본으로 한다고 규정한 것은 〔…〕 우리나라에서는 종래로부터 축첩풍습과 같은 여자의 인격을 무시하는 악습이 존재하고 있으므로 그 악습을 단연(斷然) 배제하기 위하야 본조를 둔 것이다. 그리고 혼인의 순결도 남녀평등을 기본으로 한 남녀의 합의에 의한 혼인을 하는 것을 의미함으로 전기(前記)한 축첩풍습은 물론 상금(尙今) 농촌지방에 그 자취를 남기고 있는 조혼제도라든가 인신매매적 혼인 같은 폐습도 국가가 이를 소멸시키도록 노력하여야 할 것이며 또 가족의 건강에 대하여도 국가는 특별한 보호를 가하여야 할 의무를 지는 것이므로 건강한 가정생활을 위한 주택문제, 다수한 자녀를 가진 사람에게 대한 보수의 증급(增給) 등에 관하여도 국가는 〔…〕 적극적으로 이를 해결하도록 노력하여야 할 것이다."[1] 이처럼 혼인에서 요구된 남녀동권(평등)이나 순결은 봉건적 폐습의 철폐와 같은 소극적 의미로 이해되었고, 가족에서 요구된 건강은 가족생활에 필요한 최소한의 주거공간의 제공과 같은 생존권적 의미로 이해되었던 것으로 보인다.

혼인에 대해서 남녀동권과 순결을, 가족에 대해서 건강을 요구하는 헌법의 태도는 여러 차례의 헌법개정에도 불구하고 계속되었다. 그러다가 1961년 5월 군사정변이 발생하고 오랜 시간이 흐른 후에 비로소 만들어진 1962년 헌법에서 '가족'이라는 용어는 사라지고 '혼인의 순결'이라는 표현만 남게 된다. 이러한 혼인의 순결이 의미하는 것은 무엇보다도

1 유진오, 《헌법해의》(1949), 55면. 한편 헌법재판소는 건국헌법이 혼인에서 남녀동권을 강조한 의미를 다음과 같이 이해한다. 헌재 2005.2.3. 2001헌가9: "제헌헌법 제20조에서 〔…〕 특별히 혼인의 남녀동권을 헌법적 혼인질서의 기초로 선언한 것은 우리 사회 전래의 혼인 · 가족제도는 인간의 존엄과 남녀평등을 기초로 하는 혼인 · 가족제도라고 보기 어렵다는 판단하에 근대적 · 시민적 입헌국가를 건설하려는 마당에 종래의 가부장적인 봉건적 혼인질서를 더 이상 용인하지 않겠다는 헌법적 결단의 표현으로 보아야 할 것이다."

'일부일처제(一夫一妻制)'다.[2] 따라서 혼인의 순결은 축첩제도나 중혼제도를 배제한다는 의미에서 남녀동권(평등)을 전제하거나 포함하는 것으로 해석되는 것이 일반적이었다.[3] 또한 혼인과 가족의 필연적 결합에 기초하여 혼인의 순결에 대한 보호는 가족에 대한 보호를 포함하고, 가족에 대한 보호는 가족 건강의 유지·향상에 관한 국가의 의무를 의미한다는 견해도 존재하였다.[4]

다시 20년 가까이 흐르고 광주항쟁을 무력으로 진압한 뒤 등장한 새로운 군사정부(신군부)의 법적 기초가 된 1980년 헌법에서 가족이 다시 등장한다. 이때 혼인과 가족 모두에 대해서 '개인의 존엄'과 '양성의 평등'이 요구되었다. 이러한 태도는 현행 1987년 헌법에서 '국가의 보장의무'까지 추가되면서 강화되었다.[5] 중요한 것은 이로써 헌법이 혼인과 가족에 대한 '특별한 보호'를 요구하고 있다는 점이다.[6] 이에

---

2 갈봉근, 《유신헌법론》(1976), 188면; 김철수, 《헌법학(상)》(1972), 225면; 문홍주, 《한국헌법》(1973), 251면; 한태연, 《헌법학》(1973), 294면 참조.

3 갈봉근, 《유신헌법론》(1976), 187면: "헌법은 제31조에 혼인의 순결 〔…〕 의 보호를 규정하고 있으며, 이는 구 헌법에 있어서처럼 혼인이 남녀평등을 전제로 한 것이다."; 김철수, 《헌법학(상)》(1972), 225면: "구 헌법에서는 혼인은 남녀평등을 원칙으로 한다는 규정이 있었으나, 신헌법은 이는 헌법 제9조에 당연히 포함되는 것으로 생각하여 이를 없이 하고, 혼인의 순결에 대하여 보호를 받을 권리만을 규정하고 있다."; 문홍주, 《한국헌법》(1973), 251면: "'혼인의 순결'이라 함은 남녀평등을 기본으로 하고"; 박일경, 《유신헌법》(1973), 226면: "구 헌법은 혼인에 있어서의 남녀동권을 규정하고 있었는데, 이것은 혼인의 순결과 다른 특별한 의의를 가지는 것이 아니었으므로 현 헌법에서 삭제되었다."

4 한태연, 《헌법학》(1973), 294면: "혼인의 순결 〔…〕 에 관하여 국가의 보호를 받는다는 것은, 혼인과 또한 그로부터 필연적으로 형성되는 가족의 보호를 받는다는 의미이다. 〔…〕 적극적으로 국가는 혼인과 그 가족의 건강을 유지하고 향상케 하기 위한 의무를 진다는 의미이다."

5 헌법재판소에 따르면 이에 따라 "양성평등과 개인의 존엄은 혼인과 가족제도에 관한 최고의 가치규범으로 확고히 자리잡았다"고 평가한다. 헌재 2005.2.3. 2001헌가9 참조.

6 혼인과 가족생활에 관한 헌법규정의 의미에 대해서 다음과 같이 이해하는 헌법재판소도 같은 견해다. 2002.8.29. 2001헌바82: "헌법 제36조 제1항은 혼인과 가족생활을 스스로 결정하고 형성할 수 있는 자유를 기본권으로서 보장하고, 혼인과 가족에 대한

따라 국가는 혼인과 가족에 대하여 특별한 보호를 제공해야 할 의무를 부담한다. 하지만 이러한 특별한 보호에 기초한 국가의 보호의무가 혼인과 가족에 대한 국가의 모든 개입을 정당화하지 않는다. 헌법이 특별히 보호해야 하는 혼인과 가족은 개인의 존엄, 특히 자율성과 양성의 평등을 보장하는 것이어야 하기 때문에 혼인과 가족에 대한 국가의 특별한 보호는 개인존엄과 양성평등을 보장하려는 목적에서만 정당화될 수 있다.[7] 이것은 혼인과 가족이 원칙적으로 '사적 자치의 원칙'에 따라 당사자들의 합의에 의해 성립되고 유지되며 해소되어야 함을 의미한다. 따라서 혼인과 가족의 성립과 유지 및 해소에 대해서 국가는 원칙적으로 개입할 수 없다. 또한 혼인과 가족에 대한 국가의 개입이 오히려 개인존엄과 양성평등을 침해하는 방향으로 이루어지는 것은 결코 용납되지 않는다. 혼인과 가족에 대한 국가의 개입은 우선 혼인과 가족의 성립과 유지 및 해소가 개인존엄과 양성평등에 기초하여 이루어질 수 있는 입법적 조치(가족 관련 입법)를 통해 구체화된다. 그리고 혼인과 가족에 대한 국가의 개입은 혼인과 가족에 대한 제3자의 침해를 금지하고

제도를 보장한다. 그리고 헌법 제36조 제1항은 혼인과 가족에 관련되는 공법 및 사법의 모든 영역에 영향을 미치는 헌법원리 내지 원칙규범으로서의 성격도 가지는데, 이는 적극적으로는 적절한 조치를 통해서 혼인과 가족을 지원하고 제삼자에 의한 침해 앞에서 혼인과 가족을 보호해야 할 국가의 과제를 포함하며, 소극적으로는 불이익을 야기하는 제한조치를 통해서 혼인과 가족을 차별하는 것을 금지해야 할 국가의 의무를 포함한다."

7 헌법재판소도 동일한 견해를 가지고 있다. 헌재 2005.2.3.2001헌가9: "헌법 제36조 제1항은 혼인과 가족생활은 개인의 존엄을 존중하는 가운데 성립되고 유지되어야 함을 분명히 하고 있다. 혼인과 가족생활은 인간생활의 가장 본원적이고 사적(私的)인 영역이다. 이러한 영역에서 개인의 존엄을 보장하라는 것은 혼인·가족생활에 있어서 개인이 독립적 인격체로서 존중되어야 하고, 혼인과 가족생활을 어떻게 꾸려 나갈 것인지에 관한 개인과 가족의 자율적 결정권을 존중하라는 의미이다. 혼인과 가족생활을 국가가 결정한 이념이나 목표에 따라 일방적으로 형성하는 것은 인간의 존엄성을 최고의 가치로 삼고 민주주의원리와 문화국가원리에 터잡고 있는 우리 헌법상 용납되지 않는다. 국가는 개인의 생활양식, 가족형태의 선택의 자유를 널리 존중하고, 인격적·애정적 인간관계에 터잡은 현대 가족관계에 개입하지 않는 것이 바람직하다."

표 1-1. 한국 헌법사에서 가족

	헌법규정
건국헌법(1948)	제20조 혼인은 남녀동권(男女同權)을 기본으로 하며 혼인의 순결과 가족의 건강은 국가의 특별한 보호를 받는다.
제1차 개헌(1952)	위와 같음
제2차 개헌(1954)	위와 같음
제3차 개헌(1960)	위와 같음
제4차 개헌(1960)	위와 같음
제5차 개헌(1962)	제31조 모든 국민은 혼인의 순결과 보건에 관하여 국가의 보호를 받는다.
제6차 개헌(1969)	위와 같음
제8차 개헌(1980)	위와 같음
제8차 개헌(1980)	제34조 ① 혼인과 가족생활은 개인의 존엄과 양성의 평등을 기초로 성립되고 유지되어야 한다.
제9차 개헌(1987)	제36조 ① 혼인과 가족생활은 개인의 존엄과 양성의 평등을 기초로 성립되고 유지되어야 하며, 국가는 이를 보장한다.

제재를 가하는 입법적 조치(형사입법)를 통해서도 구체화된다. 더욱이 혼인과 가족에 대한 국가의 개입은 혼인과 가족에 대한 국가의 경제적 지원을 내용으로 하는 입법적 조치(사회보장입법)를 통해서 구체화될 수 있다.

2. 혼인과 가족의 결합

(1) 가족의 전제로서 혼인과 출산

한국 헌법사에서 혼인과 가족은 항상 결합되었다. 물론 가족이 잠시 사라지기도 했지만 혼인과 가족이 헌법에서 동시에 사용되는 한 항상 하나의 조항에서 함께 규율되었다. 이것은 헌법제정자가 혼인과 가족의 '밀접한 연관성'을 염두에 둔 것으로 이해된다.[8] 다시 말해 헌법에서 가족은 언제나 혼인을 전제하고 있는 것으로 보인다. 물론 이러한 혼인이 법적 요건, 특히 혼인신고를 전제로 하는 '법률혼'만을 의미하는지,

8 혼인과 가족의 관계에 대해서 헌법은 중립적·개방적이라는 견해도 있다. 조홍석, 〈새로운 형태의 가족: 헌법적 가능성과 한계〉, 《공법학연구》 제8권 제4호(한국비교공법학회, 2008), 235면 참조.

아니면 혼인의 실질적 요건을 모두 갖추었지만 혼인신고만 되지 않은 '사실혼'까지 포함하는지는 분명하지 않다. 어쨌든 혼인과 가족을 결합시키는 헌법의 태도는 혼인한 부부를 기초로 그들 사이에서 출생한 자녀로 가족이 구성될 수 있음을 의식하고 있다고 해석할 수 있다. 이처럼 '혼인을 기초로 하는 가족'의 개념에서 또 하나 중요한 요소는 '자녀의 출산'이다.

그렇다면 헌법은 '혼인을 기초로 하지 않는 가족' 또는 '자녀를 출산하지 않은 가족'을 금지하고자 한 것인가? 그렇지는 않다고 보아야 한다. 오히려 헌법은 혼인과 출산을 기초로 하는 가족을 자명한 것으로 전제하면서 혼인이나 출산을 기초로 하지 않는 가족을 전혀 의식하지 않았고, 규율할 의도가 없었다고 볼 수 있다. 따라서 혼인이나 출산을 기초로 하지 않는 가족에 대해서 헌법은 '중립적 태도'를 취하고 있다고 보는 것이 합리적이다. 헌법은 혼인이나 출산을 기초로 하지 않는 가족을 금지하지도 강제하지도 않았다. 다만 헌법은 혼인과 가족을 병렬적으로 언급함으로써 '혼인과 출산을 기초로 하는 가족에 대한 특별한 보호'를 요구할 뿐이다.

(2) 혼인이나 출산을 기초로 하지 않는 가족의 문제

이러한 해석을 구체적인 문제에 적용해 보면 우선 혼인이나 출산을 기초로 하지 않는 가족을 가족의 개념에서 '배제'하거나 심지어 '금지'하는 법률은 그 자체로 위헌이 아니다. 예를 들어 동성(same-sex) 간의 결합으로 이루어진 가족이나 자녀를 출산하지 않은 가족을 법적 가족 개념에서 배제하거나 법률로써 금지해도 위헌이라고 말할 수는 없다. 다만 그러한 법률이 헌법적 원칙을 준수하여 정당화될 수 있는지 여부에 따라 위헌이 될 수 있을 뿐이다. 또한 혼인이나 출산을 기초로 하지 않는 가족을 가족의 개념에 '포함'시키거나 '허용'하는 법률도 그 자체로 위헌이 될 수 없다. 예를 들어 모르는 남성의 정자를 기증받아 인공임신으로 자녀를 출산하여 이루어진 모자가족이나 혼인신고 없이 동거하면서 자녀도 출산하지 않은 남녀가족을 법적 가족 개념에 포함시키거나 법률로써 허용해도 위헌이 되지 않는다. 단지 이러한 가족에 대해서도 국가가 특별한 보호를 제공하는 경우에는 헌법적 근거로 정당화될 수 없고 법률적 근거의 제시를 통해 정당화되어야 할 뿐이다.

한편 혼인과 출산을 기초로 하는 가족에 대해서 특별한 보호를 제공하는 법률은 혼인이나 출산을 기초로 하지 않는 가족과 비교하여 차별적인 법률로서 위헌이 되지 않는다. 헌법 스스로 혼인과 출산을 기초로 하는 가족에 대한 특별한 보호를 명시적으로 요구함으로써 차별대우의 직접적 근거를 제시하고 있기 때문이다. 따라서 헌법에서 혼인이나 출산을 기초로 하지 않는 가족에 대한 특별한 보호를 직접적으로 도출하려면 '헌법개정'이 필요하다. 그렇지만 헌법이 혼인과 출산을 기초로 하는 가족에 대해서 특별한 보호를 요구한다고 해도 이로 인해 혼인이나 출산을 기초로 하지 않는 가족에 대해서 법률로써 특별한 보호를 하는 것이 금지되는 것은 아니다. 그러므로 법률로써 혼인이나 출산을 기초로 하지 않는 가족을 특별하게 보호한다고 해도 위헌이 될 수는 없다.

3. 가족에서 양성평등의 요청

헌법은 가족에 대해서 "양성평등"을 요구한다. 앞서 논의한 것처럼 헌법은 줄곧 혼인을 기초로 하는 가족만을 염두하고 있다.[9] 그리고 혼인과 가족에서 양성평등을 요구하고 있다는 점에서 볼 때 헌법은 '이성(남녀)간의 결합'인 혼인만을 고려하고 있다고 이해될 수도 있다. 하지만 동성간의 결합을 포함하여 혼인을 기초로 하지 않는 결합에 대해서 헌법은 전혀 의식하지 않고 있다. 따라서 헌법은 동성간의 결합에 대해서도 '중립적 태도'를 취한다. 동성간의 결합에 대해서 헌법은 금지하지도 허용하지도 않았다. 따라서 법률로써 동성간의 혼인을 금지하거나 허용해도 위헌이 되지 않는다. 그렇지만 헌법은 이성간의 결합인 혼인에 대해서는 명시적으로 특별한 보호를 요구하고 있으므로 동성간의 결합에 대해서 특별한 보호를 하지 않는 것만으로 위헌이 될 수는 없다. 동성간의 결합에 대한 특별한 보호를 헌법에서 직접적으로 도출하려면 '헌법개정'이 요구된다. 다만 현행 헌법이 동성간의 결합에 대해서 중립적이라면 법률로써 동성간의 결합을 특별하게 보호한다고 해도 위헌이 되지는 않는다. 물론 헌법에서 특별한 보호를 요구하는 이성간의 결합과 달리 동성간의 결합에 대해서 법률로써 특별한 보호를 하려면 평등원칙에 따른 합리성심사에서 엄격한 심사를 받을 수밖에 없다.[10]

9 혼인·가족생활에서 헌법상 요구되는 양성평등을 헌법재판소는 다음과 같이 이해한다. 헌재 2005.2.3. 2001헌가9: 남녀의 성을 근거로 하여 차별하는 것은 원칙적으로 금지되고, 성질상 오로지 남성 또는 여성에게만 특유하게 나타나는 문제의 해결을 위하여 필요한 예외적 경우에만 성차별적 규율이 정당화된다. 과거 전통적으로 남녀의 생활관계가 일정한 형태로 형성되어 왔다는 사실이나 관념에 기인하는 차별, 즉 성역할에 관한 고정관념에 기초한 차별은 허용되지 않는다.

10 헌법재판소에 따르면 평등심사는 완화된 심사인 '자의심사(자의금지원칙을 척도로 한 심사)'와 엄격한 심사인 '비례성심사(비례성원칙을 척도로 한 심사)'로 구분된다.

4. 가족에 대한 특별한 보호

여러 번 언급한 것처럼 헌법은 가족을 명시적으로 언급함으로써 다른 공동체와 비교하여 가족에 대한 특별한 보호를 요구하고 있다. 따라서 가족을 특별하게 보호하는 차별(불평등)대우는 헌법에서 직접적 근거를 찾을 수 있으므로 평등원칙에 위반되지 않는다. 평등원칙은 모든 경우에 평등하게 대우하는 '절대적 평등'이 아니라 합리적인 근거가 있는 경우에는 불평등하게 대우할 수 있는 '상대적 평등'을 의미하기 때문이다. 가족에 대한 특별한 보호는 '자유권'의 측면에서, 특히 조세와 같은 재산권의 측면에서 유리하게 대우하는 것뿐만 아니라 '사회권'의 측면에서 가족에 대한 경제적 지원과 같은 사회복지적 측면에서 유리하게 대우하는 것도 포함한다.

5. 새로운 가족 개념의 구성을 위한 헌법개정의 필요성

그동안 헌법은 가족의 개념을 사용하면서 혼인과 출산을 기초로 하는 가족만을 의식하고 있었지만 현실적으로 혼인이나 출산을 기초로 하지 않는 다양한 형태의 가족이나 그와 유사한 공동체가 새롭게 등장하거나 점차 그 비중을 늘려가고 있다. 동성간의 결합과 그 자녀로 구성된

헌재 1999.12.23. 98헌마363: "평등위반 여부를 심사함에 있어 엄격한 심사척도에 의할 것인지, 완화된 심사척도에 의할 것인지는 입법자에게 인정되는 입법형성권의 정도에 따라 달라지게 될 것이다. 먼저 헌법에서 특별히 평등을 요구하고 있는 경우 엄격한 심사척도가 적용될 수 있다. 헌법이 스스로 차별의 근거로 삼아서는 아니되는 기준을 제시하거나 차별을 특히 금지하고 있는 영역을 제시하고 있다면 그러한 기준을 근거로 한 차별이나 그러한 영역에서의 차별에 대하여 엄격하게 심사하는 것이 정당화된다. 다음으로 차별적 취급으로 인하여 관련 기본권에 대한 중대한 제한을 초래하게 된다면 입법형성권은 축소되어 보다 엄격한 심사척도가 적용되어야 할 것이다. 〔…〕 엄격한 심사를 한다는 것은 자의금지원칙에 따른 심사, 즉 합리적 이유의 유무를 심사하는 것에 그치지 아니하고 비례성원칙에 따른 심사, 즉 차별취급의 목적과 수단 간에 엄격한 비례관계가 성립하는지를 기준으로 한 심사를 행함을 의미한다."

표 1-2. 공동체의 유형

<table>
<tr><th>혼인(O)/출산(O)</th><th>혼인(O)/출산(X)</th><th>혼인(X)/출산(O)</th><th>혼인(X)/출산(X)</th></tr>
<tr><td rowspan="2">부부(법률혼) +
공동의 자녀</td><td rowspan="2">부부(법률혼)</td><td>동성커플 + 자녀</td><td>동성커플</td></tr>
<tr><td>동거커플(사실혼) + 자녀</td><td>동거커플(사실혼)</td></tr>
<tr><td>재혼부부(법률혼) +
각각의 자녀</td><td>재혼부부(법률혼)</td><td>사별 · 이혼배우자 + 자녀</td><td></td></tr>
</table>

가족, 사실혼관계의 부부와 그 사이에서 태어난 자녀로 구성된 가족, 동거하면서 자녀를 출산하지 않는 커플이나 결혼하고도 아이를 낳지 않는 부부처럼 자녀가 없는 가족, 배우자와 사별하거나 이혼하고 남은 배우자와 자녀로 구성된 가족 또는 미혼모 · 미혼부가족처럼 부모 가운데 한 사람이 없는 한부모가족, 미성년자로만 구성된 가족(소년소녀가정)이나 조손(祖孫)가정처럼 부모의 사망으로 부모가 없는 가족, 보호자 없는 아동이나 노인들이 가족처럼 생활하는 공동체 등이 그런 가족이나 공동체에 해당한다. 여기서 혼인이나 출산을 기초로 하지 않는 다양한 형태의 공동체를 고려한 헌법개정이 필요한지, 이때 헌법상 가족의 개념을 변경할 필요가 있는지에 대한 논의가 요구된다.

II. 가족에 대한 전통적 개념

1. 혼인과 혈연의 공동체

전통적으로 가족(family)은 '혼인(marriage)'과 '혈연(consanguinity)'으로 결합된 공동체를 의미했다. 현행 민법은 가족의 범위를 ① 배우자, 직계혈족 및 형제자매, ② 직계혈족의 배우자, 배우자의 직계혈족 및 배우자의 형제자매로 규정하고 있는데(동법 제779조 제1항) 이것은 가족의 전통적인 개념을 잘 반영하고 있다. 이에 따르면 가족은 혼인한 부부와 그 공동의 자녀, 즉 혼인한 부부가 공동으로 출산한 자녀로 구성되었다. 그리고 가족구성원(식구)은 동일한 주거공간에서 '공동생활'을 했다. 또한 이렇게 구성된 가족이라는 공동체에서는 구성원 상호간에 '정서적 교감'이 이루어지고, '보호와 부양' 및 '양육과 교육'이 제공된다.

(1) 혼인에 의한 공동체

1) 이성간의 결합으로서 혼인

전통적인 가족 개념에서 가장 기초가 되는 '혼인'은 한 명의 남성과 한 명의 여성으로 구성된 '이성간의 결합'을 의미하기 때문에 '동성간의 혼인(same-sex marriage)'은 인정되지 않는다.[11] 따라서 동성으로 결합된 커플은 원칙적으로 가족으로 인정될 수 없다. 그리고 동성간의 혼인이 인정되지 않으면 동성커플이 각각 데려온 전처소생의 자녀들(남성커플의 경우) 또는 전남편과 사이에서 자신이 출산한 자녀들(여성커플의 경우)은 원칙적으로 가족의 개념에 포함될 수 없다. 동성커플의 자녀가 가족이 될 수 없는 이유는 그 자녀와 상대방 사이에 혈연적 관계가 없다는 사실에도 있지만 근본적으로는 결합된 커플이 '동성(same sex)'이라는 사실에 있다. 동성커플을 통해서 확인할 수 있는 것은 혼인과 혈연이 모두 전통적인 가족 개념에서 필수적인 요소지만 혼인이 혈연보다 더 본질적인 개념요소가 되고 있다는 점이다.

---

11 혼인의 개념과 동성간 혼인의 허용 가능성에 대해서는 이준일, 〈헌법상 혼인의 개념〉, 《공법연구》 제37집 제3호(한국공법학회, 2009), 165면 이하 참조.

2) 혼인할 수 있는 법적 자격

이성간의 결합이라고 모두 혼인이 되는 것은 아니다. 혼인은 원칙적으로 혼인할 수 있는 '법적 자격'을 가진 이성간의 결합이므로 혼인할 수 있는 '연령'에 도달하고, 상대방이 혼인할 수 없는 '일정 범위의 친족'이 아니어야 하며 현재 '혼인한 상태'에 있지 않은 사람만이 혼인할 수 있는 법적 자격을 가진다. 현행 민법에 따라 18세 이상인 사람만이 혼인할 수 있다든지(동법 제807조) 8촌 이내의 혈족 사이에서는 혼인할 수 없다든지(동법 제809조 제1항) 배우자 있는 사람은 혼인할 수 없는 것(동법 제810조)과 같다. 이처럼 혼인과 관련해서는 ① '조혼금지'와 ② '근친혼금지' 및 ③ '중혼금지'의 원칙이 보편적인 원칙으로 적용된다. 따라서 적어도 한 사람이 혼인연령에 도달하지 않은 경우나 두 사람이 일정 범위의 친족간인 경우 또는 적어도 한 사람이 현재 혼인한 상태에 있는 경우에는 비록 이성간의 결합이더라도 혼인한 부부로서 가족이 될 수는 없다. 따라서 그렇게 결합된 커플 사이에서 출생한 자녀도 가족이 될 수 없다. 여기서도 전통적인 가족 개념에서 필수적 요소인 혼인과 혈연 가운데 전자가 더 본질적인 의미를 갖는다는 점을 확인할 수 있다.

3) 법률혼과 사실혼의 구분

법적 자격을 가진 이성간의 결합이라고 하더라도 법적으로 인정된 혼인만이 혼인이 된다. 법적으로 인정된 혼인이 되기 위해서는 '법적 요건'을 갖추어야 하는데 혼인할 수 있는 법적 자격도 그러한 법적 요건에 해당하고, 그 밖에도 당사자 사이에 '합의(의사의 합치)', 그리고 혼인신고와 관련된 '형식적 요건'이 법적 요건으로 요구된다. 따라서 법적 자격에 관한 요건은 갖추었지만 형식적 요건을 갖추지 못하면 아무리 혼인으로 볼 수 있는 실체가 존재한다고 하더라도 법적으로 인정된 혼인이 될 수 없다. 혼인으로 볼 수 있는 실체와 함께 혼인에 대해서 법적으로 요구된 법적 자격과 형식적 요건을 모두 충족한 혼인을 '법률혼'이라 부른다. 반면에 혼인으로 볼 수 있는 실체는 모두 갖추었다고 하더라도 혼인에 대해서 법적으로 요구된 법적 자격과 형식적 요건을 충족하지 못한 혼인을 '사실혼'이라고 부른다. 대법원도 사실혼을 "당사자 사이에 주관적으로 혼인의 의사가 있고, 객관적으로도 사회관념상 가족질서적인 면에서 부부공동생활을 인정할 만한 혼인생활의 실체가 있는 경우"라고 정의한다.[12] 법적 요건을 충족하지 못한 사실혼이 혼인으로 인정되지 않으면 사실혼관계에서 태어난 자녀는 가족이 될 수 없다.

4) 혼인의 실체적 요건

법적 요건을 충족한 이성간의 두 사람이 혼인의 실체를 가지려면 성생활을 포함하여 '공동생활'을 유지해야 한다. 혼인에서 요구되는 공동생활은 단순히 공동의 주거에서 함께 밥을 먹고 잠자며 일상생활을 한다는 의미뿐만 아니라 상대방에 대한 보호와 부양, 그리고 자녀의 양육과 교육에 대한 책임을 상호간에 부담하여 협력하면서 생활한다는 의미를 포함한다. 이런 맥락에서 민법은 부부에게 '동거의무'와 함께 '부양 · 협조의무'를 부과하고 있다(동법 제826조 제1항).[13] 더욱이

12 대판 1987.2.10. 86므70; 1995.3.28. 94므1584; 2001.4.13. 2000다52943; 2010.3.25. 2009다84141 등 참조.

13 대법원은 부부간의 동거 · 부양 · 협조의 의무를 "재판상 이혼사유에 관한 평가 및 판단의 지도원리"로 본다. 대판 1999.2.12. 97므612; 2003.5.13. 2003므248: "혼인은 남녀의 애정을 바탕으로 하여 일생의 공동생활을 목적으로 하는 도덕적 · 풍속적으로 정당시되는 결합으로서, 부부 사이에는 동거하며 서로 부양하고 협조하여야 할 의무가 있는 것이므로(민법 제826조 제1항), 혼인생활을 함에 있어서 부부는 애정과 신의 및 인내로서 서로 상대방을 이해하며 보호하여 혼인생활의 유지를 위한 최선의

공동생활을 하는 부부 사이에서 애정(사랑)이나 배려 또는 신뢰(믿음)와 같은 '정서적 교감'이 이루어져야 한다.[14] 중요한 것은 이러한 공동생활과 정서적 교감은 이성간의 결합과 법적 자격을 포함한 법적 요건을 전제로 하기 때문에 단지 공동생활이나 정서적 교감만 존재한다고 해서 다른 법적 요건을 충족하지 못한 결합은 혼인이 될 수 없다. 그러므로 앞서 언급한 동성간의 결합이나 사실혼뿐만 아니라 동거(cohabitation)도 혼인에 포함될 수 없다. 특히 동거하는 남녀는 성생활을 포함한 공동생활을 하고 정서적 교감이 존재하지만 동거계약에 포함된 내용 안에서만 공동생활에 필요한 가사와 경제적 비용에 대한 부담을 지게 될 뿐이고, 혼인에서 필수적으로 요구되는 상대방에 대한 보호와 부양의 책임을 부담하지는 않는다는 점에서 혼인과 다르다. 대법원도 일시적인 동거 또는 간헐적인 정교관계(성행위)가 있는 것만으로는 서로 혼인의사의 합치나 혼인생활의 실체가 존재하는 것으로 보지 않는다.[15]

5) 혼인에 관한 법적 요건과 실체적 요건의 충돌

남녀관계는 혼인의 법적 요건을 충족하지 못하는 한 혼인의 실체적 요건을 충족해도 혼인이 될 수 없다. 그렇다면 반대로 혼인의 법적 요건은 충족했지만 공동생활과 같은 혼인의 실체가 없는 부부에 대해서 혼인을

노력을 기울여야 하고, 혼인생활 중에 그 장애가 되는 여러 사태에 직면하는 경우가 있다 하더라도 부부는 그러한 장애를 극복하기 위한 노력을 다하여야 하며, 일시 부부간의 화합을 저해하는 사정이 있다는 이유로 혼인생활의 파탄을 초래하는 행위를 하여서는 안 된다. 그리고 이러한 부부간의 동거 · 부양 · 협조의무는 애정과 신뢰를 바탕으로 일생에 걸친 공동생활을 목적으로 하는 혼인의 본질이 요청하는 바로서, 부부 사이에 출생한 자식이 없거나 재혼한 부부간이라 하여 달라질 수 없는 것이고, 재판상 이혼사유에 관한 평가 및 판단의 지도원리로 작용한다."

14 대법원에 따르면 "혼인은 서로 다른 인격체가 애정과 신뢰에 기초하여 하나의 공동생활체를 이루는 결합조직"이다. 대판 2010.7.29. 2008므1475 참조.

15 대판 2001.1.30. 2000도4942 참조.

인정해야 하는가? 예를 들어 혼인한 부부로 되어 있지만 오랫동안 별거하고 있거나 공동의 주거에서 거주함에도 성생활을 하지 않는 경우 또는 배우자에 대한 보호와 부양의 책임을 지지 않거나 정서적 교감이 이루어지지 않는 경우에도 혼인으로 볼 수 있는가? 이 문제는 혼인의 해소(이혼)에 관한 '유책주의'와 '파탄주의'의 논쟁으로 나타난다. 유책주의에 따르면 혼인으로 부담해야 하는 의무를 위반하여 혼인의 파탄에 책임이 있는 배우자(유책배우자)는 혼인을 해소할 수 없고, 오로지 책임이 없는 배우자만이 혼인을 해소할 수 있다. 유책주의는 불륜이나 가정폭력과 같이 혼인의 해소에 일방이 책임이 있는 경우에 혼인의 해소 여부를 무책배우자의 의사에 맡김으로써 무책배우자, 특히 여성을 보호한다. 반면에 심한 질병이나 성적 불능처럼 양 당사자에게 혼인의 파탄에 책임이 없는 경우에는 혼인을 해소할 수 없다는 것이 유책주의의 단점이다. 한편 파탄주의에 따르면 당사자의 책임 유무와 상관없이 객관적으로 혼인의 파탄이 존재하면 누구든지 혼인을 해소할 수 있다.

혼인은 본질상 법적 자격을 충족한 당사자들의 의사가 합치함으로써 이루어지는 '계약'이므로 당사자 모두가 혼인계약의 유지에 동의하는 한 혼인의 실체가 없는 부부관계도 여전히 혼인으로 인정될 필요가 있다. 다만 당사자들이 혼인의 실체가 없는 부부관계를 해소하기 원한다면 사기나 강박이 없는 한 언제든지 의사의 합치로 '협의이혼'이 가능한 전제가 충족되어야 한다. 더욱이 혼인의 실체가 없는 혼인계약의 유지로 발생할 수 있는 불이익은 본인들이 부담한다는 점, 공동생활이나 보호·부양 또는 정서적 교감과 같은 혼인의 실체를 확인하기 위한 객관적 기준을 정하기 용이하지 않다는 점 등을 고려할 때 혼인의 실체가 없는 부부관계도 원칙적으로 혼인으로 인정되어야 한다. 따라서 당사자 모두가 혼인의 실체는 없더라도 부부관계를 유지하기 원한다면 국가는 그러한 혼인을 금지하거나 해당 혼인의 해소를 강제해야 할 정당성은 존재하지 않는다. 그리고 이 경우에는 혼인의 해소에 관한 유책주의나 파탄주의가 적용될 여지가 없다.

하지만 혼인의 실체가 없는 부부관계에 대해서 일방은 혼인의 해소를 원하는 반면에 다른 일방은 혼인의 해소를 원하지 않을 때 문제가 발생한다. 이 경우에는 '재판상 이혼'을 통해 혼인을 해소할 수 있어야 한다. 그리고 혼인의 해소에 관한 유책주의나 파탄주의가 적용된다. 결국 혼인의 실체가 없는 부부관계를 원하지 않는 일방에게 혼인의 유지를 강요할 수 없다는 점, 혼인의 실체가 없는 부부관계를 강요함으로써 무책배우자를 보호하려는 목적은 재산분할권이나 자녀양육권의 보장과 같은 다른 수단을 통해서도 달성될 수 있다는 점에서 파탄주의가 타당하다고 보인다.

결론적으로 혼인에 관한 법적 요건과 실체적 요건 가운데 하나만 충족되어 법적 효과의 측면에서 양자가 충돌하는 경우에 원칙적으로 전자를 우선시켜야 한다.[16] 전자에 대한 확인은 객관적으로 명확한 반면에 후자에 대한 객관적 확인을 상대적으로 어렵기 때문이다. 따라서 혼인에 관한 법적 요건의 충족 여부에 따라 혼인으로 인정될 수 있는지 여부가 결정된다.

16 대법원도 "법률상 혼인을 한 부부가 별거하고 있는 상태에서 그 다른 한쪽이 제3자와 혼인의 의사로 실질적인 부부생활을 하고 있다고 하더라도, 특별한 사정이 없는 한, 이를 사실혼으로 인정하여 법률혼에 준하는 보호를 할 수는 없다"고 하여 혼인의 법적 요건만 충족하고, 실체적 요건을 충족하지 못한 혼인을 사실혼보다 우선시키고 있다. 대결 1995.7.3. 94스30; 대판 1995.9.26. 94므1638; 1996.9.20. 96므530; 2001.4.13. 2000다52943; 2010.3.25. 2009다84141 등 참조.

6) 정리

혼인(법률혼)은 기본적으로 사실혼이나 동거와 구분되는데 혼인과 사실혼은 혼인신고 여부에 따라, 혼인과 동거는 혼인신고 및 보호·부양의 책임 유무가 구분기준이 된다. 한편 사실혼과 동거는 이성간의 결합인지 여부, 세 가지 법적 자격(연령도달, 비근친간, 비중혼간)을 충족하는지 여부에 따라 다시 세분화된다. 따라서 혼인과 구분되는 혼인유사결합으로는 이성간의 사실혼 8가지(① 연령도달·비근친간·비중혼, ② 연령도달·비근친간·중혼, ③ 연령도달·근친간·비중혼, ④ 연령미달·비근친간·비중혼, ⑤ 연령도달·근친간·중혼, ⑥ 연령미달·비근친간·중혼, ⑦ 연령미달·근친간·비중혼, ⑧ 연령미달·근친간·중혼), 동성간의 사실혼 8가지, 이성간의 동거 8가지, 동성간의 동거 8가지로 모두 32가지 형태가 존재할 수 있는데 이를 정리하면 〈표 1-3〉과 같다.

표 1-3. 혼인과 혼인유사결합의 비교

			이성간 결합	법적 자격			혼인신고	공동생활	보호·부양
				혼인연령	비근친혼	비중혼			
혼인(법률혼)			○	○	○	○	○	○	○
사실혼	이성간	연령도달	○	○	○×	○×	×	○	○
		비근친간	○	○×	○	○×	×	○	○
		비중혼간	○	○×	○×	○	×	○	○
	동성간	연령도달	×	○	○×	○×	×	○	○
		비근친간	×	○×	○	○×	×	○	○
		비중혼간	×	○×	○×	○	×	○	○
동거	이성간	연령도달	○	○	○×	○×	×	○	×
		비근친간	○	○×	○	○×	×	○	×
		비중혼간	○	○×	○×	○	×	○	×
	동성간	연령도달	×	○	○×	○×	×	○	×
		비근친간	×	○×	○	○×	×	○	×
		비중혼간	×	○×	○×	○	×	○	×

○: 요건이 충족된 경우
×: 요건이 충족되지 않은 경우
○×: 요건이 충족될 수도 있고, 충족되지 않을 수도 있는 경우

(2) 혈연에 의한 공동체

1) 자녀의 출산

혼인과 함께 가족을 구성하는 중요한 축은 '혈연'이다. 가족에는 부부 외에도 그들이 '공동으로 출산한 자녀'가 존재해야 한다. 가족의 구성원으로 자녀가 필수적으로 요구되는 까닭은 가족의 중요한 사회적 기능이 '출산(생식)'으로 이해되었다는 데 있다. 자녀의 출산이 가족의 사회적 기능으로 이해되는 한 출산은 부부가, 특히 여성이 자유롭게 결정할 수 있는 권리가 아니라 사회적 의무로 인식될 수밖에 없다. 따라서 혼인한 부부라고 하더라도 자녀가 없는 부부는 자녀를 출산하지 못하든 자녀를 원하지 않든 상관없이 완전한 의미의 가족으로 사회적 인정을 받을 수 없다. 또한 자녀가 있더라도 혈연으로 맺어진 자녀가 아니라 입양된 자녀를 갖는 경우조차 엄격한 의미에서는 그 자녀를 가족의 개념에 포함시킬 수 없다. 앞서 언급한 민법상 가족의 개념은 본인과 배우자의 '직계혈족'과 '형제자매'를 기본으로 함으로써 혈연이 가족의 개념에서 중요한 요소임을 확인하고 있다.

2) 공동의 자녀

중요한 것은 자녀가 혼인한 부부의 '공동의' 자녀이어야 한다는 점이다. 따라서 심지어 혼인한 부부의 경우에도 그 자녀가 공동의 자녀가 아니면 가족의 개념에 포함되지 못하게 된다. 예를 들어 혼인한 부부 가운데 한 사람 또는 부부 모두가 '재혼'이고, 데려온 자녀(전처소생의 자녀 또는 전남편과 사이에서 출산한 자녀)가 있다면 그렇게 구성된 공동체는 가족이 될 수 없다.[17] 물론 재혼한 부부 사이에 공동의 자녀가 있다면 그들은 가족이

17 민법에 따르면 배우자의 직계혈족으로 생계를 같이하는 사람은 가족에 포함되므로

될 수 있지만 데려온 자녀는 가족이 되지 못하는 다소 기이한 가족도 존재할 수 있다. 또한 앞서 논의한 것처럼 '동성커플'의 경우에도 그들이 데려온 자녀가 가족이 될 수 없는 까닭은 동성간의 결합이기 때문이기도 하지만 각자가 데려온 자녀와 그 상대방 사이에 혈연이 없어 공동의 자녀가 아니기 때문이기도 하다. 어쨌든 공동의 자녀가 될 수 있다면 인공임신(체외수정)에 의한 방법도 가능하다. 경우에 따라서는 대리모를 매개하더라도 혼인한 부부의 정자와 난자를 이용한 수정을 통해 출산한 자녀라면 공동의 자녀가 될 수 있다.

(3) 공동생활을 하는 공동체

혼인의 실체적 요건에 따라 혼인한 부부는 공동생활이 요구되고(동거의무: 민법 제826조 제1항), 혼인한 부부에게 공동의 자녀가 있다면 부부와 자녀로 구성된 가족도 공동생활이 요구된다. 공동생활을 하려면 '공동의 주거'에 거주하면서 '생계를 같이'해야 한다. 민법에서는 가족 가운데 '직계혈족의 배우자, 배우자의 직계혈족 및 배우자의 형제자매'에 대해서만 생계를 같이 할 것을 요구하고 있다(동법 제779조 제2항). 특히 생계를 같이하기 위해서는 소득을 공유해야 한다. 가족구성원은 각자의 소득을 모아 구성원 전체의 생활에 필요한 비용으로 사용해야 한다. 가족구성원 모두가 소득이 있다면 바람직하겠지만 대체로 구성원의 일부만 소득이 있고, 이 소득을 공유하여 전체 구성원의 생활비용으로 충당한다. 특히 미성년인 자녀나 은퇴한 노부모는 소득이 없기 때문에 부모나 자녀의

(동법 제779조 제1항 제2호 및 제2항) 전처소생의 자녀나 전남편과 사이에서 출산한 자녀도 가족이 된다. 이 점에서 민법은 가족의 개념과 관련하여 적어도 혈연에 대해서는 완화된 태도를 취하고 있다.

소득으로 생활하게 된다.

(4) 정서적 교감

가족은 단순히 함께 사는 공동체가 아니라 정서적 교감이 이루어져야 하는 공동체다. 가족구성원들 사이에 이루어지는 정서적 교감은 부부간, 부모와 자식간, 그리고 형제간에 교환되는 애정(사랑), 신뢰(믿음), 이해, 배려 등과 같은 다양한 감정을 의미한다. 가족구성원들의 정서적 교감은 박애(博愛)나 인류애과 같은 인간 상호간에서 이루어지는 일반적인 정서적 교감과 공통되는 부분도 있지만 이와는 구분되는 특별한 내용이 포함된다. 가족구성원들이 나누는 정서적 교감은 더욱 헌신적이고 절대적인 성격이 강하다. 다만 정서적 교감은 그 존재 여부를 객관적으로 확인하기 곤란하다는 점이 특징이고, 대부분의 가족에서 확인할 수 있지만 그렇지 않은 가족도 존재하기 때문에 이러한 가족을 가족으로 부를 수 있는지가 문제된다. 이러한 맥락에서 가족구성원에게 정서적 교감이 법적 의무로 요구되지는 않는다.

(5) 보호와 부양

가족구성원들은 서로 보호와 부양의 책임을 부담한다. 보호는 다양한 위험으로부터 방어해 주는 행위이고, 부양은 다양한 욕구와 생활의 필요를 충족시키기 위해 경제적으로 지원하는 행위를 말한다. 이미 공동생활을 통해 부양의 기본적인 부분이 해결되지만 소득이 없는 가족구성원의 고유한 욕구와 필요의 충족을 위한 경제적 지원까지도 추가적으로 부양의 내용에 포함된다. 더욱이 공동생활을 하지 않는 가족구성원의 경우에는 부양의 독자적인 의미가 강조될 수밖에 없다.

우선 앞서 설명한 것처럼 부부간에는 당연히 부양의무가 있고(민법 제826조 제1항),[18] 부모는 미성년인 자녀를 보호하고 부양해야 할 의무를 진다(동법 제913조). 그리고 자녀가 성년이 되어서도 생활능력이 없으면 여전히 부모가 부양의 책임을 지고, 자녀가 성년이 되어 생활능력이 있고 부모가 나이 들어 생활능력이 없어지면 자녀는 부모를 부양할 책임을 진다(동법 제974조). 부부와 부모자식간에 부담하는 부양의무를 이해하지 않으면 형법상 유기죄로 처벌받게 된다.[19]

(6) 양육과 교육

가족은 자녀의 양육과 교육이 이루어지는 공동체이기도 하다.[20] 자녀의 부양은 양육과 많은 내용에서 중첩되지만 양육은 부양의 의미를 넘어선다. 부양은 단순한 '경제적 지원'의 측면이 강하지만 양육은 자녀의 신체와 정서가 균형 있게 성장할 수 있도록 정신적 · 육체적으로 '돌보는

18 부부간의 부양의무 가운데 부양료 부분은 지급청구가 있어야 비로소 발생한다는 대법원 판례가 있다. 대결 2008.6.12. 2005스50: "민법 제826조 제1항에 규정된 부부간의 상호부양의무는 부부의 일방에게 부양을 받을 필요가 생겼을 때 당연히 발생하는 것이기는 하지만, 과거의 부양료에 관하여는 부양을 받을 자가 부양의무자에게 부양의무의 이행을 청구하였음에도 불구하고 부양의무자가 부양의무를 이행하지 아니함으로써 이행지체에 빠진 이후의 것에 대하여만 부양료의 지급을 청구할 수 있을 뿐, 부양의무자가 부양의무의 이행을 청구받기 이전의 부양료의 지급은 청구할 수 없다고 보는 것이 부양의무의 성질이나 형평의 관념에 합치된다." 이 판례에 따르면 부양료는 시간이 지나 나중에 청구하면 받을 수 없으므로 필요할 때마다 달라고 요구해서 받아야 할 듯싶다.

19 대법원에 따르면 형법상 유기죄에서 규정하는 "법률상 보호의무 가운데는 민법 제826조 제1항에 근거한 부부간의 부양의무도 포함되며, 나아가 법률상 부부는 아니지만 사실혼 관계에 있는 경우에도 위 민법 규정의 취지 및 유기죄의 보호법익에 비추어 위와 같은 법률상 보호의무의 존재를 긍정하여야" 한다고 한다. 대판 2008.2.14. 2007도3952 참조.

20 헌법재판소도 가족의 중요한 역할의 하나로 양육을 들고 있다. 헌재 2008.10.30. 2005헌마1156: "헌법은 제36조 제1항에서 혼인과 가정생활을 보장함으로써 가족의 자율영역이 국가의 간섭에 의하여 획일화·평준화되고 이념화되는 것으로부터 보호하고 있는데, 가족생활을 구성하는 핵심적 내용 중의 하나가 바로 자녀의 양육이다."

행위'를 의미한다는 점에서 '실제적 노동'의 측면이 강하기 때문이다. 또한 이러한 양육을 넘어서는 교육이 가족 안에서 제공되기도 한다. 지적 성숙과 정서적 함양을 목적으로 '가르치는 행위'를 뜻하는 교육은 대부분 학교에서 이루어지지만 가족에서 이루어지는 교육도 중요한 부분을 차지한다. 특히 교육은 사회생활에 필요한 가치와 규범을 내면화하여 사회화에 기여한다는 점에서 가족은 자녀를 사회화하는 공동체이기도 하다. 민법에 따라 원칙적으로 친권자가 되는 부모는 미성년인 자녀에 대한 보호 · 교양의무를 지므로(동법 제909조 및 제913조) 양육과 교육의 책임을 부담한다.

2. 정상가족과 비정상가족의 구분

혼인한 부부와 그 공동의 자녀로 구성되어 공동생활을 하며 정서적 교감과 보호 · 부양 및 양육 · 교육이 이루어는 전통적 의미의 가족은 그 개념에 필수적인 요소를 포함하는지 여부에 따라 정상적인 가족(정상가족)과 비정상적인 가족(비정상가족)을 구분한다.

(1) 혼인의 존재 여부

우선 정상가족은 '혼인한' 부부를 전제로 하기 때문에 '혼인하지 않은' 커플과 그 자녀는 정상가족에 포함되지 않는다. 예를 들어 동거하는 커플이나 사실혼관계에 있는 커플과 그 사이에서 태어난 자녀로 구성된 가족 또는 배우자 외의 상대방과 그 사이에서 태어난 자녀(혼인외의 자녀)로 구성된 가족도 정상가족이 되지 못한다. 또한 혼자 사는 1인 가족은 정상가족 여부를 논의하기 전에 가족의 개념에 포함될 수조차 없다. 더욱이 '혼인할 수 없는' 동성커플과 각자가 데려온 자녀(친생자뿐만 아니라 입양한 자녀도 포함)로 구성된 가족도 애초에 정상가족이 될 수 없다. 동성커플 외에도 근친혼관계나 중혼관계에 있는 커플도 혼인할 수 없는 커플에 포함되므로 그들과 그 자녀로 구성된 가족은 비정상가족이 될 수밖에 없다.

(2) 부부의 존재 여부

더 나아가 혼인한 부부와 그 사이에서 태어난 자녀로 가족이 구성되었다고 하더라도 부부 일방의 죽음이나 이혼으로 '부부 가운데 한 사람이 존재하지 않는' 가족도 정상가족이 되지 못한다. 혼인한 '부부'를 전제로 하는 정상가족은 부부가 모두 존재해야 하는데 부부 일방이 존재하지 않는 가족은 이른바 '결손가정'이 되어 정상가족에 포함될 수 없기 때문이다. 부부 가운데 한 사람만 없어도 결손가정이 되므로 부부 모두가 사망하여 고아들로 구성된 가족(소년소녀가족)이나 조부모와 손자손녀로 구성된 가족(조손가족)은 당연히 결손가정에 포함되어 비정상가족이 될 수밖에 없음은 명백하다.

(3) 자녀의 존재 여부

정상가족은 혼인한 부부뿐만 아니라 그 사이에서 태어난 자녀를 요구한다. 따라서 '자녀가 없는 가족'은 정상가족이 될 수 없다. 여기서 자녀가 없는 이유는 중요하지 않다. 의학적인 불임(不姙)으로 인해 자녀를 출산할 수 없어서 자녀가 없는 경우뿐만 아니라 자녀의 출산을 원하지 않아서 자녀가 없는 경우도 정상가족이 되지 못한다. 더욱이 자녀는 혼인한 부부가 '공동으로' 출산한 자녀이어야 하므로 배우자가 가운데 한 쪽 또는 양쪽이 모두 '재혼'인 경우에 데려온 자녀는 가족의 구성원이 되기 힘들어 이들로 구성된 가족은 비정상가족이 된다. 같은 맥락에서 한쪽 배우자의 '외도'로 출생한 자녀가 있는 가족은 비정상가족이 될 것이 분명하다. 또한 부부 공동의 자녀가 아닌 '입양'한 자녀가 포함된 가족도 비정상가족으로 분류된다. 앞서 언급한 동성커플의 경우에 각자가 데려온 자녀는 부모가 혼인한 부부가 아니기 때문에 이미 비정상가족이 될 뿐만 아니라 공동의 자녀가 아니므로 이들로 구성된 가족은 비정상가족이 되기는 마찬가지다.

(4) 공동생활의 존재 여부

동일한 주거에서 공동생활을 하는 가족만이 정상가족이기 때문에 '주거를 달리하는 가족'은 비정상가족이 된다. 따라서 부부 가운데 한 사람이 직장 때문에 주거를 달리하다가 주말에만 주거를 같이하는 가족(주말부부), 자녀의 교육을 위하여 부부 가운데 한 사람과 자녀가 해외에 거주하는 가족(기러기가족)은 비정상가족으로 구분될 수밖에 없다. 자녀가 성인이 되어 학업이나 직장 때문에 주거를 달리하는 경우에는 새로운 가족의 구성을 위한 준비단계로 이해될 수도 있다.

(5) 정서적 교감의 존재 여부

가족구성원들 사이에 애정이나 신뢰, 이해나 배려가 존재하지 않거나 충분하지 않은 가정은 정상가족이 될 수 없다. 부부 사이에 더 이상 애정이 없거나 한쪽 배우자의 부정행위(불륜)로 신뢰가 깨진 경우, 부부나 부모자식간에 이해나 배려가 없어 화목하지 못하고 갈등과 대립이 지배적인 경우에 비정상가족이 된다. 심지어 부부 상호간이나 부모와 자식간 또는 형제간에 폭언과 폭력이 오고 가는 가족은 그것이 애정과 신뢰에 기초한다고 주장하더라도 정상가족으로 보기는 어렵다. 폭언이나 폭력을 애정과 신뢰에 대한 일반적 표현방식으로 이해하기는 어렵기 때문이다.

(6) 보호와 부양의 존재 여부

정상가족의 구성원들은 서로 보호와 부양의 책임을 지기 때문에 다른 가족구성원들을 학대하거나 유기하는 가족은 비정상가족이 된다. 또한 가족에 대한 보호와 부양은 해당 가족의 구성원들에게 책임이 있기 때문에 다른 가족에 의해 보호되거나 부양되는 가족도 정상가족이 될 수 없다. 물론 어느 정도의 보호나 부양이 제공될 때 정상가족으로 부를 수 있는지는 명확하지 않다. 하지만 일반적인 가족에서 가족구성원들에게 제공되는 최소한의 보호나 부양이 제공되지 않으면 비정상가족으로 분류할 수 있다.

(7) 양육과 교육의 존재 여부

정상가족에서는 자녀의 양육과 교육이 이루어진다. 따라서 자녀의 신체와 정신발달에 필요한 돌봄이 제공되지 않거나 적어도 자녀의 인성교육조차 이루어지지 않는 가족은 비정상가족이 된다. 인간의 생존에 필요한 음식물이나 놀이가 충분히 제공되지 않거나 인격체로서 성장하는 데 필수적인 가르침이 없는 가족은 정상가족이 될 수 없다.

3. 비정상가족에 대한 낙인

비정상가족이라는 표현에서도 나타나듯이 혼인한 부부와 그 공동의 자녀로 구성되지 않거나 공동생활을 하면서 보호 · 부양과 양육 · 교육이 제공되지 않은 가족은 정상이 아니라는 도덕적 비난의 대상이 된다. 애초에 가족이라고 부르지 않는 1인 가족, 신혼부부나 자녀를 모두 출가시킨 노부부를 제외하고 부부로만 구성된 가족, 혼인하지 않은 커플과 그 자녀로 구성된 가족, 혼인할 수 없는 커플과 그 자녀로 구성된 가족, 부부 가운데 한 사람 또는 부부 모두가 없는 가족, 자녀가 없거나 공동의 자녀가 아닌 자녀가 포함된 가족, 주거를 서로 달리 하는 가족, 보호나 부양이 충분히 제공되지 않는 가족, 양육과 교육이 제대로 이루어지지 않는 가족은 도덕적 흠결이 있는 가족이라고 사회적으로 부정적인 평가를 받게 되고, 이러한 평가는 구성원들에게 고정된 규범이 된다. 이것을 흔히 고정관념(stereotype)이나 낙인(stigma)이라고 부른다.

4. 비정상가족에 대한 차별대우

비정상가족에 대한 도덕적 고정관념이나 낙인은 비정상가족에 대한 차별대우로 이어진다. 비정상가족은 정상가족과 구분되는 차이가 존재하므로 비정상가족에 대한 차별대우는 정당한 것으로 평가되기 때문이다. 혼인을 기초로 한 가족과 혼인을 기초로 하지 않은 가족, 자녀가 존재하는 가족과 자녀가 존재하지 않는 가족, 공동생활이나 정서적 교감이 존재하는 가족과 존재하지 않는 가족, 보호 · 부양과 양육 · 교육이 존재하는 가족과 존재하지 않는 가족의 차이는 명백해 보인다. 따라서 '같은 것은 같게, 다른 것은 다르게'라는 평등원칙에 따라[21] 명백한 차이가 있는 두 유형의 가족을 불평등하게 대우해도 전혀 문제가 없어

21 평등원칙에 대해서는 이준일, 〈평등원칙〉, 《안암법학》 제8호(안암법학회, 1998), 1면 이하; 같은 이, 〈법적 평등과 사실적 평등〉, 《안암법학》 제12호(안암법학회, 2000), 1면 이하; 같은 이, 〈소수자와 평등원칙〉, 《헌법학연구》 제8집 제4호(한국헌법학회, 2002), 219면 이하 참조.

보인다. 오히려 명백한 차이가 있는 두 유형의 가족을 평등하게 대우하는 것이 평등원칙에 반하는 것으로 보이기도 한다.

5. 입양에 대한 이중적 태도

혼인과 혈연으로 이루어져야 하는 가족은 원칙적으로 '공동의 자녀'를 요구한다. 하지만 혼인한 부부가 자녀를 갖지 못하는 경우에 공동의 자녀를 대체하는 '입양된 자녀'로 가족은 완성된다. 공동의 자녀는 가족의 필수적 요건이지만 그렇다고 공동의 자녀를 가질 수 없는 혼인한 부부에게 공동의 자녀를 요구하면 가족은 완성될 수 없다. 하지만 가족은 혼인한 부부로 충분하지 않기 때문에 공동의 자녀에 대한 요건은 입양된 자녀로 완화된다. 여기서 입양에 대한 이중적 태도를 확인할 수 있다. 가족을 완성시키는 요건인 '공동의 자녀'는 공동의 자녀를 갖지 않은 가족, 즉 입양된 자녀를 가진 가족을 비정상가족으로 평가하는 기준인 반면에 '자녀'는 입양의 방법이지만 적어도 자녀를 가진 가족을 자녀가 없는 가족과 비교하여 차악의 가족으로 구분하는 기준이 된다.

III. 가족에 대한 현대적 개념

1. 전통적인 의미의 가족의 해체

절대적 가치로 평가되던 '혼인'은 감소하는 반면에 사회적 해악으로 이해되던 '이혼'이 증가함으로써 가족의 기반이 근본적으로 흔들리는 현상이 나타나고 있다. 또한 가족의 중요한 사회적 기능으로 이해되던 '출산'이 감소하고, 부부와 자녀가 서로 다른 주거나 지역에서 주거하는 현상도 늘어남에 따라 전통적인 의미의 가족 개념은 점차 해체되어 가고 있다.

(1) 혼인의 감소

대한민국 국민의 혼인건수는 인구 1천 명당 혼인건수를 의미하는 '조(粗)혼인률'을 기준으로 할 때 1980년대 초반까지 지속적으로 증가하는 추세를 보이다가 그 이후에 점차 감소하는 경향으로 돌아서 현재에 이르고 있다(〈표 1-4〉 참조). 2000년 이후에 들어서는 대략 매년 30-34만여 건의 혼인건수를 나타내 주고 있지만 인구증가를 고려할 때 전체적으로 혼인건수가 감소하고 있다고 평가할 수 있다(〈표 1-5〉 참조). 이것은 '반드시 혼인할 필요는 없다'는 사회적 인식을 반영하고, 종래에 혼인에 부여되던 사회적 의미에 다소 변화가 있음을 의미한다. 또한 이로 인해 혼인을 기초로 하는 가족의 개념에도 조금씩 변화가 찾아오고 있음을 확인할 수 있다. 혼인과 가족을 필수적으로 결합시키는 경우에 혼인의 감소는 가족의 감소를 의미하기 때문이다.

표 1-4. 연도별(5년 단위) 혼인건수

(단위: 건)

	1970	1975	1980	1985	1990	1995	2000	2005	2010
혼인건수	295,137	283,226	403,031	384,686	399,312	398,484	332,090	314,304	326,104
조혼인율	9.2	8.0	10.6	9.4	9.3	8.7	7.0	6.5	6.5

* 조(粗)혼인률: 인구 1천명당 혼인건수
자료: 국가통계포탈(www.kosis.kr)

표 1-5. 연도별(2000년 이후) 혼인건수

(단위: 건)

	2000	2001	2002	2003	2004	2005	2006	2007	2008	2009	2010
혼인건수	332,090	318,407	304,877	302,503	308,598	314,304	330,634	343,559	327,715	309,759	326,104
조혼인율	7.0	6.7	6.3	6.3	6.4	6.5	6.8	7.0	6.6	6.2	6.5

* 조(粗)혼인률: 인구 1천명당 혼인건수
자료: 국가통계포탈(www.kosis.kr)

(2) 이혼의 증가

한국에서 이혼건수는 1970년에 1만1천여 건을 기록한 뒤에 계속적으로 증가하여 2003년에는 15배가량 증가한 16만6천여 건으로 정점에 이르렀고, 점차 감소하여 2010년의 경우에 대략 11만7천 건 정도를 보이고 있다(〈표 1-6〉 참조). 이것은 인구 1천 명당 이혼건수를 나타내는 조(粗)이혼율이 1970년에 0.4건에서 2003년에 3.4건으로 증가한 뒤에 2005년 이후에 2.5건 전후로 안정화되고 있음을 의미한다(〈표 1-7〉 참조). 물론 최고점을 기록한 2003년 이후에 이혼율이 점차 감소하여 현재는 안정화 추세로 접어들고 있지만 1970-80년대와 비교하면 3-5배 정도 증가한 비율임을 확인할 수 있다. 그만큼 30-40년 전보다 이혼율이 현저하게 높다는 사실이 명확하게 드러난다.

이제 혼인의 가치가 완전히 사라졌다고 말할 수는 없지만 혼인의 가치보다 더 중요한 가치들이 존재하는 경우에 혼인이 포기될 수 있는

표 1-6. 연도별(5년 단위) 이혼 건수

(단위: 건)

연도	1970	1975	1980	1985	1990	1995	2000	2005	2010
이혼	11,615	16,453	23,662	38,187	45,694	68,279	119,455	128,035	116,858
조이혼율	0.4	0.5	0.6	0.9	1.1	1.5	2.5	2.6	2.3

* 조(粗)이혼율: 인구 1천명당 이혼건수
** 1981년부터는 신고된 이혼사건 기준
자료: 국가통계포탈(www.kosis.kr)

표 1-7. 연도별(2000년 이후) 이혼 건수

(단위: 건)

	2000	2001	2002	2003	2004	2005	2006	2007	2008	2009	2010
이혼	119,455	134,608	144,910	166,617	138,932	128,035	124,524	124,072	116,535	123,999	116,858
혼인	332,090	318,407	304,877	302,503	308,598	314,304	330,634	343,559	327,715	309,759	326,104
이혼율1*	2.5	2.8	3.0	3.4	2.9	2.6	2.5	2.5	2.4	2.5	2.3
이혼율2**	5.3	5.9	6.3	7.2	6.0	5.5	5.3*p*	5.2*p*	4.8*p*	5.1*p*	4.7*p*
이혼율3***	1.05	1.18	1.26	1.44	1.20	1.09	1.06*p*	1.04*p*	0.97*p*	1.02*p*	9.5*p*

* 조(粗)이혼율: 인구 1천명당 이혼건수
** 유배우 이혼율: 유배우자 1천명당 이혼건수(*p*: 잠정치)
*** 부부 100쌍당 이혼율: 부부 100쌍당 이혼건수(*p*: 잠정치)
자료: 국가통계포탈(www.kosis.kr)

시대가 도래했다고 말할 수는 있다. 사람들은 이전보다 쉽게 이혼을 결정하고, 주위에서 이혼한 부부를 어렵지 않게 찾아볼 수 있다. 이혼에 대한 사회적 인식도 달라져 이혼한 사람에 대해서도 부정적 평가보다는 '이혼할 수도 있지'라는 중립적 평가가 우세한 것으로 보인다. 이처럼 종래에 혼인이 가졌던 절대적 가치가 사라지고 언제라도 이혼할 수 있는 가능성을 열어 둠에 따라 혼인에 기초한 가족의 가치도 반드시 지켜야 하는 특별한 지위를 잃어 가고 있는 듯하다. 이혼한 남녀가 다른 사람과 재혼할 가능성을 배제할 수는 없지만 이혼의 증가가 가족의 감소를 의미하는 것은 분명하다.

(3) 출산의 감소

대한민국 국민이 한 해 동안 출산한 자녀의 숫자는 1970년에는 100만 명을 넘었지만 점차 감소하는 추세를 보이면서 2010년에는 그 절반에도 미치지 못하는 47만 명 정도에 불과했다(〈표 1-8〉과 〈표 1-9〉 참조). 이러한 출생아 수의 감소는 무엇보다도 임신이 가능한 여성(가임여성) 1명이 평생 동안 출산할 것으로 예상되는 출생아의 숫자가 1970년에는 네(4) 명도 더 되었던 것과 비교하여 현재는 겨우 한(1) 명 정도에 지나지 않는다는 데서 연유한다. 물론 앞서 살펴본 혼인건수의 감소도 출생아 수의 감소에 큰 영향을 미치는 것으로 보이지만 기본적으로 부부가 자녀의 출산을 기피하는 현상이 출생아 수의 감소에 결정적인 영향을 미치고 있다고 판단된다.

출생아 수가 보여 주는 또 다른 특징은 혼인한 부부 사이에서 출생한 자녀(혼인중의 자)의 숫자는 계속해서 감소하고 있지만 혼인하지 않은 남녀 사이에서 출생한 자녀(혼인외의 자)의 숫자는 점차 증가하고 있다는

표 1-8. 연도별(5년 단위) 출생아 수

(단위: 명)

연도	1970	1975	1980	1985	1990	1995	2000	2005	2010
출생아 수	1,006,645	874,030	862,835	655,489	649,738	715,020	634,501	435,031	470,171
조출생률	31.2	24.8	22.6	16.1	15.2	15.7	13.3	8.9	9.4
합계출생률	4.53	3.43	2.82	1.66	1.57	1.63	1.47	1.08	1.23

*조출생률: 인구 1천명당 출생아 수
**합계출생률: 가임여성 1명당 출생아 수
자료: 국가통계포탈(www.kosis.kr)

표 1-9. 연도별(2000년 이후) 출생아 수

(단위: 명)

연도	2000	2001	2002	2003	2004	2005	2006	2007	2008	2009	2010
출생아 수	634,501	554,895	492,111	490,543	472,761	435,031	448,153	493,189	465,892	444,849	470,171
조출생률	13.3	11.6	10.2	10.2	9.8	8.9	9.2	10.0	9.4	9.0	9.4
합계출생률	1.47	1.30	1.17	1.18	1.15	1.08	1.12	1.25	1.19	1.15	1.23

* 조출생률: 인구 1천명당 출생아 수
** 합계출생률: 가임여성 1명당 출생아 수
자료: 국가통계포탈(www.kosis.kr)

표 1-10. 법적 혼인 상태별 출생아 수

(단위: 천명)

연도		2001	2002	2003	2004	2005	2006	2007	2008	2009	2010
출생아 수	A	547.8	483.2	480.1	463.2	425.7	438.7	483.3	455.4	434.4	458.5
	B	5.3	5.2	6.1	6.1	6.5	6.8	7.8	8.4	8.7	9.6
구성비	A	99.0	98.9	98.7	98.7	98.5	98.5	98.4	98.2	98.0	97.9
	B	1.0	1.1	1.3	1.3	1.5	1.5	1.6	1.8	2.0	2.1

* A: 혼인 중의 자녀
** B: 혼인 외의 자녀
*** 미상은 제외되어 출생아 수에 관한 전체 통계와 다소 차이가 있음.
자료: 국가통계포탈(www.kosis.kr)

점이다. 이로 인해 전체 출생아 수에서 혼인외의 자가 차지하는 비율은 2001년의 1퍼센트에서 2009년에는 두 배인 2퍼센트로 증가했다(〈표 1-10〉 참조). 이것은 종래에 혼인의 중요한 사회적 기능으로 이해되었던 출산의 의미가 변화되고 있음을 의미한다. 혼인한 부부만이 출산할 수 있다는 사회적 인식이 바뀌면서 출산을 위해서 반드시 혼인할 필요는 없다는 현상이 확산되고 있는 것으로 보인다. 더 이상 혼인과 출산을 등치시키지 않고, 적어도 가족의 개념에서 혼인을 중요한 요소로 인식하지 않는 사람들이 늘어나고 있다고 볼 수 있다. 물론 자녀의 출산은 그 부모인 남녀의 관계를 단순한 동거가 아니라 사실혼으로 규정지을 수 있는 측면을 가지고 있지만 적어도 법률혼을 가족의 중요한 요소로 인식하는 태도는 축소되었다고 판단된다.

(4) 분산(분거)가족의 증가

가족구성원들이 따로 사는 분거가족의 비율은 2006년에 21.2퍼센트, 2008년에 16.5퍼센트, 2010년에 15.1퍼센트를 차지하는 것으로 나타났다(〈표 1-12〉 참조). 그리고 분거하는 사유는 주로 직장이나 학업 때문이고, 2010년의 경우에 5년 이상 분거하는 가족도 전체 분거가족의 4분의 1 정도를 차지한다(〈표 1-11〉 참조). 이러한 수치는 가족은 반드시 공동의 주거에서 생활해야 한다는 통념을 깨뜨리고 있다.

표 1-11. 분거 사유

(단위: %)

	직장	학업	가족불화	건강	자녀교육	군대	기타
2006	55.9	32.2	5.3	1.9	3.5	14.7	0.9
2008	55.9	36.3	5.3	1.6	3.1	10.4	0.8
2010	56.3	38.5	4.3	2.4	2.6	10.0	1.5

자료: 국가통계포탈(www.kosis.kr)

표 1-12. 분거 기간

(단위: %)

	6개월 미만	6-12개월	1-2년	2-3년	3-5년	5년 이상
2006	18.9	16.0	26.0	17.6	15.4	20.8
2008	17.2	15.3	27.7	16.9	14.9	21.1
2010	15.8	17.7	25.0	15.9	15.2	24.7

자료: 국가통계포탈(www.kosis.kr)

(5) 다양한 공동생활형태의 등장

1) 혼인유사결합의 증가

이성간의 결합인 혼인과 대칭되는 '동성간의 결합'이 점차 목소리를 강하게 내기 시작했다. 또한 이성간의 결합이면서 혼인의 실체는 갖추었지만 혼인신고를 하지 않은 '사실혼'도 이전부터 많이 존재해 왔다. 그리고 이성간의 결합이고 공동생활을 하지만 상호간에 보호·부양의 책임을 지지 않음으로써 혼인의 실체를 갖추지 않은 '동거'도 점차 증가하는 추세다. 이러한 동성간 결합, 사실혼, 동거는 당사자들 사이에 정서적 교감과 함께 성교행위 및 공동생활이 이루어진다는 점에서 혼인과 공통적이다. 그러나 이성간의 결합이 아니거나 혼인신고가 없다는 이유로 또는 보호·부양의 책임을 지지 않는다는 이유로 혼인으로 인정되지 않는다. 그럼에도 불구하고 동성애적 성적 지향을 가진 사람들은 동성간의 결합을 원할 수밖에 없고, 혼인의 법적 책임으로부터 자유롭기 원하는 커플들은 사실혼이나 동거를 선호하게 된다. 우선 동성애적 성적 지향은 타고난 것으로 교정될 수도 없고, 더욱이 그러한 성적 지향을 타고나지 않은 사람이 그러한 성적 지향으로 변화될 수도 없다. 따라서 어차피 동성애적 성적 지향을 타고난 인구의 일정 비율은 동성간의 결합을 선택할 수밖에 없으므로 그러한 비율에 이르기까지 동성간의 결합이 등장하는 현상은 막을 수 없다. 또한 혼인은 일정한 법적 책임을 부과할 뿐만 아니라 다양한 사실상의 구속이나 사회적 의무까지 지우기 때문에 개인의 자유가 강조되는 경향에 따라 이러한 책임이나 구속 또는 의무로부터 자유로워지기 원하는 사람들이 많아지면 사실혼이나 동거의 비율도 높아질 수밖에 없다.

2) 가족유사공동체의 증가

혼인한 부부가 아닌 남녀 또는 동성의 결합이 증가하면서 그들과 그 자녀로 구성된 공동체가 늘어나고 있다. '동성커플'과 그들이 데려온 자녀로 구성된 공동체, 특히 여성 동성커플과 그중의 한 명이

표 1-13. 가족유사공동체

		혼인	부/모	자녀	
비혼커플	동성커플	×	부2/모2	○	동성간 혼인, 사실혼, 동거 가능
	사실혼	×	부모	○	이성간/동성간 모두 가능
	동거	×	×	×	이성간/동성간 모두 가능
한부모가족	미혼부 · 모가족	×	부/모	○	
	사별가족	○	부/모	○	
	이혼가족	○	부/모	○	
부모 없는 가족	소년소녀가족	○	×	○	
	조손가족	○	×	○	
자녀 없는 가족	불임부부	○	부모	×	
	무자녀부부	○	부모	×	맞벌이부부인 경우 'DINK족'
혈연 없는 가족	입양가족	○	부모	○	
	공동체가족	×	×	×	부모나 보호자 역할하는 사람 존재 가능

타인의 정자를 제공받아 인공임신으로 출산한 자녀로 구성된 공동체, '사실혼관계'에 있는 남녀와 그들의 공동 자녀로 구성된 공동체가 대표적인 예에 해당한다. 그리고 부모 가운데 한 사람이 존재하지 않은 채 아버지 또는 어머니와 그 자녀로만 구성된 '한부모가족'도 증가하고 있다. 부모 가운데 한 사람이 존재하지 않은 이유로는 '사별'이나 '이혼'도 있지만 우연한 성관계나 동거 중에 원치 않은 임신이 되어 출산한 '미혼모'도 있다. 혼인 유무에 따라 사별 · 이혼가족은 비정상가족으로 분류되지만 미혼모가족은 가족유사공동체로 분류되기도 한다. 또한 부모가 모두 없는 가족(소년소녀가족), 혈연이나 입양은 아니지만 부모처럼 자녀를 돌보는 가족, 구성원들이 서로 형제처럼 보호하고 부양하는 가족 등 다양한 형태의 가족과 유사한 공동체(가족유사공동체)도 숫자도 점차 많아지고 있다.

2. 정상가족 이데올로기의 붕괴

혼인유사결합과 가족유사공동체가 증가하면서 정상가족의 이데올

로기는 점차 허물어져 가고 있는 듯하다. 혼인한 부부, 공동의 자녀, 공동생활, 정서적 교감, 보호 · 부양, 양육 · 교육이라는 가족의 모든 요건이 충족된 가족만이 정상가족이라는 신념은 이러한 요건을 충족하지 못한 가족이 증가하면서 심각하게 흔들리고 있다. 특히 동성커플의 증가는 혼인의 개념부터 근본적으로 흔들어 놓았다. 또한 이혼가족과 미혼모가족, 그리고 타인의 정자를 기증받아 출산하는 싱글맘가족까지 이런 가족은 부부가 모두 있어야 정상가족이라는 신념을 흔들고 있다. 게다가 아이 없이 부부로만 구성된 가족, 교육과 직장 때문에 국내뿐 아니라 한국과 외국에 흩어져 사는 가족은 공동의 자녀나 공동생활과 같은 정상가족의 중요한 징표들에 의문을 제기하게 만든다. 또한 정서적 교감이 사라진 가족, 보호나 부양마저 방기해 버린 가족, 양육이나 교육을 기대하기 어려운 가족까지 경험하게 만드는 현실 속에서 도대체 가족 개념의 본질적 징표가 무엇인지에 대한 근본적인 고민이 드는 것이 사실이다. 심지어 1인 가족도 가족이라고 주장하는 현실은 가족 개념의 '폐기'마저 고려해야 되는 상황을 만들고 있다. 따라서 이제는 새로운 가족 개념의 구성이 필요한 시점에 이른 것으로 판단된다. 오로지 남는 문제는 새로운 가족 개념의 구성을 위하여 종래에 가족 개념에서 중요한 요소들을 완전히 배제할 것인지, 아니면 그러한 요소들 가운데 현재는 적용하기 어려운 몇 가지 요소만을 배제할 것인지의 선택일 뿐이다.

3. 새로운 가족 개념의 구성

(1) 혼인은 가족의 필수적 요소인가?

혼인이 감소하고, 혼인외 자녀의 출산이 증가하는 현상은 전통적인

표 1-14. 결혼에 대한 견해

(단위: %)

	반드시 해야 한다			하는 것이 좋다			해도 좋고 안 해도 좋다			가급적 안 하는 것이 좋다			하지 말아야 한다			모르겠다		
	전체	남성	여성	전체	남성	여성	전체	남성	여성	전체	남성	여성	전체	남성	여성	전체	남성	여성
1998	33.6	36.9	30.5	39.9	42.6	37.4	23.8	18.4	28.9	1.1	0.7	1.4	0.2	0.1	0.2	1.4	1.4	1.5
2002	25.6	29.5	21.9	43.5	47.8	39.4	27.2	19.9	34.1	1.7	0.9	2.6	0.2	0.2	0.3	1.8	1.7	1.8
2006	25.7	30.0	21.6	42.0	45.1	38.9	27.5	21.1	33.6	1.8	1.0	2.6	0.4	0.3	0.5	2.6	2.5	2.7
2008	23.6	27.4	20.0	44.7	47.2	41.6	27.7	21.9	33.3	2.4	1.8	3.1	0.5	0.4	0.5	1.4	1.3	1.5
2010	21.7	24.6	18.8	43.0	45.9	40.3	30.7	25.7	35.6	2.8	2.2	3.4	0.5	0.4	0.6	1.3	1.2	1.3

* 15세 이상 국민의 견해
자료: 국가통계포탈(www.kosis.kr)

표 1-15. 결혼생활에 대한 태도(남녀가 결혼하지 않아도 함께 살 수 있다)

(단위: %)

	2008		2010	
	동의	반대	동의	반대
전체	42.3	57.7	40.5	59.5
남성	45.9	54.1	44.6	55.4
여성	38.8	61.2	36.6	63.4

* 15세 이상 국민의 견해
자료: 국가통계포탈(www.kosis.kr)

의미의 가족 개념에서 혼인이 차지하는 비중에 중요한 변화를 가져오고 있다. 기본적으로 혼인의 감소와 혼인외 출생아의 증가는 반드시 혼인을 통해서만 가족이 구성될 수 있는지에 대한 의문을 던지기 때문이다. 혼인을 하고, 혼인중의 자녀를 출산함으로써만 가족이 구성될 필요가 없다면 '동거'나 '사실혼'과 같은 혼인외 자녀의 출산을 통해서도 가족은 구성될 수 있다. 게다가 혼인은 감소하는 반면에 이혼은 증가하는 현상은 가족의 구성이 꼭 필요한지, 그리고 혼인을 기초로 구성된 가족이 어떤 경우에도 유지될 필요가 있는지에 대한 근본적인 의문마저 제기한다. 결혼에 대한 견해를 묻는 사회조사의 통계도 '결혼을 반드시 해야 한다'는 견해가 점차 감소하고 있다는 사실을 보여 주고 있는데 이것도 가족의 구성에서 혼인의 필수적 성격이 배제되고 있는 현실을 확인시켜 주는 좋은 증거다(〈표 1-14〉 참조).

과거에 비해 혼인건수는 감소하는 반면에 이혼건수는 증가하고, 혼인외 자녀의 출산이 증가한 것은 분명하다. 혼인을 대신하여 동거나 사실혼을 선택하고 자녀를 출산함으로써 가족을 구성하는 현실의 존재는 인정되어야 한다. 결혼생활에 대한 태도를 묻는 사회조사의 통계에서도 '남녀가 결혼하지 않아도 함께 살 수 있다'는 데 동의하는 의견이 대략 40%를 차지하고 있다(〈표 1-15〉 참조). 하지만 여전히 혼인건수는 일정한 수준(매년 30-34만여 건)을 유지하고, 이혼한 사람들이 다시 혼인하는 현상도 계속되고 있으며 혼인 중에 출산한 자녀도 전체 출생아의 숫자에서 중요한 비중을 차지하고 있다. 따라서 혼인이 가족의 개념에서 '필수적 요소'라고까지 말할 수는 없어도 여전히 '일반적 요소'라고 말할 수는 있다. '결혼을 반드시 해야 한다'는 의견은 줄고 있지만 '결혼을 하는 것이 좋다'는 의견까지 더하면 결혼에 대한 긍정적 견해가 여전히 60퍼센트 이상의 비중을 차지하고, '결혼은 해도 좋고 안 해도 좋다'는 중립적 견해까지 고려한다면(〈표 1-14〉 참조) 결혼에 대한 부정적 견해와는 비교될 수 없을 정도라는 현실도 가족의 개념에서 혼인이 차지하는 일반적 기능을 확인할 수 있다. 더욱이 동거는 그렇다 치더라도 사실혼은 혼인의 실체는 모두 갖추었지만 단지 혼인신고라는 형식만 존재하지 않는다는 점에서 법률혼과 함께 넓은 의미의 혼인 개념에 포함될 수 있다는 점도 인식할 필요가 있다.

여기서 가족의 개념을 구성할 때 여전히 혼인을 일반적 요소로 하면서도 동거나 사실혼과 같은 새로운 형태의 결합을 고려할 필요성이 있다. 이것은 **가족 개념의 '포기'가 아니라 '확장'**을 의미하고, **'폐쇄적' 가족 개념보다 '개방적' 가족 개념이** 선호되어야 함을 뜻한다. 이러한 가족 개념에 따르면 혼인을 전제로 하는 가족은 단지 '가족의 유형 가운데 하나'에 지나지 않을 수도 있지만 현실적으로 다른 어떤 가족 유형보다 많은 사람들이 선택하고 있기 때문에 여전히 '일반적으로 선택되는 가족의 유형'이 된다. 그리고 혼인을 전제로 하지 않는 가족의 유형도 '소수가 선택하는 가족의 유형'이기는 하지만 가족의 개념에 포함됨으로써 원칙적으로 가족에 대한 국가의 보호와 지원이 필요할 때 여기서 배제되지 않는다. 이에 따라 남녀가 동거하다 이별할 때 당사자의 일방, 특히 여성을 이혼한 경우처럼 법률로써 보호해야 하고, 사실혼관계에 대해서도 사안의 특성을 고려하여 법률혼과 같은 법적 효력을 인정해야 한다. 또한 동성커플에 대해서 혼인으로 인정하지 않더라도 혼인한 부부와 동일한 법적 보호를 제공할 필요가 있다. 그리고 미혼모와 자녀로 구성된 가족의 경우에 혼인도 존재하지 않고, 부모가 모두 존재하는 것도 아니지만 혼인한 남녀와 자녀로 구성된 가족과 동일한 법적 보호와 지원이 제공되어야 한다. 물론 가족의 개념에 포함될 수 있는 다양한 유형의 가족들 가운데 일정한 차이가 존재하기 때문에 그러한 차이가 법적으로 의미 있는 차이인 경우에는 그러한 차이를 고려한 차별대우도 허용된다고 볼 수 있다.

(2) 가족에서 출산이 차지하는 의미

전통적 의미의 가족 개념에서 혼인과 출산은 항상 결합되었다. 혼인하면 출산해야 하고, 출산하려면 혼인해야 했다. 하지만 혼인해도 출산하지 않는 가족이 늘고 있고, 혼인하지 않은 상태에서 자녀를 출산하여 가족을 구성하는 사람들도 증가하고 있다. 어떤 이유에서든 자녀의 출산을 부담스러워하는 부부들이 자녀의 출산을 꺼려하여 부부로만 이루어진 가족에 만족하는 사람들의 숫자가 많아지고 있다. 경제적으로 여유

표 1-16. 결혼생활에 대한 태도(결혼하지 않고도 자녀를 가질 수 있다)

(단위: %)

	2008		2010	
	동의	반대	동의	반대
전체	21.5	78.5	20.6	79.4
남성	23.3	76.7	22.9	77.1
여성	19.7	80.3	18.4	81.6

* 15세 이상 국민의 견해
자료: 국가통계포탈(www.kosis.kr)

있는 삶을 즐기기 위하여 의도적으로 자녀를 갖지 않은 채 맞벌이를 하는 부부를 지칭하는 'DINK(double income, no kids)족'이 대표적인 예에 해당한다. 그리고 앞서 살펴본 것처럼 대부분 동거나 사실혼의 관계에서 출산했을 것으로 추정되는 혼인외 자녀의 숫자도 점점 그 비중을 높여가고 있다. 결혼생활에 대한 태도를 묻는 사회조사의 통계에서도 '결혼하지 않고도 자녀를 가질 수 있다'는 데 동의하는 의견은 대략 20퍼센트 정도를 차지하여 적지 않은 사람이 혼인외 자녀의 출산에 찬성하고 있다(〈표 1-16〉 참조).

그렇지만 가임여성의 합계출생률을 보면 이미 감소할 수 있는 한계치에 다다른 것으로 보이기 때문에 혼인한 부부가 출산을 전혀 원하지 않는다기보다 최소한의 자녀를 출산하기 원하는 것으로 해석할 수 있다. 이것은 여전히 출산이 혼인에서 중요한 의미를 차지한다는 사실을 확인시켜 준다. 따라서 가족의 구성에서 혼인이 일반적으로 선택되는 유형이라는 점을 고려하면 출산은 가족의 개념에서 배제될 수 없는 요소로 이해된다. 다만 혼인해서도 자녀를 갖기 원하지 않는 부부 또는 자녀의 임신이 불가능한 부부가 불합리하게 차별받지 않아야 하고, 혼인외의 자녀도 혼인중의 자녀와 마찬가지로 법적 보호를 받아야 한다는 점에서는 의문의 여지가 없다. 여기서도 '폐쇄적' 가족 개념이 아니라 '개방적' 가족 개념을 선택함으로써 가족 개념을 포기할 것이 아니라 확장할 것이 요구된다. 이에 따라 부부든 사실혼관계의 남녀든 상관없이 자녀를 출산한 남녀뿐만 아니라 자녀를 출산하지 않거나 출산하지 못하는 남녀(자녀가 없는 남녀)까지도 포괄하는 가족 개념의 구성이 필요하다. 또한 공동으로 출산한 자녀는 아니지만 재혼한 부부(법률혼이든 사실혼이든)나 동성커플과 그들이 데려온 자녀로 구성된 공동체도 가족으로 포함시키는 가족 개념의 구성이 요구된다. 그리고 직접 출산하지 않거나 전혀 혈연관계가 없지만 입양한 자녀가 있는 가족도 가족의 개념 안으로 포섭시켜야 한다.

(3) 공동생활의 의미

교통과 통신이 발달한 현대사회에서 공동생활의 의미는 변화될 필요가 있다. 반드시 동일한 공간에서 계속적으로 함께 생활하는 것만이 공동생활을 의미할 수는 없다. 수시로 이동하고 접촉할 수 있다면 일시적으로 동일한 공간에서 함께 생활하지 않더라도 공동생활을 의미할 수 있다. 따라서 주말부부나 기러기가족의 경우에도 '넓은 의미의 공동생활'이 이루어진다고 볼 수 있다. 그렇지만 가족의 친밀감은 동일한 공간에서 계속적으로 함께 생활한다는 '엄격한 의미의 공동생활'을 통해 견고해질 수 있다. 엄격한 의미의 공동생활이 이루어지지 않는다고 해서 가족으로 볼 수 없는 것은 아니지만 엄격한 의미의 공동생활이 이루어지는 가족보다 친밀감이 떨어지는 것은 사실이다. 하지만 엄격한 의미의 공동생활은 해당 가족의 구성원들이 결정할 수 있는 문제에 속하기 때문에 엄격한 의미의 공동생활을 모든 가족에게 필수적으로 요구할 수는 없다고 보인다. 다만 공동으로 생계가 유지되고 있는 경우처럼 엄격한 의미의 공동생활을 하는 가족만을 국가가 지원해야 할 필요성이 있는 경우에는 엄격한 의미의 공동생활을 가족의 개념에 요구할 수는 있다. 결국 동일한 공간에서 계속적으로 함께 생활하는 엄격한 의미의 공동생활도 가족 개념의 필수적 요소가 아닌 것은 분명하지만 적어도 엄격한 의미의 공동생활이 이루어지는 공동체가 일단 가족으로 인정될 가능성이 높은 것은 사실이다.

(4) 정서적 교감의 의미

정서적 교감은 가족의 개념에서 여전히 중요한 요소다. 그리고 정서적 교감은 가족의 개념을 확장하기 위해 반드시 요구되기도 한다. 다만 앞서 언급한 바와 같이 정서적 교감의 존재 여부를 객관적으로 확인하기가 어렵다는 점이 문제다. 따라서 주관적 성격이 강한 정서적 교감은 법적 의무로 요구하기에 어려움이 있다. 다만 객관적 확인이 용이하지는 않지만 다양한 정황을 통해 정서적 교감의 명백한 존재가 확인될 수만 있다면 정서적 교감이 이루어지는 공동체는 적어도 잠정적으로나마 가족으로 인정될 필요가 있다.

(5) 보호와 부양의 의미

가족구성원에 대한 보호와 부양은 가족이 '공동체'로서 의미를 가지기 위한 필수적 요소로 보인다. 가족구성원 상호간에 보호와 부양이 제공되지 않은 채 위험에 방치되거나 유기된다면 가족이라는 공동체가 존재해야 할 이유가 없다. 국가가 가족을 보호하고 지원하는 근거도 가족공동체 안에서 구성원들 상호간에 사적인 보호와 부양이 제공된다는 데 있다. 만약 가족공동체 안에서 구성원들 상호간에 사적인 보호와 부양이 제공되지 않는다면 그러한 보호와 부양을 대신하여 국가를 통해 공적인 보호와 부양이 제공되어야 하기 때문이다. 가족공동체 안에서 구성원들 상호간에 제공되는 사적인 보호와 부양에 대해서 국가가 감세나 면세와 같은 세금혜택을 부여하는 것도 같은 맥락에서 이해될 수 있다. 결론적으로 보호와 부양은 가족의 개념에서 필수적 요소다.

(6) 양육과 교육의 의미

자녀의 양육과 교육은 부모에게 부여된 최소한의 책임이다. 물론 자녀를 양육하고 교육하기에 신체적 · 정신적 능력이나 경제적 능력이 부족한 부모가 있을 수 있다. 또한 처음부터 자녀를 원하지 않거나 자녀의 출산이 불가능한 부모도 존재한다. 따라서 자녀의 양육과 교육이 가족의 개념에서 필수적인 요소라고 말할 수는 없다. 하지만 적어도 출산이든 입양이든 자녀가 존재하고, 심지어 자녀는 아니지만 아동이 존재하고 그러한 자녀나 아동의 양육과 교육이 제공되는 공동체는 가족으로 인정될 필요가 있다.

4. 현행법상 가족의 개념

(1) 민법

가족의 개념을 정의하고 있는 법률들이 여러 가지 있다. 그 가운데 가족에 관한 기본법인 민법은 가족의 범위를 ① 배우자, 직계혈족 및 형제자매, ② 직계혈족의 배우자, 배우자의 직계혈족 및 배우자의 형제자매로 규정하면서 후자의 경우에는 생계를 같이 하는 경우로 한정하고 있다(동법 제779조). 민법이 정의하는 가족개념에서 본질적인 요소가 '혼인과 혈연'임을 확인할 수 있다. 그 밖에도 민법은 '친족'이라는 개념을 사용하는데 친족은 배우자와 혈족 및 인척을 포함한다(동법 제767조). 여기서 혈족은 직계혈족과 방계혈족으로 구분되는데 전자는 자기의 직계존속과 직계비속을 의미하고, 후자는 자기의 형제자매와 형제자매의 직계비속, 직계존속의 형제자매 및 그 형제자매의 직계비속을 의미한다(동법 제768조). 그리고 인척은 혈족의 배우자, 배우자의 혈족, 배우자의 혈족의 배우자를 의미한다(동법 제769조). 다만 친족관계로 인한 법률상 효력은 민법 또는 다른 법률에 특별한 규정이 없는 한 ① 8촌 이내의 혈족, ② 4촌 이내의 인척, ③ 배우자에 한정되어 미친다(동법 제777조). 부부간에는 동거 · 부양 · 협조의 의무가 있고(동법 제826조 제1항), 부모는 미성년자인 자녀에 대한 친권을 가지면서(동법 제909조 제1항) 자녀에 대한 보호 · 교양의 의무를 부담한다(동법 제913조). 그밖에 직계혈족과 그 배우자 및 생계를 같이 하는 친족에 대해서는 부양의 의무를 지게 된다(동법 제974조). 여기서 보호 · 부양이나 양육 · 교육이 가족의 개념에서 중요한 요소임을 확인하게 된다. 특히 보호 · 부양의 의무를 지는 자가 그 대상을 유기하면 형사상 처벌을 받을 수 있고(형법 제271조 제1항), 직계존속이 영아를 유기하면 형사상 처벌이 부과된다(형법 제272조).

(2) 가족관계의 등록 등에 관한 법률

'가족관계의 등록 등에 관한 법률'에서 가족관계등록부에 기록되어야 하는 사항으로는 ① 등록기준지, ② 성명 · 본 · 성별 · 출생연월일 및 주민등록번호, ③ 출생 · 혼인 · 사망 등 가족관계의 발생 및 변동에 관한 사항, ④ 가족으로 기록할 자가 대한민국 국민이 아닌 사람(외국인)인 경우에는 성명 · 성별 · 출생연월일 · 국적 및 외국인등록번호(외국인등록을 하지 아니한 외국인의 경우에는 대법원규칙으로 정하는 바에 따른 국내거소신고번호 등) 등이 있다(동법 제9조 제2항). 그리고 가족관계등록부의 기록사항에 관하여 발급하는 증명서 가운데 '가족관계증명서'에는 ① 본인의 등록기준지 · 성명 · 성별 · 본 · 출생연월일 및 주민등록번호, ② 부모의 성명 · 성별 · 본 · 출생연월일 및 주민등록번호(입양의 경우 양부모를 부모로 기록하되, 단독입양한 양부가 친생모와 혼인관계에 있는 때에는 양부와 친생모를, 단독입양한 양모가 친생부와 혼인관계에 있는 때에는 양모와 친생부를 각각 부모로 기록), ③ 배우자, 자녀의 성명 · 성별 · 본 · 출생연월일 및 주민등록번호가 기록되어야 한다(동법 제15조 제1항 제1호). 여기서도 가족의 개념에서 기본적인 요소는 '혼인 · 혈연 · 입양'이라는 사실을 확인할 수 있다.

(3) 건강가정기본법

한편 건강가정기본법은 가족을 "혼인 · 혈연 · 입양으로 이루어진 사회의 기본단위"로 정의하면서(동법 제3조 제1호) 가족과 구분되는 개념으로 '가정'이라는 개념을 사용한다. 이에 따르면 가정은 "가족구성원이 생계 또는 주거를 함께 하는 생활공동체로서 구성원의 일상적인 부양 · 양육 · 보호 · 교육 등이 이루어지는 생활단위"를 의미한다(동법 제3조 제2호). 이러한 가정개념은 기본적으로 가족개념의 형식적 요소를 기초로 하여 가족개념의 실질적 요소인 '부양 · 양육 · 보호 · 교육 등'을 포함시키고 있다.

(4) 한부모가족지원법

그 밖에 한부모가족지원법은 한부모가족을 모자(母子)가족과 부자(父子)가족으로 정의하면서(동법 제4조 제2호) 모자가족 또는 부자가족은 모 또는 부가 세대주인 가족을 의미하는 것으로 본다(동조 제3호 및 제4호).

그리고 여기서 말하는 모 또는 부는 ① 배우자와 사별 또는 이혼하거나 배우자로부터 유기된 자, ② 정신이나 신체의 장애로 장기간 노동능력을 상실한 배우자를 가진 자, ③ 교정시설 · 치료감호시설에 입소한 배우자 또는 병역복무 중인 배우자를 가진 사람, ④ 미혼자(사실혼 관계에 있는 자는 제외)(동법 제4조 제1호 가목에서 라목), ⑤ 배우자의 생사가 분명하지 아니한 자, ⑥ 배우자 또는 배우자 가족과의 불화 등으로 인하여 가출한 자, ⑦ 배우자의 장기복역 등으로 인하여 부양을 받을 수 없는 자(동조 동호 마목 및 동법 시행규칙 제2조)를 의미한다(동조 제1호). 한부모가족지원법에 의해 지원되는 대상은 배우자가 없거나 배우자가 있어도 부양능력이 없는 사람으로 아동을 양육하는 사람이므로 이러한 가족개념에서도 중요한 요소는 혼인과 혈연 및 입양이다.

(5) 다문화가족지원법

다문화가족지원법에 따른 다문화가족은 ① 결혼이민자와 출생시부터 대한민국 국적을 취득한 자로 이루어진 가족, ② 귀화허가를 받은 자와 출생시부터 대한민국 국적을 취득한 자로 이루어진 가족을 의미한다(동법 제2조 제1호). 여기서 결혼이민자는 "대한민국 국민과 혼인한 적이 있거나 혼인관계에 있는 재한외국인"을 뜻한다(재한외국인 처우 기본법 제2조 제3호). 여기서도 가족은 국적이 다른 남녀의 결혼, 이른바 '국제결혼'을 기초로 성립되어 혈연으로 이어진 가족을 의미하기 때문에 혼인과 혈연이 가족개념의 중요한 요소가 된다.

IV. 중간결론

1. 혼인은 가족의 중요한 요소

혼인과 출산은 가족의 개념에서 여전히 필수적 구성요소로서의 지위를 유지하는가? 아니면 혼인과 출산은 이제 가족의 개념을 구성하는 요소로서 종말을 고했는가? 둘 다 아니라고 본다. 혼인과 출산은 가족의 개념을 구성할 때 필수적으로 요구되어 '강제되어야 하는 요소'는 아니지만 그렇다고 하더라도 그 의미를 완전히 상실해 버린 불필요한 요소로 '금지되어야 하는 요소'라도 말할 수도 없다. 예를 들어 2010년을 기준으로 15세 이상 국민 가운데 기혼자는 55퍼센트 정도이고, 사별자나 이혼자까지 포함하면 혼인경력자는 70퍼센트 정도를 차지한다(〈표 1-17〉 참조). 더욱이 혼인연령을 고려하여(미혼자의 대부분이 24세 이하라는 사실을 고려하여) 25세 이상의 국민을 기준으로 하면 미혼자의 비율은 20퍼센트에 미치지 않는다. 물론 25세 이상의 미혼인 국민이 7-10퍼센트 정도 밖에 되지 않던 1970, 80년대와 비교해 보면 미혼자의 비율이 두세 배 가량 증가한 것이다. 하지만 미혼자의 비율이 계속해서 증가할지 여부는 명확하지 않고, 여전히 25세 이상인 국민 5명 가운데 1명만이 미혼자라는 말이므로 아직도 대부분의 사람은 혼인을 선택하여 가족을 구성하고 있다. 또한 2002년에 출생아(신생아) 수가 50만 미만으로 떨어진 뒤에 조출생률은 9-10 정도를 유지하고 있고, 합계출산율도 1.0-1.2 정도로 안정화되고 있는 것으로 보인다(〈표 1-9〉 참조). 이것은 출산이 가족의 구성에서 여전히 중요한 역할을 수행하고 있다는 의미다.

이처럼 혼인과 출산은 가족의 개념에서 여전히 '일반적으로 선택되는' 요소이므로 남녀가 혼인을 선택하고, 혼인한 남녀가 출산을 결정하는

표 1-17. 혼인상태별 인구 현황(15세 이상 국민)

(단위: 명)

	1970	1975	1980	1985	1990	1995	2000	2005	2010
합계	18,193,819	21,470,584	24,751,040	28,324,762	32,256,159	34,318,206	36,346,533	38,055,306	40,203,788
남성	8,927,492	10,604,572	12,209,144	13,968,883	15,990,561	16,995,279	17,980,556	18,757,803	19,800,418
여성	9,266,327	10,866,012	12,541,896	14,355,879	16,265,598	17,322,927	18,365,977	19,297,503	20,403,370
미혼	5,637,782	7,413,027	8,533,550	9,561,919	10,631,273	10,561,637	10,934,027	11,478,719	12,311,702
남성	3,334,881	4,315,936	4,932,854	5,528,199	6,113,914	6,107,620	6,316,890	6,581,508	7,041,166
여성	2,302,901	3,097,091	3,600,696	4,033,720	4,517,359	4,454,017	4,617,137	4,897,211	5,270,536
기혼	10,817,051	12,247,341	14,201,777	16,582,095	19,052,110	2,555,356	22,023,805	22,556,515	23,213,954
남성	5,341,460	6,047,569	7,005,079	8,150,165	9,482,566	10,408,149	11,010,349	11,261,575	11,605,892
여성	5,475,591	6,199,772	7,196,698	8,431,930	9,569,544	10,417,047	11,013,456	11,294,940	11,608,062
사별	1,617,785	1,701,888	1,892,629	2,008,877	2,320,396	2,555,356	2,672,398	2,879,879	3,068,545
남성	210,939	206,135	226,439	220,880	282,973	304,147	322,751	392,204	432,881
여성	1,406,846	1,495,753	1,666,190	1,787,997	2,037,423	2,251,209	2,349,647	2,487,675	2,635,664
이혼	120,841	107,039	121,220	166,515	248,832	366,513	704,716	1,140,193	1,609,587
남성	39,879	34,441	43,766	66,391	109,500	169,015	324,191	522,516	720,479
여성	80,962	72,598	77,454	100,124	139,332	197,498	380,525	617,677	889,108
미상	360	1,289	1,864	5,356	3,548	9,504	11,587	-	-
남성	333	491	1,006	3,248	1,608	6,348	6,375	-	-
여성	27	798	858	2,108	1,940	3,156	5,212	-	-

자료: 국가통계포털(www.kosis.kr)

표 1-18. 혼인상태별 인구 현황(15세 이상 24세 미만 국민)

(단위: 명)

	1970	1975	1980	1985	1990	1995	2000	2005	2010
15-19세	3,088,134	4,146,912	4,239,729	4,316,264	4,448,996	3,863,491	3,691,584	3,100,523	3,438,414
미혼	3,039,254	4,087,224	4,198,388	4,295,186	4,434,785	3,844,136	3,672,094	3,091,534	3,427,723
기혼	47,635	58,734	39,799	20,574	13,990	19,151	19,309	8,701	9,586
사별	634	637	260	89	61	1	0	5	449
이혼	596	258	594	129	93	23	8	283	656
미상	15	59	688	286	67	180	173	-	-
20-24세	2,523,170	3,123,126	4,053,638	4,245,090	4,396,309	4,304,378	3,848,186	3,662,123	3,055,420
미혼	1,903,285	2,441,768	3,236,545	3,548,826	3,903,892	3,876,203	3,598,808	3,516,785	2,979,443
기혼	611,768	675,867	811,512	692,515	489,795	425,245	244,888	141,542	73,421
사별	3,205	2,591	2,337	1,242	780	741	1,205	783	411
이혼	4,709	2,734	2,790	2,080	1,654	1,641	2,945	3,013	2,145
미상	203	166	454	427	188	548	340	-	-

자료: 국가통계포털(www.kosis.kr)

것을 금지할 수는 없다. 또한 혼인하여 출산하는 가족은 다른 유형의 가족과 차이가 있고, 그러한 차이가 법적으로 다른 평가를 받아야 하는 경우도 존재한다. 특히 혼인한 남녀와 그 자녀로 구성된 공동체는 적어도 혼인과 출산의 사실이 공적으로 확인되었다는 점에서는 가족임을 잠정적으로 확인할 수 있다. 혼인하지 않은 남녀, 특히 자녀가 없이 동거하는 남녀보다 혼인하여 자녀를 출산한 남녀는 상대적으로 가족으로 볼 수 있는 개연성이 높다.

2. 개방적 가족 개념을 통한 가족 개념의 확대

하지만 혼인에 기초하지 않은 가족과 출산하지 않는(또는 출산이 불가능한) 가족도 '소수가 선택하는' 가족의 유형이기는 하지만 가족의 개념에 포함시킬 필요가 있다. 따라서 혼인과 출산은 일정한 공동체를 가족으로 인정하기 위한 필수적 요소로 강제할 수도 없다. 이처럼 혼인과 출산을 가족의 개념에서 필수적으로 요구되는 요소에서 배제함으로써 새로운 유형의 가족이 다양하게 탄생할 수 있게 된다. 물론 법적으로 유효한 가족 개념에 포함되지 않는다고 해서 새로운 유형의 가족이 전혀 탄생할 수 없는 것은 아니다. 중요한 것은 새롭게 탄생하는 다양한 유형의 가족이 '개방적 가족 개념'의 선택을 통한 '가족 개념의 확장'으로 법적인 보호와 지원을 제공받을 수 있게 된다는 점이다. 이러한 보호와 지원을 위해서는 혼인과 출산 외에 가족의 개념을 정의하기 위한 일정한 표지가 필요하다. 우선 공동생활은 필수적 요소는 아니지만 공동생활이 존재한다면 적어도 잠정적으로는 가족으로 인정할 수 있는 하나의 표지가 될 수는 있다. 또한 정서적 교감은 객관적인 확인이 불가능하기는 하지만 대체로 그 존재가 명백하다는 확인이 있다면 마찬가지로 하나의 표지가 될 수는 있다. 결국

비교적 객관적 확인이 용이한 보호 · 부양이나 양육 · 교육은 가족인지 여부를 확인하는 결정적인 표지가 될 수 있다.

3. 가족은 여전히 필요한 제도인가?

전통적인 가족 개념에서 중요한 요소였던 혼인과 출산이 감소하고, 오히려 이혼과 가족유사공동체가 증가하면서 가족제도의 자연적인 붕괴나 의도적인 해체를 주장하기도 한다. 물론 전통적인 가족 개념의 중요한 요소가 차지하는 의미나 비중이 감소한 것은 사실이지만 그 의미나 비중이 완전히 사라졌다거나 사라져야 한다고 주장하는 것은 '과장된 주장'으로 보인다. 앞서 언급한 것처럼 혼인과 출산을 중심으로 한 가족제도는 여전히 존재하고, 가족이 수행하는 보호와 부양, 양육과 교육의 기능은 다른 어떤 공동체에 의해 수행되는 것보다 큰 비중을 차지하는 것으로 판단된다. 특히 가족 안에서 이루어지는 정서적 교감은 다른 어떤 공동체에서 이루어지는 정서적 교감과 비교할 수 없을 것이다. 보호와 부양, 양육과 교육이 제공되고, 정서적 교감이 이루어지는 공동체가 다양하게 존재할 수 있다는 점을 부인할 수는 없지만 그것만으로 가족 안에서 제공되는 보호와 부양, 양육과 교육, 그리고 가족 안에서 이루어지는 정서적 교감이 완전히 사라졌다거나 불필요하다고 주장하는 것은 무리다. 여전히 가족 안에서 보호와 부양, 양육과 교육이 제공되고, 정서적 교감이 이루어지고 있다는 사실을 확인하면서 가족제도의 의미와 비중을 인정하되 가족의 이러한 중요한 기능이 수행되는 다른 다양한 공동체의 의미와 비중도 고려하는 것이 바람직하다고 보인다. 유엔의 아동권리협약도 가족이 여전히 "사회의 기본적 집단(fundamental group)"으로서 사회구성원, 특히 아동의 성장과 복지를 위하여 필요한 "자연적 환경(natural environment)"임을 확인하고 있다.[22]

22 아동권리협약(Convention on the Rights of the Child) 서문: 가족은 사회의 기본적 집단이고, 모든 사회구성원, 특히 아동의 성장과 복지를 위한 자연적 환경으로서 필요한 보호와 지원을 제공받음으로써 공동체 안에서 그 책임을 완전히 다할 수 있어야 함을 확인하고(Convinced that the family, as the fundamental group of society and the natural environment for the growth and well-being of all its members and particularly children, should be afforded the necessary protection and assistance so that it can fully assume its responsibilities within the community)….

제2장

미혼모의 권리

I. 여성으로서 미혼모

1. 미혼모의 개념

미혼모는 혼인하지 않은 채 자녀를 출산한 여성을 의미한다.[23] 대체로 근친상간이나 강간과 같이 '법적으로 허용되지 않는 성관계'로 인한 임신, 우연한 섹스나 연인관계 또는 동거관계나 사실혼관계에서 '원치 않는 임신'으로 출산하면 미혼모가 된다. 혼인의 개념을 혼인신고 외에 혼인의 실질적 요건을 모두 갖춘 사실혼까지 포함하는 넓은 의미로 이해하면 사실상의 배우자(친부)가 있는 사실혼 상태에서 임신한 미혼모는 '엄격한 의미'의 미혼모로는 볼 수 없다. 같은 맥락에서 우연한 섹스나 연인관계 또는 동거관계에 있는 남녀가 원치 않는 임신을 하였지만 공동의 자녀를 출산하여 사실혼상태에 이르렀다면 해당 여성은 미혼모로 볼 수 없다. 여기서 미혼모의 개념에서 중요한 것은 출산할 당시에 '혼인하지 않은

23 미혼모의 숫자를 추정할 수 있는 통계에 관해서는 이준일, 〈미혼모의 인권과 법정책〉, 《고려법학》 제64호(고려대학교 법학연구원, 2012), 1면 이하 참조. 이 논문에서 미혼모의 인권 목록에 관한 기본구상이 제시되고 있다.

상태'일 뿐만 아니라 '출산한 자녀의 아버지가 없는 상태'라는 점을 확인할 수 있다. 따라서 사실혼을 포함하여 혼인을 한 여성이 자녀를 출산한 뒤에 사별이나 이혼으로 남편이 없어지면 미혼모로 볼 수 없다. 출산한 자녀의 아버지가 현재는 없지만 출산 당시에는 혼인한 상태이었고, 배우자가 있었기 때문이다.

일반적인 출산은 남녀의 성관계에 의한 임신으로 가능하다는 점에서 혼인하지 하지 않은 상태에서의 출산은 가능하지만 출산한 자녀의 아버지가 없는 상태의 출산은 불가능하다. 물론 자녀의 출산 전에 자녀의 아버지가 사망하는 경우(유복자)도 가능하지만 이것은 극히 예외적인 경우에 해당하므로 출산한 자녀의 아버지가 없는 상태는 그 아버지로부터 자녀와 어머니가 버림받았음을 의미한다. 미혼모의 개념과 '버림받은 여성'의 이미지가 중첩되는 이유가 바로 여기에 있다. 문제는 버림받은 여성이 피해자로 이해되지 않고 잘못(혼전성관계, 혼전임신 · 출산)을 저질러 벌(버림받음)을 받은 사람으로 인식된다는 점이다. 하지만 미혼모는 버림받은 피해자이고, 미혼모와 그 자녀를 버린 상대방 남성이 잘못(유기)을 저질러 벌을 받아야 하는 사람으로 인식될 필요가 있다. 오히려 미혼모는 버림받은 피해자임에도 불구하고 자녀를 출산하기로 결정한 '주체적 여성'의 이미지로 재구성되어야 한다. 이로써 단지 미혼모가 아니라 여성 전체가 임신과 출산에 대하여 자주적으로 결정할 수 있는 독립적 주체로 상정될 수 있다. 미혼모의 문제가 여성 전체를 독립적 인격체로서 정립시키는 문제인 이유가 여기에 있다.

한편 생식기술의 발전으로 남녀의 성관계 없는 인공임신이 가능해짐에 따라 출산한 자녀의 아버지는 단지 정자를 제공하는 주체(정자기증자, sperm donner)에 지나지 않고 여성이 적극적으로 미혼모가 되는 사례도 늘고 있다. 혼인과 배우자를 거부한 채 여성과 자녀로만 구성된 미혼모가족을 여성 스스로 능동적으로 구성함으로써 미혼모에 붙어 있는 수동적인 이미지를 벗어던지고 있는 것이다. 따라서 미혼모가 되기로 적극적으로 선택한 여성은 버림받은 여성도 아니고, 피해자는 더더욱 아닐뿐더러 임신과 출산에 관한 자기결정권을 적극적으로 행사한 여성의 대표로 인식될 필요가 있다. 미혼모에 대한 인식의 전환이 여성에 대한 인식의 전환으로 이해되어야 하는 이유가 바로 이것이다. 여성은 더 이상 남성에 의해 임신당하는 대상이 아니라 스스로 임신과 출산 여부를 결정할 수 있는, 심지어 남성의 성행위 없이도 임신할 수 있는 독립적인 주체인 것이다.

2. 미혼모에 대한 낙인과 낙태

미혼모는 결혼도 하지 않은 채 성행위를 한 정숙하지 못한(성적으로 문란한) 여성, 그리고 양육할 능력도 없이 아이를 출산한 무책임한 여성이라는 점에서 정상이 아니다. 또한 혼인이 가족의 개념에서 필수적인 요소라면 혼인하지 않은 여성의 출산은 정상적인 것으로 평가받을 수 없다. 더욱이 가족은 부부(부모)가 모두 존재하는 상태를 전제로 한다면 부부 가운데 한 사람이 존재하지 않는 미혼모가족은 비정상가족으로 분류될 수밖에 없다. 특히 남성인 가장이 가족의 중심이 되는 가부장적 질서가 강하게 요구되는 사회에서 아버지가 없는 가족은 어머니가 없는 가족보다 훨씬 비정상적으로 평가받게 된다. 이처럼 혼인하지도 않았을 뿐만 아니라 가장인 남편도 없다는 점에서 미혼모의 출산은 그 비정상성이 가중된다. 심지어 미혼모는 양육의 부담 때문에 아이를 입양시킬 수밖에 없어 입양가족이라는 비정상가족을 만들어

내기도 한다. 결국 미혼모에 대한 사회의 부정적 평가(낙인)는 미혼모 개인의 비정상적 행동뿐만 아니라 비정상가족을 탄생시킨 책임에서 출발한다. 그리고 미혼모에 대한 낙인은 미혼모에 대한 가혹한 차별을 정당화하게 된다.

미혼모는 본인이 부담해야 할 사회적 낙인과 차별을 피하기 위하여 낙태할 가능성이 크다. 하지만 낙태는 태아의 생명에 대한 박탈을 의미하기 때문에 무제한적으로 허용되지 않는다.[24] 낙태를 정당화하는 사유가 법률에 열거되거나 낙태가 허용되는 기간이 명시됨으로써 낙태에 대한 제한이 가해진다. 현행 **모자보건법**은 ① 본인이나 배우자가 우생학적(優生學的) 또는 유전학적 정신장애나 신체질환이 있는 경우, ② 본인이나 배우자가 전염성 질환이 있는 경우, ③ 강간 또는 준강간(準强姦)에 의하여 임신된 경우, ④ 법률상 혼인할 수 없는 혈족 또는 인척 간에 임신된 경우, ⑤ 임신의 지속이 보건의학적 이유로 모체의 건강을 심각하게 해치고 있거나 해칠 우려가 있는 경우에만 낙태를 허용함으로써 낙태의 정당화사유를 제한적으로 열거하고 있다(동법 제14조 제1항). 따라서 근친상간이나 강간에 의한 임신으로 미혼모가 되는 경우를 제외하면 미혼모가 낙태할 수밖에 없는 대부분의 사유인 '사회적 · 경제적 사유'로는 낙태가 허용되지 않는다. 이것은 미혼모의 낙태(단지 '미혼모'라는 이유만으로 시술하는 낙태)가 불법이기 때문에 과도한 비용은 물론이고 안전과 위생이 보장되지 않는 상태에서 은밀하게 시술될 수밖에 없다는 것을 의미한다. 이처럼 사회는 낙인과 차별을 통해 미혼모를 낙태하도록 몰아가면서도 미혼모라는 이유로 낙태하는

24 낙태의 문제에 대해서는 이준일, 《인권법》(제4판, 2012), 제24장 보론 참조.

것을 허용하지 않음으로써 미혼모를 안전과 위생의 사각지대로 내몰고 있다. 하지만 미혼모의 낙태는 그것으로 끝나지 않는다. 미혼모는 여전히 임신과 출산이 가능한 '여성'이므로 미혼모의 '모성'을 고려할 때 미혼모를 안전과 위생의 사각지대로 내모는 것은 단지 미혼모의 문제만이 아니라 여성 전체의 문제로 인식될 필요가 있다.

3. 임신 · 출산에 관한 여성의 권리와 미혼부의 책임

임신과 출산의 주체는 원칙적으로 여성이다. 여성은 상대방 남성과 협의할 수는 있어도 원칙적으로 임신과 출산 여부를 스스로 결정할 수 있는 주체다. 임신과 출산은 여성의 신체와 생명뿐만 아니라 인생에 중대한 영향을 미치기 때문이다. 따라서 혼인하지 않은 상태에서, 그리고 상대방이 없는 상태에서 임신하고 출산하기로 결정했다면 그 책임은 원칙적으로 여성이 지는 것이 타당하다. 여기서 중요한 것은 임신과 출산에 대한 여성의 결정권이 보장되기 위해서는 '낙태에 관한 여성의 자기결정권'이 인정되어야 한다는 점이다. 하지만 앞서 언급한 것처럼 태아의 생명권을 보장하기 위하여 낙태에 관한 여성의 자기결정권이 절대적으로 인정될 수는 없다. 따라서 임신과 출산에 대한 책임을 여성에게만 돌리는 것은 타당하지 않다. 태아의 생명권을 근거로 낙태에 관한 여성의 자기결정권을 제한하기 위해서는 출생한 생명의 양육에 관한 책임을 '사회가 공동으로' 부담해야 할 것을 전제해야 한다. 출생한 생명의 양육에 대하여 사회가 공동으로 책임져야 한다는 사회적 합의나 그것을 구체화하는 제도가 마련되지 않은 채 낙태에 관한 여성의 자기결정권을 제한하기만 하면 여성은 임신 · 출산과 관련하여 권리는 없고 책임만 있는, 출산을 강요받으면서도 출산에 대한 모든 책임을 혼자서 져야만 하는 존재로 전락하게 된다. 이것은 단지 미혼모만이 아니라 여성 전체를 출산의 도구로 형상화하는 계기가 될 수 있다는 점에서 미혼모에 대한 출산강요는 여성 전체의 모성에 관한 문제가 된다.

한편 모든 임신은 상대방 남성 없이는 불가능하다. 따라서 여성의 임신과 출산에 대해서는 '상대방 남성이 공동으로' 책임을 부담해야 한다. 그럼에도 불구하고 미혼모의 임신과 출산에 대해서는 여성에게만 책임이 전가된다. 혼인하지 않은 상태에서 성행위를 한 것, 그리고 자녀를 임신하고 출산한 것에 대해서 오로지 여성만이 책임을 지도록 요구받는다. 정확히 말하자면 출산에 대한 미혼모의 책임은 낙태하지 않은 것에 대한 책임일 수 있다. 실제로 미혼의 여성이 임신하면 상대방 남성은 물론 부모와 가족으로부터도 낙태를 강요받는다. 특히 상대방 남성은 마치 낙태의 강요와 낙태비용의 지급으로 임신과 출산에 대한 책임으로부터 벗어날 수 있는 면죄부를 받은 것처럼 낙태하지 않고 자녀를 출산한 여성을 버리고 출산과 자녀에 대한 책임을 전적으로 여성에게 돌린다. 하지만 낙태는 제한적으로만 허용되고 미혼모의 임신이 낙태를 정당화하는 사유가 되지 않기 때문에 낙태하지 않고 출산한 것에 대한 책임을 여성에게만 지울 수 없다. 설령 '미혼모'라는 상태가 낙태를 정당화하는 사유에 해당하게 된다고 해도 낙태의 결정은 원칙적으로 여성이 하고, 이러한 결정에 '동의'라는 형식으로 상대방 남성이 참여할 수 있을 뿐이므로 남성이 요구한다고 해서 반드시 낙태해야 하는 것도 아니다. 그리고 일단 출산하면 그 책임, 특히 자녀에 대한 책임은 비록 혼인하지 않은 남녀일지라도 친부인 남성과 친모인 여성이 공동으로 부담해야 한다. 민법은 자녀와 그 직계비속 또는 그 법정대리인에게 부 또는 모를 상대로 하여 '인지(認知)청구의 소'를 제기할 수 있는 권리를 부여하고 있다(동법 제863조). 따라서 미혼모는 출산한 자녀의 법정대리인으로서 상대방 남성을 상대로 하여 인지청구의 소를 제기할 수 있다. 법원으로부터 출산한 자녀가 상대방 남성의 친생자임을 확인하는 결정을 받으면 상대방 남성에게는 양육비를 청구하는 소송을 제기할 수 있다.

II. 성적 자기결정권

1. 혼전순결의 신화

(1) 신화를 깬 마녀로서 미혼모

출산은 인공임신(체내수정 또는 체외수정)을 통해서도 이루어지지만 일반적인 출산은 성교행위(sexual intercourse)에 의한 임신을 전제로 한다. 중요한 것은 이러한 성교행위(섹스)가 오로지 '혼인한 남녀(부부)'에게만 허용된다는 규범이 '공동체에서 일반적으로 승인된 규범'처럼 구성원들에게 요구되고 있다는 점이다.[25] 이와 같은 사회적 규범이 어느 누구도 깨뜨릴 수 없는 절대적 금기(taboo)가 되면 사람들의 의식을 지배하는 일종의 '신화(myth)'가 된다. 결혼하기 전에는 절대로 섹스할 수 없다는 '혼전순결(동정, virginity)'의 신화가 그것이다. 이러한 신화에 따르면 섹스는 그 자체가 목적이 될 수 없고, 섹스할 수 있는 자격을 결정하는 요소는 혼인이지 사랑이 아니다. 따라서 오로지 성적 욕망만을 충족시키기 위한 섹스는 당연히 허용될 수 없고, 서로 사랑하는 남녀도

25 혼전순결의 규범이 방송에 대한 국가의 통제를 통해 강화되는 현실에 대해서는 백미숙 · 강명구, 〈'순결한 가정'과 건전한 성윤리〉, 《한국방송학보》 제21권 제1호(한국방송학회, 2007), 154면 이하 참조.

결혼하지 않으면 섹스할 수 없으며, 사랑하지 않아도 결혼한 남녀는 섹스할 수 있다. 결혼한 부부에게 배우자가 요구하는 '섹스를 거부할 수 있는 권리'가 없다고 주장하는 논리가 더 이상 이상하지 않게 되고, 부부간에는 강간죄가 성립하지 않는다는 논리도 타당성을 얻게 된다.[26] 그리고 가장 많이 비난받아야 할 사람은 결혼도 하지 않고 사랑하지도 않는데 섹스한 남녀다. 심지어 혼인이 섹스의 목적이 됨으로써 '섹스하면 결혼해야 된다'는 우스꽝스런 결론이 도출되기도 한다.

바로 여기서 미혼모의 문제가 시작된다. (연인관계나 동거관계 또는 사실혼관계에서 임신한 경우) 미혼모는 결혼하지도 않고 섹스한 여성, 심지어 (우연한 섹스에 의한 임신의 경우) 결혼하지도 않고 사랑하지도 않는데 욕망에 따라 충동적으로 섹스한 여성에 해당하기 때문이다. 따라서 미혼모는 혼전순결의 신화를 깨뜨린 '마녀'와 같은 존재가 되고 만다. 미혼모에 대한 사회적 비난의 출발점은 그들의 출산이라기보다 오히려 혼전순결의 신화를 범하고 저질러진 그들의 섹스다. 이로써 미혼모에 대한 비난은 합리적 이유도 없이 자행되는 '마녀사냥(Chasse aux sorcières; witch hunt)'의 성격을 갖게 된다. 감히 혼전순결의 신화를 깨뜨림으로써 다른 선한(착한) 여성들에게 혼전섹스의 유혹을 유포하는 악한 여성의 대표가 되는 것이다. 이러한 미혼모에게 사회는 '성적으로 문란한 부도덕한 여성'이라는 낙인을 찍는다. 미혼모에 대한 사회적 비난은 결혼도 하지 않고 섹스한(또는 섹스할 가능성이 있는) 모든 여성을 겨냥한 것이 되고, 사회로부터 미혼모가 받게 되는 차별은 결혼하지 않고 섹스한 모든 여성을 대신하는 '희생양(sacrificial lamb)'에게 쏟아지는

26 부부강간죄의 문제에 대해서는 이준일, 《인권법》(제4판, 2012), 제24장 참조.

일벌백계(一罰百戒)식 차별이기도 하다. 그만큼 미혼모에 대한 차별은 가혹할 수밖에 없다. 이로써 미혼모는 심한 자책감과 함께 정체성의 혼란으로 인해 정신적 질환까지 얻을 수 있게 된다. 미혼모가 자포자기의 심정으로 다시 미혼모가 될 수밖에 없는 이유가 여기에 있다.

(2) 혼전순결의 신화는 아직도 타당한가?

이처럼 미혼모에 대한 낙인과 편견의 출발점은 혼전순결의 신화다. 그렇다면 혼전순결의 신화는 여전히 타당한가? 신화는 신화를 믿는 사람에게만 타당하다. 마치 종교적 신앙처럼, 실제로 혼전순결의 금기는 흔히 종교적 신앙과 결부되는 것처럼 오늘날에도 혼전순결을 믿는 사람에게 혼전순결을 포기하라고 강요할 수는 없다. 종교와 마찬가지로 신화는 논쟁의 대상이 될 수 없기 때문이다. 하지만 혼전순결의 규범을 따르지 않는 사람에게 혼전순결을 강요할 수도 없다. 혼전순결은 순전히 개인이 결정할 수 있는 '개인적 도덕'의 문제에 속하기 때문이다.[27] 결혼하기 전에 섹스를 하든 하지 않든, 그 대상이 앞으로 결혼할 사람이든 아니든 섹스 여부는 본인이 알아서 스스로 결정할 수 있는 문제다. 따라서 혼전순결을 지키기로 한 개인(여성이든 남성이든)의 결정뿐만 아니라 혼전순결을 따르지 않기로 한 미혼모의 개인적 결정도 존중받아야 한다. 물론 혼전순결을 믿는 여성이 미혼모가 될 수도 있지만 여전히 그것은

---

27 이미 20년 전 연구결과에 따르면 혼전순결의 도덕에 찬성하는 비율은 50퍼센트이고, 반대하는 비율은 3분의 1에 이른다는 통계가 제시되기도 한다. 권태환 · 전광희 · 조성남, 〈미혼여성의 성, 피임, 그리고 인공유산〉, 《한국인구학》 제19권 제1호(1996), 104면 참조. 한편 전국의 대학생을 대상으로 한 통계조사에 따르면 '사랑하면 결혼 전에도 성관계를 할 수 있다'는 비율이 50퍼센트에 이른다. 손애리 · 천성수, 〈전국 대학생의 성의식, 첫 성경험 및 성행동에 대한 성차〉, 《보건과 사회과학》 제18집(한국보건사회학회, 2005), 80면 참조.

개인의 도덕적 양심과 관련된 문제에 속한다. 본인 스스로 도덕적으로 반성하고 후회할 문제가 될지언정 사회적 비난의 대상이 될 수는 없다는 뜻이다.

(3) 혼전순결의 신화와 순결의 신화

혼전순결의 신화는 그 밑바닥에 '순결의 신화'를 깔고 있다. 순결의 신화는 섹스가 더럽다는 평가를 전제로 한다. 섹스는 더럽기 때문에 섹스하지 않는 것은 순결하다는 평가를 받는다. 그러면 섹스는 왜 더러운가? 섹스는 식욕이나 수면욕과 함께 인간의 기본적인 욕구(욕망)에 해당한다. 이러한 욕구는 다른 동물의 욕구와 다르지 않기 때문에 '동물적'이고, 이성적인 근거가 있는 것도 이성적으로 통제될 수 있는 것도 아니므로 '본능적'이다. 특히 섹스에 대한 욕구는 인간의 섹스가 동물의 섹스와 외견상 구분되지 않고, 섹스에 대한 인간의 통제능력이 동물의 그것보다 특별히 우월하지 않는다는 점에서 더욱 동물적이고 본능적이다. 이처럼 더러운 섹스를 아름답게 만드는 것은 '사랑'이나 '결혼'이다. 사랑과 결혼은 순결의 신화를 강화한다. 따라서 사랑하지 않는 사람들의 섹스, 결혼하지 않은 사람들의 섹스는 여전히 더럽고, 그래서 사랑하지도 않고 섹스하거나 결혼하지도 않고 섹스한 미혼모는 불결하다. 사랑과 결혼이, 특히 사랑보다 결혼이 섹스를 순결한 것으로 만들기 때문에 사랑하기 전에는 섹스하지 않아야 하고, 가능하면 사랑해도 결혼하기 전에는 섹스하지 않아야 한다. 신부의 순백색 웨딩드레스가 상징하듯이 신부이기 때문에 순결한 것이 아니라 순결하기 때문에 신부인 것이다. 따라서 혼전순결을 잃어버린 신부는 아무리 흰색 드레스를 입어도 순결이 회복되는 것은 아니다. 다만 잃어버린 순결이 결혼으로 용서되는 것뿐이다.

그러나 섹스와 그에 대한 욕망(성적 욕망)은 그 자체로 더럽지도 아름답지도 않다. 섹스는 단지 섹스일 뿐이고, 섹스에 대한 욕망은 다른 욕망처럼 그저 인간에게 주어진 것이기 때문이다. 섹스는 그에 대한 욕망을 충족시키기 위한 행위이기 때문에 반드시 거기에 사랑이나 결혼이 전제될 필요는 없다. 사랑하는 사람들 사이의 섹스도 항상 사랑을 확인하기 위한 것만은 아니고, 결혼한 사람들의 섹스도 결혼한 사실을 확인하기 위한 것만은 아니다. 다만 섹스에 대한 욕망의 절제에서 사람마다 능력이 다를 뿐이다. 그리고 이러한 욕망의 절제는 각 개인이 스스로 조절하고 통제해야 되는 '개인의 도덕'에 속하는 문제다. 물론 섹스에 대한 욕망을 절제하지 못하여 타인이 원하지도 않는데 강제로 섹스(강간)하거나 사회적으로 용인되지 않는 방식으로 섹스(예: 수간)하는 것은 금지될 수 있다. 이 경우에 섹스에 대한 욕망의 절제는 개인의 도덕적 문제가 아니라 사회의 '윤리적 · 법적 문제'가 된다. 여기서 확인하는 원칙은 섹스에 대한 욕망이 타인의 권리를 침해하거나 공공의 이익에 해악이 될 때에만 윤리적 · 법적으로 정당화될 수 없다는 점이다. 따라서 타인의 권리를 침해하거나 공공의 이익에 해악이 되지 않는다면 섹스는 혼인 여부와 상관없이 윤리적 · 법적으로 허용된다.

2. 신화의 현실적 목적

혼전순결의 신화는 개인적 도덕의 문제가 아니라 '사회적 규범(윤리)'의 문제라고 주장할 수도 있다. 혼전순결이 사회적 규범이 되기 위해서는 이것을 정당화할 수 있는 현실적으로 타당한 목적(공익)이 존재해야 한다. 대부분의 신화가 그렇듯이 실제로 혼전순결의 신화도 배후에는 추구하는 현실적 목적이 존재한다. 혼전순결의 신화 뒤에는 성교행위와 밀접하게 연결된 '임신의 예방'이 그 현실적 목적으로 자리잡고 있는 것으로 추정된다. 항상 그런 것은 아니지만 섹스하다 실수로 임신할 수 있는 가능성이 높기 때문이다. 문제는 결혼한 여성도 실수로 임신할 수 있다는 점이다. 부부의 모든 임신이 계획된 임신이 아니라는 점은 잘 알려진 사실이다. 그렇다면 결혼한 여성의 임신과 결혼하지 않은 여성의 임신 사이에는 어떠한 차이가 존재하는가? 왜 결혼하지 않는 여성의 임신을 막으려 하는가? 결혼하지 않은 여성이 임신하면 '낙태'하거나 출산한 '자녀를 유기'할 수도 있다고 전제하기 때문이다. 물론 이러한 전제는 그 상대방이 해당 여성과 자녀를 유기하고, 그 여성이 경제적 능력을 갖추지 못하여 자신과 자녀의 미래에 대한 불안감을 가진 상황에서는 타당한 것으로 보인다. 남녀가 결혼하지 않은 상태에서, 심지어 결혼을 생각해 보지도 않은 상태에서 여성이 임신하거나 출산하면 이를 원하지 않은 남성이 여성을 버릴 가능성이 높고, 여성이 혼자서 자녀를 출산하면 일반적으로, 특히 양육할 경제적 능력이 되지 못하는데도 임신하거나 출산하면 정신적 · 경제적 부담으로 낙태하거나 자녀를 유기할 가능성이 높다는 가정에 따라 처음부터 결혼하지 않은 상태에서 자녀의 임신이 불가능하도록 성교행위를 하지 못하게 금지하는 논리다.

그러나 결혼하지 않은 여성이 임신하거나 출산했다고 해서 항상 버림받는 것도 아니고(물론 버림받아서도 안 되고), 미혼모가 경제적 능력이 없어도 반드시 임신한 태아를 낙태하거나 자신이 낳은 자녀를 유기하는 것도 아니며, 이제는 경제적 능력을 갖춘 여성이 많아져 경제적 능력 때문에 낙태하거나 자녀를 유기할 필요도 없다. 반면에 경제적 능력이 없으면 혼인한 부부도 낙태하거나 자녀를 유기할 수 있고, 경제적 능력이 있는 부부조차 다른 이유 때문에 낙태하거나 자녀를 유기할 가능성은 여전히 남아 있다. 오히려 최근에 남편 없이 자녀를 출산하여 양육하고자 하는 여성의 숫자가 늘고 있다. 결혼은 원하지 않고 자녀만 원하는 여성들이 신원을 모르는 남성(정자기증자)의 정자를 제공받아 인공임신을 통해 자녀를 출산하려는 것이다. 결국 미혼모의 임신을 막아 낙태나 자녀의 유기를 예방하려는 '혼전순결 신화'의 현실적 목적은 실제로는 실현될 수 없음을 확인할 수 있다. 혹여 미혼모가 경제적 능력 때문에 낙태하거나 자녀를 유기할 수 있는 가능성이 있다면 경제적 능력을 갖출 수 있도록 양육비를 제공하거나 일자리를 제공하는 것이 합리적인 대안일 수 있다. 또한 자녀에 대한 양육의 비용은 남녀가 공동으로 부담해야 하므로 상대방 남성에게 자녀에 대한 인지(認知)를 요구하고 양육비를 공동으로 부담하게 하는 법적 절차를 적극적으로 활용할 수 있도록 미혼모에게 법률구조를 지원함으로써 낙태와 유기를 예방하는 것이 바람직한 대안이다. 만약 미혼모에 대한 사회적 편견과 차별 때문에 불가피하게 낙태할 수밖에 없다면 오히려 임신과 출산에 관한 여성의 권리를 고려하여 사회적 사유에 따른 낙태를 일정 정도 허용하는 것도 현실적인 방안이 될 수 있다. 또한 불가피하게 미혼모가 자녀를 양육할 수 없다면 아이를 원하지만 임신할 수 없는 부부나 이미 자녀가 있지만 입양을 원하는 부부에게 입양을 권장함으로써 미혼모의 자녀가 입양될 수 있도록 하는 것도 차선의 대안이 될 수 있다.

3. 섹스할 자유

혼전순결의 신화가 사라지고, 미혼모의 낙태나 자녀유기의 가능성도 정당성을 잃은 그 자리에 '섹스할 자유'만 남는다. '성적 자기결정권'으로 부르기도 하는[28] 섹스할 자유는 섹스 여부와 섹스의 상대방, 방법, 시간, 장소 등을 자유롭게 결정할 수 있는 자유로 단지 혼인 여부에 따라 보장되는 자유가 아니다. 대체로 상대방의 보호를 위하여 '상대방의 연령'에 따라 섹스할 자유가 제한되기도 한다. 예를 들어 형법은 위계나 위력으로 미성년자와 섹스(간음)한 자를 처벌하고(형법 제302조), 위계나 위력과 상관없이 13세 미만의 여성(부녀)과 섹스한 자를 무조건 처벌하기(형법 제305조) 때문에 위계나 위력이 없는 한 원칙적으로 미성년자와의 섹스가 금지되지는 않고, 다만 13세 미만인 여성과의 섹스만 금지된다. 또한 '성폭력범죄의 처벌 등에 관한 특례법'에서 가중처벌되는 범죄도 13세 미만인 여성에 대한 강간이므로(동법 제7조 제1항) 13세 이상인 여성과 합의에 의한 섹스는 앞서 설명한 위계나 위력이 없는 한 금지되지 않는다. 그리고 '아동 · 청소년의 성보호에 관한 법률'에서 금지하는 범죄는 19세 미만인 아동 · 청소년을 강간하거나(동법 제7조 제1항) 위계나 위력으로 섹스하는 행위(동조 제5항)와 대가를 주고 섹스하는 행위이므로(동법 제10조 제1항) 19세 미만인 자와 합의된 섹스도 위계나 위력 또는 대가가 없는 한 금지되지 않는다. 이처럼 미성년자나 아동 · 청소년, 특히 13세 미만의 여성을 보호하기 위하여 상대방의 연령에 따라 섹스에 대한 금지와 처벌이 있을 뿐이므로 섹스할 자유에

28 헌법재판소는 성적 자기결정권을 "성행위 여부 및 그 상대방을 결정할 수 있는" 권리로 이해한다. 헌재 1990.9.10. 89헌마82(1차 간통죄 판례: 합헌); 2001.10.25. 2000헌바60(3차 간통죄 판례: 합헌); 2008.10.30. 2007헌가17(4차 간통죄 판례: 위헌 5인, 합헌 4인이지만 정족수 미달로 합헌); 2009.11.26. 2008헌바58(2차 혼인빙자간음죄 판례: 위헌) 참조. 한편 성적 자기결정권을 "각인 스스로 선택한 인생관 등을 바탕으로 사회공동체 안에서 각자가 독자적으로 성적 관(觀)을 확립하고, 이에 따라 사생활의 영역에서 자기 스스로 내린 성적 결정에 따라 자기책임하에 상대방을 선택하고 성관계를 가질 권리"로 좀더 구체적으로 정의하기도 한다. 헌재 2002.10.31. 99헌바40(1차 혼인빙자간음죄 판례: 합헌) 참조.

대한 제한은 매우 한정적이다. 법률로써 섹스할 자유를 제한하는 근거가 한정적인 이유는 섹스로 인해 타인의 권리나 공공의 이익에 대한 해악이 없기 때문으로 판단된다.

심지어 미성년자에게도 보장되는 섹스할 자유가 단지 '혼인'하지 않았다는 이유로, 특히 혼인하지 않은 '여성'이라는 이유로 제한될 필요는 없다. 앞서 논의한 대로 혼인하지 않은 여성의 낙태나 자녀유기의 가능성이 크지 않다면, 또는 다른 방법으로 그런 가능성을 예방할 수 있다면 혼인하지 않은 여성의 섹스할 자유는 타인의 권리나 공공의 이익에 해악을 끼쳐야 제한될 수 있는데 특별히 혼인하지 않은 여성의 섹스라고 해서 타인의 권리나 공공의 이익에 해악을 끼칠 가능성은 없기 때문이다. 만약 혼전순결의 현실적 목적이 의미를 가지려면 사별이나 이혼으로 혼자된 사람, 특히 여성은 재혼하기 전에는 섹스할 수 없어야 하는데 이것은 매우 비현실적이어서 우스꽝스럽기까지 하다. 한 번도 결혼하지 않은 사람은 혼전순결을 따라야 하지만 이미 결혼한 사람은 혼전순결을 따르지 않아도 된다면 재혼하는 사람은 순결하지 않은 더러운 사람이라는 뜻인가? 물론 혼전순결에 관한 개인의 도덕적 판단에 따라 혼인하지 않은 상태에서는 섹스하지 않겠다는 결정을 할 수 있지만 오히려 이러한 결정조차도 섹스할 자유의 한 내용으로 이해되어야 한다. 인간은 누구나 섹스 여부를 본인이 알아서 스스로 결정할 수 있는 자유와 권리를 가진다. 따라서 혼전에는 섹스하지 않겠다는 결정을 하든, 혼전에도 섹스를 하겠다고 결정하든 그것은 개인의 섹스할 자유에 속하는 문제다. 그리고 이러한 자유는 모든 인간에게 보장되기 때문에 '여성'이나 '미성년자'라고 제한할 이유는 없다. 다만 판단능력이 미약한 '아동'을 보호하기 위하여 이들과의 섹스를 법적으로 금지하거나 통제능력이 불충분한 '청소년'을 보호하기 위하여 이들의 또는 이들과의 섹스를 윤리적으로 억제할 수는 있다. 하지만 보호되는 아동이나 청소년의 나이는 유동적일 수 있고, 아동과는 달리 청소년의 경우에는 법적 금지가 아니라 윤리적 통제만이 허용된다고 본다.

III. 임신 · 출산에 관한 권리

1. 혼전임신의 금기

(1) 혼전순결 신화의 확장

혼전순결 여부는 성행위를 직접 목격하기 전까지 확인할 수 없다. 그렇지만 임신은 직접 목격하지 않아도 '혼전순결의 부존재'를 증명할 수 있는 명백한 증거가 된다. 따라서 혼전순결을 지키지 못한 사실을 숨기고 싶은 사람은 적어도 임신을 피하려 애쓴다. 우선은 '피임'을 위해 노력하고, 그럼에도 불구하고 원치 않게 임신하게 되면 임신 사실을 감추기 위해 '낙태'를 감행하거나[29] 출산 직전까지 임신 사실을 감추다가 출산한 신생아를 유기하기도 한다. 실제로 혼전순결은 지키지 못해도 임신을 피하라고 요구하는 것이 일반적인 경향이다. 임신은 출산으로 이어지고, 출산은 양육의 부담뿐만 아니라 커리어의 중단을 의미하는 것이 대부분의 사람들이 경험하는 현실에 속하기 때문이다. 혼전순결에 관한 도덕교육보다 성교육이나 피임방법에 관한 교육이 더 현실적인 이유가 여기에 있다. 같은 맥락에서 혼전임신의 금기는 혼전순결의

29 낙태한 여성의 30퍼센트 정도는 혼전임신을 한 미혼모라는 임상적 통계가 있다. 이정우 · 김종덕 · 두재균 · 하정미 · 채규정 · 이용 · 김난경 · 유은영, 〈혼전 인공유산의 경험에 관한 연구〉, 《대한산부인과학회지》 제36권 제9호(대한산부인과학회, 1993), 3427면 참조.

신화가 실현될 수 없는 현실을 반영한 불가피하고도 현명한 선택이다.

혼전순결이 지켜지기 어려운 현실에서 성적 욕망 때문에 섹스할 수는 있어도 평생의 짐이 될 수 있는 임신을 피하기 위하여 흔히 콘돔의 착용과 같은 다양한 형태의 피임방법이 제시된다. 하지만 피임방법을 모르는 경우도 있고, 안다고 해도 피임은 완벽할 수 없으며, 통제가 쉽지 않은 성적 욕망의 성격상 피임수단의 사용이 불가능한 상황이 발생할 수도 있다. 심지어 피임에 필요한 비용조차 감당하기 어려운 여성, 특히 청소년 여성의 경우에는 경제적 여건상 피임이 불가능할 수도 있다.[30] 피임이 실패했을 때 그 결과에 대한 책임은 섹스한 남녀가 모두 부담해야 하지만 대체로 그 책임은 여성이 혼자 짊어지게 된다. 임신이 가능한 생리주기를 계산하지 못했다거나 피임기구를 준비하지 못한 모든 책임이 여성에게 쏟아진다. 임신에 대한 책임을 홀로 져야 하는 여성은 '낙태'를 선택하거나 출산한 아이를 몰래 '유기'하거나 '입양'시키는 결정을 해야 하는 궁지로 몰리게 된다. 이로써 낙태와 유기 및 입양이라는 사회적 문제와 결합되어 결혼하기 전에는 임신하지 말아야 한다는 혼전임신의 금기에 대해서 사회적 규범으로 요구되는 강제력은 강화된다. 이 점에서 혼전임신의 금기는 혼전순결 신화의 '확장'으로 이해된다.

(2) 혼전임신의 금기는 여전히 타당한가?

그렇다면 혼전임신의 금기는 여전히 사회적으로 타당하고 유용한가? 혼인한 부부만이 임신할 수 있다는 규범은 몇 가지 전제를 기반으로 한다.

30 경제적 사정에 따른 피임의 어려움과 해결방안에 대해서는 이인영, 〈출산정책과 낙태규제법의 이념과 현실〉, 《페미니즘연구》 제10권 제1호(한국여성연구소, 2010), 72면 참조.

혼인한 부부는 '사랑'하는 관계라든지, '가족계획'에 따른 임신을 할 수 있다든지, 자녀를 양육할 수 있는 '경제적 여건'이 된다든지, '부모가 모두 존재'하는 가족을 이룰 수 있다든지 하는 전제가 그것이다. 따라서 사랑이 없는 우연한(casual) 섹스로 인한 임신, 애초에 임신을 계획할 수 없거나 자녀를 양육할 능력이 되지 않는 연인관계나 동거상태의 임신, 부모 가운데 한 사람이 없는 미혼여성의 임신은 허용될 수 없다. 하지만 혼인한 부부도 사랑이 없거나 계획도 없이 임신할 수 있고, 혼인한 부부라고 모두 양육할 능력이 되는 것도 아니며, 혼인한 부부도 사별이나 이혼으로 부모 가운데 한 사람이 존재하지 않는 가족이 될 수도 있다. 그러므로 사랑이나 가족계획, 경제적 여건 또는 부모의 존재가 임신의 필수적 조건이 될 수는 없다.

물론 혼인한 부부의 경우에는 '대체로' 사랑해서 계획에 따라 임신하고 경제적 여건도 되며 부모가 모두 존재한다. 그리고 이러한 임신에 따른 출산은 자녀의 복리를 고려할 때도 바람직하다. 서로 사랑하는 부부가 가족계획에 따라 출산한 자녀는 '사랑'받을 수 있고, 경제적 여건이 되는 부부는 자녀의 양육에 필요한 '경제적 지원'을 충분히 제공할 수 있으며, 부모가 모두 존재하는 자녀는 '부모의 이상적인 역할'에 대해서도 배울 수 있기 때문이다. 하지만 임신과 양육을 위한 바람직한 조건들이 서로 필연적 관계를 맺는 것은 아니기 때문에 바람직한 임신의 조건에서 출산한 자녀도 바람직한 양육의 조건이 충족되지 않은 상태에서 양육될 수 있고, 바람직한 임신의 조건은 없었더라도 일단 출산한 자녀의 양육을 위한 바람직한 조건은 충족될 수 있다.

한편 혼인과 임신을 필수적으로 결합시키는 혼전임신의 금기가 극단적 형태로 변질되면 결혼을 위해 임신이 이용되기도 한다. '임신하면 결혼해야 된다'는 논리가 그것인데 사랑도 없이 임신했다고 결혼하면 그 결혼은 불행하거나 오래갈 수 없다. 경우에 따라서는 결혼해서 살다보면 정이 들고 사랑할 수도 있겠지만 이러한 해피엔딩이 항상 보장되는 것은 아니다. 결국 혼인과 임신의 필수적 결합은 결혼하면 혼전임신이 용서됨으로써 결혼이 모든 것을 정당화하는 근거이면서 동시에 임신은 단지 결혼을 위한 도구로 전락하게 만드는 기제가 된다. 따라서 혼인과 임신은 분리될 수 있어야 한다. 혼인은 임신을 포함한 모든 것을 정당화하는 최종근거가 아니다. 또한 임신은 전적으로 결혼에 종속된 것이 아니라 독립된 의미를 갖는다. 그렇다면 혼인한 부부도 임신할 수 있지만 혼인하지 않은 커플이나 독신여성도 임신할 수 있다. 결국 여성은 혼인 여부와 상관없이 임신과 출산에 대해서 자율적으로 결정할 수 있다.

2. 생명의 신화

임신은 생명의 잉태를 의미하므로 '생명의 신화'와 함께 특별한 의미를 부여받게 된다.[31] 생명의 신화는 생명의 '천부성'이나 '절대성'을 내용으로 한다. 이에 따라 생명의 주재자는 오로지 절대자인 신(神)이기 때문에 인간은 생명을 주관할 수 없다. 다른 사람의 생명을 '박탈'할 수도 없고, 스스로 자신의 생명을 '포기'할 수도 없다. 또한 생명은 오로지 다른 생명을 위해서만 침해될 수 있고, 생명 외의 다른 가치를 위해서는 침해될 수 없다. 생명과 생명이 서로 부딪히는 상황은 예외적이므로 사실상 생명이 침해될 수 있는 상황은 없다고 보아야 한다. 이러한 생명의 신화에 따르면 생명을 잉태한 여성은 태아의 생명을 포기할 수 없고, 오로지

31 생명의 신화는 '생명윤리'라는 이름으로 지칭되기도 하는데 생명윤리에 기초한 낙태 반대론에 대한 비판으로 최규진, 〈낙태 윤리 논쟁과 낙태권 운동〉, 《마르크스 21》 제6호(2010), 74면 이하 참조.

산모의 생명과 태아의 생명 가운데 하나를 살릴 수밖에 없는 '극히 예외적인 상황'에서만 태아의 생명이 포기될 수 있다.

생명의 신화는 임신한 여성으로부터 임신에 관한 결정의 여지를 박탈한다. 생명의 잉태는 자신의 의지가 아니라 오로지 절대자의 뜻에 따라서만 결정된 것이므로 스스로 포기할 수 없다. 마치 예수를 잉태한 마리아처럼 임신한 여성은 생명을 거부할 수 없다. 사실 마리아의 '성령잉태'는 생명의 신화를 드라마틱하게 표현하는 종교적 고백이다. 물론 생명의 신화는 생명의 '신비성'을 웅변적으로 표현한다. 하지만 생명의 신비성에 대한 과도한 강조로 생명의 신화를 만들 필요는 없다. 여성의 임신이 모두 마리아의 잉태처럼 남성과 성행위를 하지 않고 오로지 성령의 기적으로만 가능하지 않기 때문이다. 모든 여성의 생명잉태는 신비로운 것이지만 잉태한 여성의 의지를 배제하고는 상상할 수 없다. 임신에 대한 의지만으로 실제로 임신이 되는 것은 아니지만, 그리고 그렇기 때문에 임신의 천부성에 관하여 말할 수도 있지만 임신에서 여전히 중요한 요소는 그에 관한 여성의 결정이다.

3. 권리로서 임신과 출산: 임신 · 출산에 관한 자기결정권

혼인과 임신이 분리되고, 생명의 신화가 깨져 가면서 생명의 잉태는 '여성의 권리'로 인식되어 가고 있다. 임신 여부와 그 지속 및 출산 여부를 여성 스스로 결정할 수 있는 권리(임신 · 출산에 관한 자기결정권)로 이해하는 것이다. 이러한 이해에 따르면 임신된 태아는 여성의 몸에 속한 일부가 되기도 한다. 여성은 자신의 몸을 통제할 수 있으므로 자신의 몸에서 일어나는 임신이라는 현상에 대해서 스스로 통제할 수 있어야 한다. 자신의 몸에 대한 통제로서 임신을 통제할 수 있는 권리의 핵심적 내용은 '낙태에 관한 자기결정권(낙태권)'[32]이다.[33] 낙태권에 따라 임신한 여성은 원하면 언제든지 낙태할 수 있다. 하지만 임신된 태아도 생명이므로 스스로 생명권을 주장할 수 없는 태아에 대해서 국가는 생명을 보호할 의무(생명보호의무)를 부담한다.[34] 이에 따라 국가는 태아의 생명을 침해하는 행위를 '낙태죄'로 규정하고 처벌해야 하는 의무를 지게 된다.[35] 여기서 낙태권과 국가의 생명보호의무가 충돌하게 되는데 양자를 균형 있게 실현하는 방법으로 낙태의 '기한'을 제한한다든지 낙태를 '정당화하는 사유'를 제한하는 방식이 사용된다.[36] 이처럼 제한된 의미라고 하더라도 낙태가 권리로 이해되기 위해서는 임신과 출산에 관한 여성의 권리가 인정되어야 한다. 중요한 것은 임신과 출산에 관한 권리는 '모든 여성'의 권리이므로 혼인 여부에 따라 제한될 수는 없다는 점이다.

---

32 "낙태에 관한 자기결정권(Selbst-bestimmungsrecht)"은 독일 연방헌법재판소가 사용하는 용어다. *BVerfGE* 88, 214면 참조. "낙태 선택권"이라는 용어가 사용되기도 한다. 박숙자, 〈여성의 낙태 선택권과 입법과제 연구〉, 《한국여성학》 제17권 제2호(한국여성학회, 2001), 69면 이하 참조.

33 낙태에 관한 자기결정권에 대해서는 이준일, 《인권법》 제4판(2012), 제21장 참조.

34 헌법재판소도 태아의 생명을 보호할 국가의 의무를 인정한다. 헌재 2008.7.31. 2004헌바81: "태아도 헌법상 생명권의 주체가 되며, 국가는 헌법 제10조에 따라 태아의 생명을 보호할 의무가 있다."

35 형법에 따르면 낙태한 여성뿐만 아니라 의사나 조산사를 포함하여 낙태를 하도록 도와준 사람도 처벌받는다(동법 제269조 및 제270조). 낙태 관련 현행 법률에 대한 설명으로 김종세, 〈낙태와 헌법상 근본가치〉, 《젠더와 문화》 제3권 제2호(계명대학교 여성학연구소, 2010), 80면 이하; 김태계, 〈낙태죄에 관한 문제점과 입법론〉, 《법학연구》 제18권 제1호(경상대학교 법학연구소, 2010), 242면 이하 참조.

36 태아의 생명을 보호하기 위하여 낙태를 규제하는 입법례에 대한 자세한 설명은 이인영, 〈출산정책과 낙태규제법의 이념과 현실〉, 《페미니즘연구》 제10권 제1호(한국여성연구소, 2010), 46면 이하 참조. 한국의 경우에 낙태를 정당화하는 사유는 모자보건법에 열거하고 있고(동법 제14조), 낙태가 허용되는 기한은 동법 시행령에 명시하는 방식을 채택하고 있다. 이러한 낙태 관련 법령이 낙태를 광범위하게 허용하여 태아의 인간존엄과 생명권을 침해하는 위헌적 법령이라는 주장으로 김성진, 〈출산억제정책으로서 모자보건법과 낙태에 대한 반성적 접근〉, 《법과 정책연구》 제10집 제1호(한국법정책학회, 2010), 17면 참조.

따라서 혼인하지 않은 여성(미혼여성)도 임신과 출산에 관한 권리를 향유하는 주체가 되어 자신의 의사에 따라 임신과 출산을 결정할 수 있고, 경우에 따라서는 자유롭게 낙태를 결정할 수도 있어야 한다.

임신과 출산에 관한 권리는 헌법상 보장된 '모성에 관한 권리'(헌법 제36조 제2항)로부터 도출될 수 있다.[37] 임신 · 출산에 관한 권리는 물론 모성보호에 관한 국가의 의무를 부과하는 양식으로 규정되어 있지만 사회적 기본권을 보장하는 기본권체계 안에 규정되어 있다는 점에서 '국민의 권리'로 이해될 수 있다. 또한 이러한 헌법적 권리는 우선적 사회적 기본권(임신과 출산에 관한 국가의 지원)을 지향하고 있지만 '자유권의 측면'도 포함하고 있다고 해석된다. 모성에 관한 권리의 자유권적 측면은 다름 아닌 임신과 출산에 관한 자유로운 결정권을 의미한다. 이러한 권리에는 본인의 자유로운 의사(결정)에 따라 적극적으로 임신하고 출산할 수 있는 권리(엄마가 될 권리)뿐만 아니라 소극적으로 임신을 중단하고 출산하지 않을 권리(엄마가 되지 않을 권리)도 포함된다.[38] 모성에 관한 주관적 권리의 도출에 대해서 논란이

37 임신과 출산에 관한 권리를 미국의 판례와 이론에 기초하여 프라이버시권, 평등권, 반종속론, 동등권, 재생산권에 근거하여 정당화하기도 한다. 양현아, 〈여성 낙태권의 필요성과 그 함의〉, 《한국여성학》 제21권 제1호(한국여성학회, 2005), 12면 이하 참조. 프라이버시권과 평등권을 기초로 낙태에 관한 미국 판례를 분석한 논문으로 석인선, 〈낙태에 관한 헌법해석론〉, 《법학논집》 제6권 제1호(이화여자대학교 법학연구소, 2001), 23면 이하도 참조. 또한 낙태에 관한 미국의 이론적 논의에 대해서는 도회근, 〈낙태에 관한 헌법이론적 연구—미국 헌법학계의 논의를 중심으로〉, 《헌법학연구》 제3집(한국헌법학회, 1997), 535면 이하 참조. 그리고 낙태에 관한 최근의 미국 판례에 대한 소개로 이종근, 〈낙태규제이론의 최근 동향—Gonzales v. Carhart 판결을 중심으로〉, 《헌법학연구》 제15집 제3호(한국헌법학회, 2009), 392면 이하 참조. 한편 정신분석학에 기초하여 낙태권을 "낙태하는 모성 페르소나의 합법화"로 이해하는 견해가 흥미롭다. 민윤영, 〈다형적 페르소나로서 법—낙태의 자유와 잊혀질 권리를 예로 하여〉, 《고려법학》 제61호(고려대학교 법학연구원, 2011), 116면 참조.

38 임신 · 출산에 관한 소극적 자유를 "낳지 않을 자유(소극적 생식의 자유)"로 부르면서 "피임의 자유(임신하지 않을 자유)"와 "낙태의 자유"를 포함하는 것으로 보는

되거나 모성에 관한 권리의 자유권적 측면에 의문이 제기된다면 헌법상 보장된 인간의 존엄과 가치에 관한 기본권(헌법 제10조 제1문 전단), 행복추구권(헌법 제10조 제1문 후단)을 통해 보장된 일반적 자유권을 간접적 근거로 하면서 헌법 제37조 제1항에 보장된 '열거되지 않은 개별적 기본권'을 직접적 근거로 하여 모성(임신과 출산)에 관한 권리의 도출이 가능하다.[39] 따라서 모성에 관한 권리, 즉 임신과 출산에 관한 여성의 자기결정권은 헌법상 보장된 권리로 이해될 수 있다.

헌법상 보장된 임신·출산에 관한 자기결정권, 특히 낙태권을 법률로써 구체화할 때 문제가 되는 것은 마찬가지로 헌법상 보장된 생명권을 침해하지 않는 법률의 내용은 무엇인지 하는 점이다. 특히 '경제적·사회적 사유'로 낙태가 정당화될 수 있는지 여부가 문제된다. 임신·출산에 관한 여성의 자기결정권을 고려한다면 원칙적으로 경제적·사회적 사유에 따라 낙태는 허용되어야 한다.[40] 하지만 동시에 고려되어야 하는 태아의 생명권과 임신·출산에 관한 자기결정권을 조화시키는 균형적 실현이 요구된다. 따라서 특정한 여성에게 경제적·사회적 사유로 낙태가 인정되어야 하는지 여부를 구체적으로 판단하는 절차를 두어

견해가 있다. 이호용, 〈낳지 않을 자유와 자기결정〉, 《세계헌법연구》 제16권 제3호(국제헌법학회 한국학회, 2010), 221면 이하 참조.

39 낙태와 관련된 미국과 독일의 판례를 비교하면서 미국의 경우에는 프라이버시의 자유가, 독일의 경우에는 인간의 존엄이 강조되고 있다고 보는 견해가 있다. 지규철, 〈미국과 독일의 낙태판결에 대한 비교법적 고찰〉, 《공법학연구》 제9권 제1호(한국비교공법학회, 2008), 94면 이하 참조.

40 경제적·사회적 사유에 따른 낙태가 허용되어야 한다는 견해로 이인영, 〈출산정책과 낙태규제법의 이념과 현실〉, 《페미니즘연구》 제10권 제1호(한국여성연구소, 2010), 71면 및 79면 참조. 한편 임신·출산에 관한 자기결정권의 확대적용으로 인한 "태아 생명권의 대상화"나 "인간가치의 상대화와 도구화"에 대한 비판으로 신동일, 〈모자보건법 제14조: 개정 필요성과 방향〉, 《안암법학》 제32호(안암법학회, 2010), 164면 이하 참조.

경제적 · 사회적 사유에 따른 낙태를 예외적으로만 허용하거나 특정한 여성이 경제적 · 사회적 사유로 낙태를 요구하는 경우에 합리적 결정을 유도할 수 있는 상담절차를 제공하거나 충분히 이성적으로 판단할 수 있는 숙려기간을 거치도록 하여 경제적 · 사회적 사유에 따른 낙태를 합리적으로 통제하는 대안을 생각해 볼 수 있다.[41] 물론 여기서 덧붙여 태아의 생명권을 보호하기 위하여 낙태가 가능한 기한을 설정하는 대안이 제시될 수 있다.[42] 하지만 낙태가 가능한 기한의 설정은 처음부터 경제적 · 사회적 사유로 인한 낙태의 결정을 제한하기 때문에 합리적이지 않다. 오히려 경제적 · 사회적 사유로 인한 낙태의 결정이 허용될 수 있는지 여부를 판단하면서 그 기한은 달리 설정될 수 있다. 다시 말해 경제적 · 사회적 사유로 인한 낙태의 필요성이 긴급한 정도에 따라(예: 임신한 여성의 나이나 가정형편에 따라) 낙태의 기한을 판단할 때 다른 기준이 요구된다.

4. 낙태의 강요

외관상 자유롭게 결정되었다고 보이는 미혼모의 낙태는 임신과 출산에

41 상담절차를 전제로 한 낙태의 전면적 비범죄화론을 주장하는 견해로, 임웅, 《성균관법학》 제17권 제2호(성균관대학교 비교법학연구소, 2005), 367면 이하 참조. 그리고 임시초기 일정한 기한을 두어 상담절차를 거친 후에 임신한 여성이 낙태 여부를 결정하도록 해야 한다는 주장으로 정현미, 〈낙태죄와 관련한 입법론〉, 《형사법연구》 제22호 특별호(한국형사법학회, 2004), 704면 참조. 한편 낙태시술을 하기 전에 필수적으로 상담받아야 하는 제도와 함께 숙려기간을 도입해야 한다는 견해로 김학태, 〈낙태에 관한 법이론적 담론과 법정책적 판단에 관한 연구〉, 《외법논집》 제33권 제3호(한국외국어대학교 법학연구소, 2009), 24면 참조.

42 예를 들어 태아가 모체로부터 분리되었을 때 '독립적인 생존이 가능한 시기'를 기한으로 설정하는 대안이 제시되기도 한다. 김래영, 〈낙태의 자유와 태아의 생명권〉, 《법학논총》 제33권 제1호(단국대학교 법학연구소, 2009), 131면 참조.

관한 여성의 자기결정권에 의해 자유롭게 결정되었다기보다 강요된 측면이 강하다. 물론 미혼모의 낙태가 법적으로 강제되지도 않고, 강제될 수도 없다. 대체로 미혼모에게 예견되는 정신적 · 경제적 부담과 사회적 차별을 걱정한 미혼모의 가족과 친지가 낙태를 강요한다. 하지만 더 중요한 것은 혼전임신의 금기로 표현되는 눈에 보이지 않는 '사회적 강압'이 외관상 자기결정권을 행사하는 것으로 보이는 미혼모를 낙태를 결정할 수밖에 없도록 몰아간다는 점이다. 더욱이 양육에 대한 부담은 사실상 미혼모에게 낙태를 강요하는 것이나 다름없다. 혼자서 생계에 대한 책임을 지기 위해 일하면서 자녀를 양육하는 것은 불가능하기 때문이다. 따라서 임신과 출산에 관한 여성의 자기결정권은 혼인하지 않은 여성의 임신과 출산을 관용하는 사회적 분위기와 여성 혼자서도 자녀를 양육할 수 있도록 국가의 지원을 요구할 수 있는 헌법적 권리의 보장으로 연결될 수밖에 없다. 이러한 사회적 분위기와 헌법적 권리가 보장되지 않으면 미혼모의 낙태는 국가가 법적으로 강제하지는 않았지만 사회가 사실상 강제한 것으로 볼 수밖에 없어 미혼모 개인보다는 사회 전체에 책임이 돌아가게 된다.

5. 임신 · 출산에 관한 비용의 국가부담

임신 · 출산에 관한 자기결정권은 임신 · 출산에 관한 경제적 비용의 문제가 해결될 때 실질적인 보장이 가능해진다. 임신하여 출산하기로 결정하였다면 임신 · 출산에 소요되는 비용이 필요하고, 임신을 중단하고 낙태하기로 결정하였다면 낙태에 소요되는 비용이 필요하기 때문이다. 임신 · 출산이나 낙태에 필요한 비용이 마련되지 못하면 임신 · 출산이나 낙태에 필요한 의료서비스를 제공받을 수 없게 되어 해당 여성의 건강에 치명적인 위협이 될 수 있다. 현재 임신 · 출산에 관한 의료서비스는 사회보험의 하나인 '국민건강보험법'의 요양급여에 포함된다. 따라서 국민건강보험법 가입자나 그 피부양자인 경우에는 임신 · 출산에 소요되는 비용을 국민건강보험법의 요양급여로 해결할 수 있다. 한편 국민건강보험법에 가입할 수 없는 정도로 생활능력이 없는 국민의 경우에는 공공부조의 하나인 '의료급여법'의 의료급여로 임신 · 출산에 소요되는 비용을 해결할 수 있다. 다만 의료급여법의 의료급여를 받기 위해서는 '국민기초생활보장법'에 규정된 최저생계비에 미치는 못하는 소득이나 재산을 가지고, 부양의무자가 없거나 있어도 부양받을 수 없는 경우이어야 한다. 여기서 미혼모의 경우에는 부양의무자가 있고 부양받을 수도 있지만 미혼모인 딸을 가족의 수치로 여기는 부양의무자인 부모로부터 분리될 수밖에 없는 현실을 고려할 때 부양의무자 조항의 예외를 인정할 필요가 있다. 한편 원칙적으로 낙태가 금지되고 처벌되면서 경제적 · 사회적 사유로 인한 예외적 낙태가 허용되지 않는 현실에서 낙태에 소요되는 비용을 국민건강보험이나 의료급여로 해결하는 것은 불가능하다. 결국 경제적 · 사회적 사유로 인한 낙태가 허용되어야만 이러한 낙태의 비용에 대한 국가지원의 문제도 해결될 수 있다고 보인다.[43]

43 낙태의 비용에 대한 국가지원의 문제와 관련된 미국의 논의에 대해서는 최경희, 〈미국헌법상 낙태에 대한 공적자금규제에 관한 고찰〉, 《법학논집》 제6권 제2호(이화여자대학교 법학연구소, 2001), 1면 이하 참조. 또한 영국과 네덜란드의 입법례를 중심으로 경제적 · 사회적 사유로 인한 낙태의 허용과 국가지원을 주장하는 견해로 정진주, 〈유럽 각국의 낙태 접근과 여성건강〉, 《페미니즘연구》 제10권 제1호(한국여성연구소, 2010), 132면 이하, 특히 148면 이하 참조.

6. 익명출산과 영아유기의 합법화 가능성

(1) 익명출산의 합법화 가능성

미혼모의 낙태를 예방하는 대안으로 '익명출산제도(anonymes Geburt, anonym childbirth)'가 논의된다. 익명출산제도는 출산하는 여성의 신원이 공개되지 않도록 비밀을 보장하면서 여성의 건강을 보호하기 위하여 병원에서 출산하도록 하는 대신에 출산비용을 국가에서 지원하는 제도를 말한다. 출산한 신생아는 출산과 동시에 병원에 맡겨져 입양될 수도 있고, 복지시설에서 일정 기간 동안 친모와 함께 생활하면서 친모에 의해 직접 양육될지 아니면 입양될지가 결정될 수도 있다. 제2차 세계대전 당시에 프랑스에서는 낙태나 영아살해가 사형에 처해지는 범죄이었기 때문에 독일군의 아이를 임신한 프랑스 여성을 보호하기 위하여 이미 1939년부터 이 제도가 실시되기 시작하였다. 익명출산의 관행은 수도원에 자녀를 몰래 내다 버릴 수 있는 시설이 마련되어 있었던 중세시대까지 거슬러 올라간다. 중요한 것은 이러한 익명출산은 기본적으로 프랑스처럼 미혼모의 경우에 출산과 동시에 자동으로 법적인 친모로 인정되지 않고, 법적인 친모가 되기 위해서는 출산한 신생아가 자신의 자녀임을 인지(認知)하는 별도의 법률행위가 추가로 필요했던 로마법 전통에 따르는 국가에서 정당화되기 쉽다는 점이다. 주지하다시피 게르만법 전통을 따르고 있는 대한민국에서 출산과 동시에 출산한 여성은 자동으로 출산한 자녀의 친모로 인정된다.

아무튼 익명출산은 자녀에게 부모의 신원을 비밀로 한다는 점에서 아동의 "출생기원에 대해서 알 권리(das Recht auf Kenntnis der Abstammung)"를 침해한다.[44] 유럽인권재판소는 익명출산을 허용하고 있는

44 "출생기원에 대해서 알 권리"는 독일연방헌법재판소 사용하는 표현이다. *BVerfGE* 79,

벨기에의 법률이 바로 이러한 부모에 대해서 알 권리의 근거가 되는 유럽인권협약 제8조 제1항의 가족생활에 관한 권리를 침해한다고 보았다. 하지만 동일하게 익명출산을 허용하고 있는 프랑스의 법률에 대해서는 법률의 개정을 통해 친모와 자녀가 소통이 가능하고 친모의 정보에 대한 접근이 가능해졌다는 점에서 유럽인권협약에 위반되지 않는다고 판시했다. 그렇지만 익명출산은 아동권리협약(CRC)에서 모든 아동에게 보장하고 있는 출생과 동시에 국가의 공적 장부에 기록되어야 하는 권리와 친부모 대해서 알 권리[45] 및 자신의 정체성을 유지할 권리[46]를 침해할 수 있다. 또한 미혼모의 경우에만 익명출산이 허용된다면 아동이 차별받지 않을 권리[47]도 침해할 가능성이 있다. 특히 익명출산은 아동권리협약의 대원칙인 "아동에게 최선이 되는 이익(the best interests of the child)"[48]이 될 수 없다는 점에서 비판이 가해진다. 하지만 익명출산에

256(269); 96, 56(63) 참조.

45 아동권리협약(CRC) 제7조 제1항: 아동은 출생 후 즉시 공적 기록부에 등록되어야 하고, 출생과 동시에 **이름을 가질 권리**, **국적을 취득할 권리** 및 가능하다면 **부모를 알 권리**와 **친부모에 의해 돌봄을 받을 권리**를 가져야만 한다(The child shall be registered immediately after birth and shall have **the right from birth to a name, the right to acquire a nationality** and, as far as possible, **the right to know and be cared for by his or her parents**).

46 아동권리협약(CRC) 제8조 제1항: 협약체결국은 국적, 이름, 가족관계를 포함하여 법률에 따라 인정된 **자신의 정체성을 불법적 침해로부터 유지할 수 있는 아동의 권리**를 존중해야만 한다(States Parties undertake to respect **the right of the child to preserve his or her identity**, including nationality, name and family relations as recognized by law **without unlawful interference**).

47 아동권리협약(CRC) 제2조 제1항: 협약체결국은 그 사법관할 안에 있는 모든 아동이 본인이나 그 부모 또는 법적 후견인의 인종, 피부색, 성별, 언어, 종교, 정치적 또는 그 밖의 의견, 출신국가나 출신민족 또는 출신사회, 재산, 장애, 출생 또는 그 밖의 지위에 따라 **어떠한 차별도 없이** 협약에 규정된 권리를 존중하고 보장해야 한다(States Parties shall respect and ensure the rights set forth in the present Convention to each child within their jurisdiction **without discrimination of any kind**, irrespective of the child's or his or her parent's or legal guardian's race, colour, sex, language, religion, political or other opinion, national, ethnic or social origin, property, disability, birth or other status).

48 아동권리협약(CRC) 제3조 제1항: 아동과 관련된 모든 조치들은 공공 · 민간사회복지

관한 여성의 권리, 특히 미혼모의 권리를 고려한다면 아동의 출생기원에 대해서 알 권리와 조화로운 실현이 요구된다. 예를 들어 친부모의 신원에 관한 정보를 국가가 보관하면서 비공개를 원칙으로 하되 입양된 아동의 생명과 같은 중대한 법익과 직결된 의학적 필요가 있는 경우에는 친부모의 동의를 얻어 극히 예외적으로만 친부모의 신원을 공개하는 방안을 생각해 볼 수 있다. 해외입양에 관한 헤이그협약도 국가에 따라 익명출산이 허용될 수 있는 여지를 남기고 있다.[49]

(2) 영아유기의 합법화 가능성

낙태와 출산 사이에서 고민하는 미혼모가 출산을 선택하는 이유는 대부분 '입양 가능성'을 고려하기 때문이다. 원치 않은 임신이지만 자녀를 출산하여 입양시킬 수만 있다면 출산을 결정하게 된다. 하지만 출산을 선택하는 또 다른 이유는 '유기 가능성'에도 있다. 낙태로 태아의 생명을 살해한다는 정신적 부담 때문에 임신한 태아를 일단 출산한 후에 태어난 영아를 몰래 버리기로 결정하는 것이다. 물론 임신한 사실을 모른 채 지내다가, 또는 임신 사실을 알면서도 낙태의 시기를 놓쳐 출산할 수밖에

기관, 법원, 행정관청 또는 입법기관과 같은 그 주체와 상관없이 가장 먼저 고려되어야 하는 것은 **아동에게 최선의 이익이 되어야 한다는** 점이다(In all actions concerning children, whether undertaken by public or private social welfare institutions, courts of law, administrative authorities or legislative bodies, **the best interests of the child** shall be a primary consideration).

49 해외입양에 관한 헤이그협약(1993) 제16조 제2항: 원국적 국가의 중앙행정기관은 인도받는 국가의 중앙행정기관에 아동에 관한 보고서, 필수적인 동의가 표시되었다는 증명 및 입양에 대한 결정의 이유를 송부해야만 하고, 이 경우에 원국적 국가에서 **친부모의 신원이 공개될 수 없다면** 친부모의 신원이 노출되지 않도록 주의하여야 한다 (It shall transmit to the Central Authority of the receiving State its report on the child, proof that the necessary consents have been obtained and the reasons for its determination on the placement, taking care not to reveal the identity of the mother and the father **if, in the State of origin, these identities may not be disclosed**).

1. 손잡이를 들어올리면 작동하는
   접이식 문이 설치되어 있음.

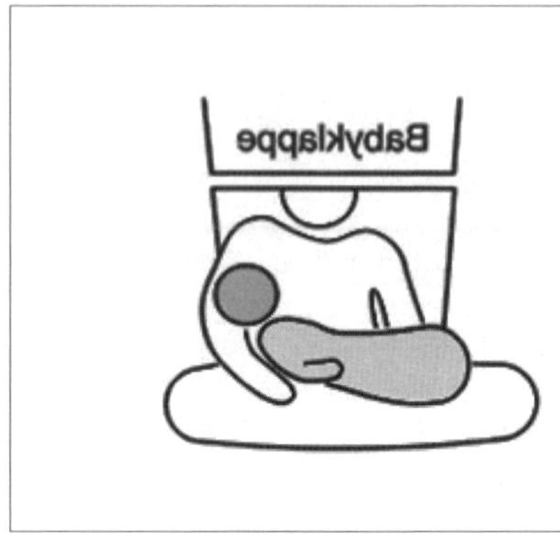

2. 문 안쪽에 아이를 눕힐 수 있는 침대가 설치되어 있음.

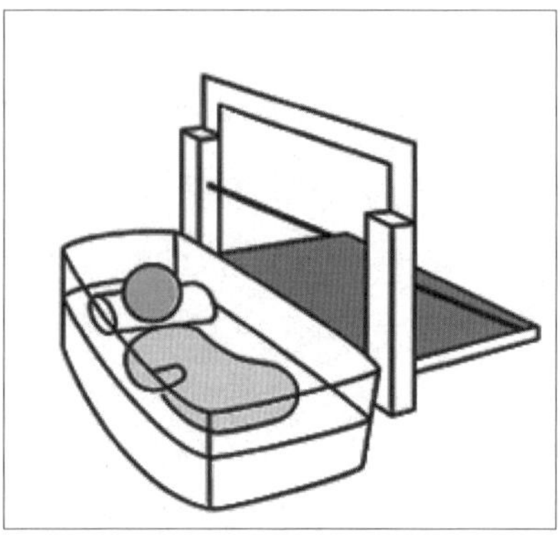

3. 보호자가가 떠나고 의료진이 올 때까지
   아이는 침대에서 안전하게 보호됨.

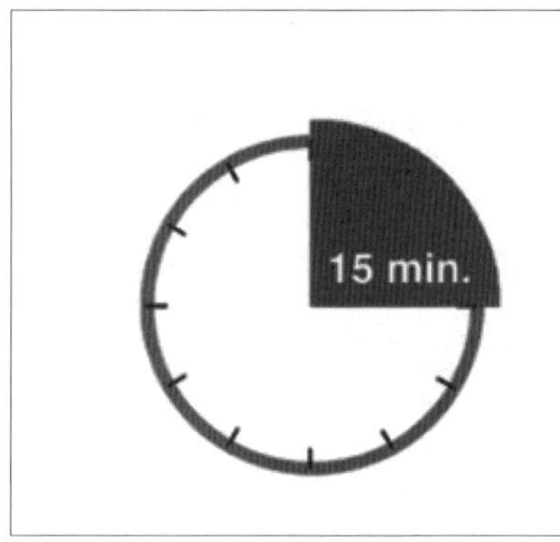

4. 일정 시간이 지나면 자동으로 알람이 울림.

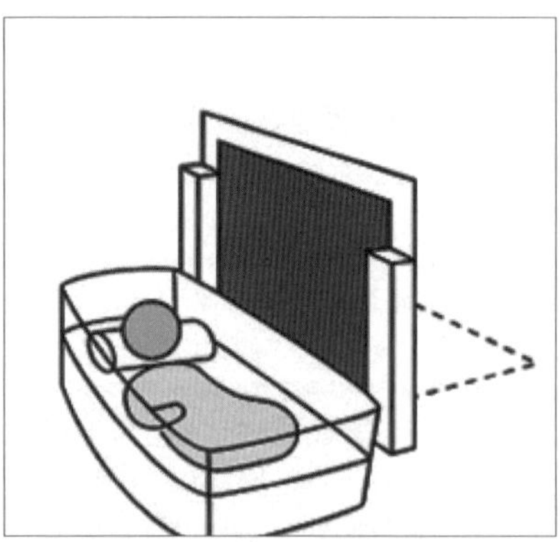

5. 문이 자동으로 닫히고,
   손으로는 문을 열 수 없는 상태가 됨.

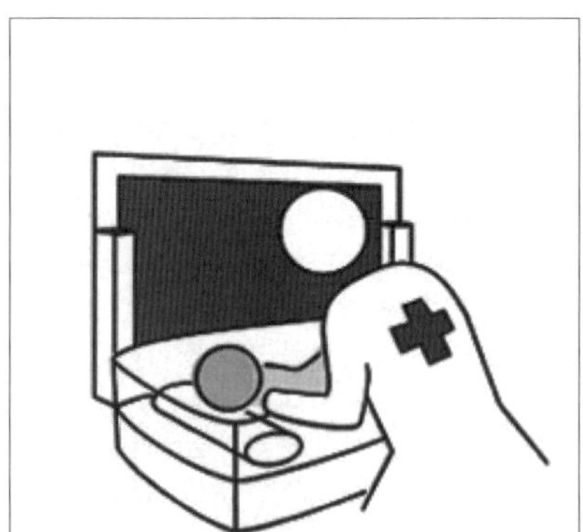

6. 알람이 울리면 전문 의료 인력이
   아동에 대한 보호를 시작.

그림 2-1. 독일의 아기창구(자료: www.babyklappe.info)

없는 경우에도 출산 후에 영아를 유기할 수 있다. 아무튼 영아의 유기는 형사상 처벌을 받는다(형법 제272조). 더욱이 유기된 영아가 상해를 입거나 사망한 경우에는 가중된 처벌을 받게 된다(동법 제275조 제1항). 국가는 모태에 있는 태아뿐만 아니라 출생한 영아의 생명과 건강을 보호해야 할 의무가 있기 때문에 영아의 유기에 대해서 형벌권을 행사하는 것은 정당화된다.

그렇지만 강간이나 근친상간으로 인한 임신이나 미혼모의 경우처럼 출산후에 불가피한 사정으로 영아를 유기할 수밖에 없는 현실을 반영하여 유기된 영아가 아무데나 방치되어 장애를 갖거나 사망하게 만드는 것보다 의료기관이나 사회복지시설에 안전하게 유기되도록 허용될 수 있는지에 대해서 검토할 필요가 있다.[50] 대표적으로 독일에서 시행되고 있는 '영아유기장치(Babyklappe: 우리말로 '아기창구'라는 뜻)'가 좋은 예가 될 수 있다(〈그림 2-1〉 참조). 이 장치는 의료기관의 구석진 장소에 설치되어 불가피한 사정으로 영아를 유기하게 되는 사람들이 신원의 비밀이 철저하게 보장된 상태에서 합법적으로 영아를 유기하는 데 이용된다. 유기된 영아는 의료진에 의해 보호되어 의료서비스를 받게 된다. 유기된 영아는 친부모가 다시 찾아갈 수도 있고, 일정 기간이 지나면 아동보호시설이나 위탁가정에 맡겨진 후에 입양절차를 밟게 된다. 이러한 제도는 일종의 '익명출산'으로 이해되고, 낙태를 예방하는 동시에 일정한 범위에서 영아유기를 입양의 의사로 간주하여 형벌을 면제함으로써 영아유기로 인한 영아의 장애나 사망도 예방하는 효과도 있다고 보인다. 독일에서도 영아유기(Abgabe eines Neugeborenen)는 범죄

50 영아유기의 합법화에 대한 논의는 이준일, 〈영아유기 합법화에 대한 헌법적 검토〉, 《법제연구》 제40호(한국법제연구원, 2011), 337면 이하 참조.

이고, 이 제도는 '익명의 아동유기(anonyme Kindesabgabe)'에 해당하기 때문에 논란이 되고 있다. 한편에서 이 제도는 아동의 생명과 건강을 보호하고 출산한 여성의 자기결정권을 보장한다는 견해가 있는 반면에 다른 한편에서 아동이 자신의 뿌리(부모)에 관한 정보를 알 수 없게 됨으로써 아동의 인격권을 침해하고 아동의 보호에 관한 국가의 의무에 소홀하게 된다는 비판이 가해진다.

더 큰 문제는 이러한 제도로 인하여 '영아유기를 장려'한다는 비판이 제기될 수도 있다는 점이다. 하지만 미혼모의 경우처럼 사회 · 경제적 사유에 의한 낙태가 금지되고, 미혼모에 대한 사회적 차별마저 가혹한 현실에서 영아유기를 절대적으로 금지하고 형벌로 대처하면 미혼모에게 남는 유일한 선택은 출산 후 입양이다. 그러나 입양의 과정에서 미혼모의 신원이 공개될 수 있다는 점에서 미혼모는 죽기보다 싫은 임신 사실과 신원의 공개보다는 불법적인 영아유기를 선택할 개연성이 높다. 이것은 결국 유기된 영아를 장애나 사망에 이르게 하거나 유기한 미혼모를 범죄자로 내모는 결과를 초래하게 된다. 따라서 영아의 건강과 생명을 보호하고, 미혼모를 범죄자가 되지 않게 하기 위해서는 합법적으로 영아를 유기할 수 있도록 허용하는 예외가 인정될 여지가 있다. 다만 비록 영아유기가 예외적으로 합법화된다고 해도 자신의 자녀를 유기한 여성의 정신적 상처는 평생 동안 남을 수밖에 없기 때문에 자녀를 유기할 수밖에 없는 여성이 정신적 · 제도적 도움을 받을 수 있는 상담절차가 제공되어야 한다. 그리고 의료기관에 유기된 영아가 충분한 의료서비스와 보육서비스를 받을 뿐만 아니라 합법적인 입양이 가능하도록 제도가 유기적으로 연계되어 설계될 필요가 있다.[51]

그러나 영아유기가 합법화되면 유기된 영아는 자신의 부모에 대해서 영원히 알 수 없기 때문에 자신의 인격과 관련된 매우 중요한 부분(자신의 뿌리와 관련된 정체성)이 침해당한다는 점에서 영아유기의 합법화는 신중할 필요가 있다. 오히려 부모의 신원에 관한 정보에 접근이 가능한 '입양'을 선택하도록 한다든지 가능하면 친모가 직접 '양육'하도록 유도하는 경제적 지원을 제공하는 것이 바람직하다고 보인다. 그렇지만 이러한 제도를 보장하지 않으면 이 제도를 통해 유기되는 영아는 이미 사망했을 수도 있는 존재이기 때문에 이 제도의 선택은 '불가피한 측면(필요악)'이 없지 않다. 다시 말해 부모가 누군지 몰라도 아동의 생명을 구해야 하는지, 아니면 부모를 모른 채 사는 것보다 차라리 죽게 내버려두어야 하는지 가운데 하나를 선택해야 한다면 불가피하게 전자를 선택할 수밖에 없는 것이다. 다만 이런 제도가 만들어지면 이 제도가 없을 때에도 자녀를 내버릴 부모가 이 제도를 활용하게 될 것인지, 그리고 이 제도가 없었다면 자녀를 내버리지 않았을 부모가 이 제도를 활용하게 되지는 않을 것인지에 대한 면밀한 검토가 필요하다. 만약 전자에 의해 생명이 구조되는 아동의

51 유기된 영아는 아동복지법에 따른 "보호를 필요로 하는 아동"에 해당되어(동법 제2조 제2호) 관할구역 안에서 이러한 아동을 발견한 '지방자치단체장'이 필요한 보호조치를 해야만 한다(동법 제10조 제1항). 유기된 아동은 주로 아동복지시설의 하나인 '아동일시보호시설'(동법 제16조 제1항 제2호)에 맡겨지는데 아동일시보호시설에서 보호되는 기간은 원칙적으로 3개월이고 1회에 한하여 연장이 가능하다(동법 시행규칙 제13조 제1항). 원칙적으로 친권자 또는 후견인이 없는 아동을 발견한 지방자치단체장은 그 복지를 위하여 필요하다고 인정할 때에는 법원에 후견인의 선임 또는 그 해임을 청구해야 하고, 당해 아동의 의견을 존중해야 하지만(동법 제13조 제1항) 유기된 아동이 아동복지시설에 입소한 경우에는 '보호시설에있는미성년자의후견직무에관한법률'에 따라 국가 또는 지방자치단체가 설치 · 운영하는 보호시설의 경우에는 그 보호시설의 장이, 국가 또는 지방자치단체 외의 자가 설치 · 운영하는 보호시설의 경우에는 그 보호시설의 소재지를 관할하는 지방자치단체장이 후견인을 지정한다(동법 제3조). 지방자치단체장이 부양의무자를 확인할 수 없어 국민기초생활보장법에 따른 보장시설의 하나인 아동일시보호시설에 보호의뢰한 아동은 '입양촉진 및 절차에 관한 특례법'에 따라 양자가 될 자격이 되므로(동법 제4조 제1호) 이 법률에 따른 입양절차를 밟게 된다.

숫자보다 후자에 의해 부모의 신원을 모르게 되는 아동의 숫자가 많다면 이 제도의 정당성은 그 기반을 상실할 수도 있기 때문이다.

IV. 양육권

1. 양육에 관한 자유권

(1) 헌법적 권리로서 양육권

양육할 자유는 친부모나 양부모처럼 양육될 아동과의 관계에서 법이 정한 자격(친권)을 가진 사람에게만 부여된다. 이처럼 '법적 자격'을 가진 사람만이 양육할 자유를 갖는다는 점에서 양육할 자유는 다른 자유와 구분된다. 국가는 부모의 양육할 자유를 침해할 수 없고, 개인이나 단체도 양육할 자유를 침해하지 못한다. 따라서 양육할 자유에는 이를 침해하는 국가의 행위를 중지하도록 요구할 수 있는 권리(방어권)와 개인이나 단체가 양육할 자유를 침해하지 못하도록 국가의 보호를 요구할 수 있는 권리(보호권)가 포함된다. 헌법은 명시적으로 부모의 양육권을 보장하고 있지는 않지만 인간의 존엄과 가치에 관한 기본권(헌법 제10조 제1문 전단)과 행복추구권(헌법 제10조 제1문 후단) 및 가족에 관한 권리(헌법 제36조 제1항)를 간접적 근거로 하고, '열거되지 않은 개별적 기본권'(헌법 제37조 제1항)을 직접적 근거로 하여 헌법적 권리로서 양육권을 도출할 수 있다.[52] 이렇게 헌법상 보장된 양육권을 구체화하고 있는 민법은 부모를

52 헌법재판소도 비슷하게 양육권을 도출하고 있다. 헌재 2008.10.30. 2005헌마1156: "자녀에 대한 부모의 양육권은 비록 헌법에 명문으로 규정되어 있지는 아니하지만, 이는 모든 인간이 누리는 불가침의 인권으로서 혼인과 가족생활을 보장하는 헌법 제36조 제1항, 행복추구권을 보장하는 헌법 제10조 및 '국민의 자유와 권리는 헌법에 열거되지

자녀의 친권자로 규정하면서 친권자에게 자녀를 양육할 권리를 부여하고 있다(동법 제913조). 또한 부모는 친권자로 자녀를 양육하기 위하여 징계할 수 있는 권리도 가진다(동법 제915조).

(2) 친권과 양육권의 포기

양육권은 친권이라는 법적 자격을 가진 사람에게만 부여되는데 민법은 친부모나 양부모를 친권자로 규정하고 있다(동법 제909조 제1항). 친권자는 미성년인 자녀의 법정대리인이 되고(동법 제911조), 자녀를 보호 · 교양할 권리 · 의무(동법 제913조), 거소지정권(동법 제914조), 징계권(동법 제915조), 재산관리권(동법 제916조) 등을 가진다. 친권의 상실을 위해서는 엄격한 법적 요건과 절차가 요구된다. 부 또는 모가 친권을 남용하거나 현저한 비행 기타 친권을 행사시킬 수 없는 중대한 사유가 있으면 법원은 친족 또는 검사의 청구로 친권의 상실을 선고할 수 있다(동법 제924조). 이처럼 친권은 '법원의 선고'로만 상실될 수 있고, 특히 친권에 포함된 양육권은 동시에 의무이므로 친권과 그에 따라 행사할 수 있는 양육권은 스스로 포기할 수 없다. 다만 법정대리인인 친권자는 정당한 사유가 있는 때에 법원의 허가를 얻어 그 법률행위의 대리권과 재산관리권을 사퇴하는 것이 허용될 뿐이다(동법 제927조 제1항).

2. 양육에 관한 사회권

(1) 양육권에 포함된 사회권의 내용

양육할 자유에서 사실 누가, 어떻게 양육할지만큼 중요한 것은 '양육의

아니한 이유로 경시되지 아니한다'고 규정한 헌법 제37조 제1항에서 나오는 중요한 기본권이다. 부모는 자녀의 양육에 관하여 전반적인 계획을 세우고 자신의 인생관 · 사회관 · 교육관에 따라 자녀의 양육을 자유롭게 형성할 권리를 가진다."

비용(양육비)'이다. 양육의 비용은 원칙적으로 자녀를 출산한 부모가 부담해야 한다. 하지만 양육의 비용을 부담하지 못하는 부모가 있다. 자녀의 양육비를 벌 수 있는 생활능력이 안 되기 때문이다. 또한 아동을 직접 양육하거나 돌볼 수 없는 경우에는 아동을 '양육하거나 돌보는 시설(보육시설)'이 요구된다. 이러한 경우에 국가는 자녀의 양육에 필요한 비용을 부담하거나 시설을 제공할 책임(의무)을 진다. 아동권리협약(CRC)도 아동의 양육이나 돌봄에 관한 국가의 책임을 강조하고 있다.[53] 그리고 국민은 국가에 대해서 자녀의 양육에 필요한 비용을 요구할 수 있는 사회적 기본권(사회권)을 향유한다.[54] 개인이 출산한 아동의 양육에 필요한 비용이나 시설을 국가가 부담해야 한다면 국가는 본인이 출산한 자녀의 양육에 들어가는 비용이나 시설을 부담할 능력이 없는 자에게 자녀의 출산을 금지하면 된다고 주장할지도 모른다. 하지만 이것은 생활능력이 없어 자신과 가족을 부양할 수 없는 자들에게 목숨을 끊으라고 요구하는 것과 같다. 국가는 생활능력이 없는 국민에게

53 아동권리협약(CRC) 제18조: 2. 이 협약에서 열거된 권리의 보장과 향상을 목적으로 협약체결국은 부모와 법적 후견인이 아동의 양육에 대한 책임을 이행하는 데 적절한 지원을 제공해야만 하고, 아동의 돌봄을 위한 시설, 편의시설 및 서비스를 보장해야만 한다(For the purpose of guaranteeing and promoting the rights set forth in the present Convention, States Parties shall render appropriate assistance to parents and legal guardians in the performance of their child-rearing responsibilities and shall ensure the development of institutions, facilities and services for the care of children). 3. 협약체결국은 직장을 가진 부모의 아동이 자격을 가진 아동돌봄을 위한 서비스와 편의시설의 혜택을 받을 권리를 갖도록 보장하는 모든 적절한 조치를 취해야만 한다(States Parties shall take all appropriate measures to ensure that children of working parents have the right to benefit from child-care services and facilities for which they are eligible).

54 헌법재판소 역시 "양육권은 공권력으로부터 자녀의 양육을 방해받지 않을 권리라는 점에서는 자유권적 기본권으로서의 성격을, 자녀의 양육에 관하여 국가의 지원을 요구할 수 있는 권리라는 점에서는 사회권적 기본권으로서의 성격을 아울러 가지고 있다"고 하여 양육권에 포함된 자유권적 측면과 함께 사회권적 측면을 인정하고 있다. 헌재 2008.10.30. 2005헌마1156 참조.

최소한의 '공공부조'를 제공해야 할 의무가 있으므로[55] 그러한 범위 안에서는 생활능력이 없는 국민이 부양해야 하는 자녀의 양육에 필요한 비용이나 시설을 제공해야 할 책임이 있다고 볼 수 있다.

(2) 양육에 관한 사회권의 사법적 심사

양육권에 포함된 사회권의 성격을 인정한다고 하더라도 문제는 사회권의 법적 성격에 대한 논란이 있다는 점이다.[56] 양육권에 포함된 사회권의 성격을 인정하는 헌법재판소도 양육권의 사회권적 내용으로 이해될 수 있는 육아휴직신청권을 "헌법 제36조 제1항 등으로부터 개인에게 직접 주어지는 **헌법적 차원의 권리라고 볼 수는 없고**, 입법자가 입법의 목적, 수혜자의 상황, 국가예산, 전체적인 사회보장수준, 국민정서 등 여러 요소를 고려하여 제정하는 입법에 적용요건, 적용대상, 기간 등 구체적인 사항이 규정될 때 비로소 형성되는 **법률상의 권리에 불과하다**"(강조 고딕은 필자)고 본다.[57] 양육권에 포함된 사회권의 내용을 헌법적 권리가 아니라 법률적 권리로 이해하는 헌법재판소는 사회권의 법적 성격에 관한 '추상적 권리설'에 따르고 있다. 따라서 미혼모가 양육권에 포함된 사회권을 주장한다고 해도 헌법재판소는 추상적 권리설에 따라 헌법적 권리가 아니라 법률적 권리로 이해함으로써 미혼모의 양육에 관한 법률이 전혀 존재하지 않으면 청구 자체를 각하하고, 미혼모의 양육에 관한 법률이 일단 존재하기만 하면 그 내용이 불충분하더라도 "현저히

55 공공부조에 관한 국가의 의무에 대해서는 이준일, 《헌법과 사회복지법제》(2010), 75면 이하 참조.

56 사회적 기본권의 법적 성격에 대해서는 이준일, 《헌법학강의》(제4판, 2011), 705면 이하 참조.

57 헌재 2008.10.30. 2005헌마1156.

불합리하여 헌법상 용인될 수 있는 재량의 범위를 명백히 일탈함으로써 사회적 기본권으로서의 양육권을 보장하여야 할 국가의 최소한 보장 의무의 불이행으로 볼 수 있는 경우에 한하여"[58] 헌법에 위반된다고 보게 될 것이다.

여기서 미혼모의 양육권에 포함된 사회권의 의미가 평가절하될 필요는 없다. 먼저 양육권이 헌법상 보장된 권리이고 사회권의 내용을 포함한다면 이러한 양육권에 포함된 사회권도 법률적 권리가 아니라 '헌법적 권리'임을 지속적으로 주장해야 한다. 또한 그렇기 때문에 양육권에 포함된 사회권에 근거하여 이러한 사회권을 구체화하는 법률의 위헌성에 대해서 사법적 심사가 가능하다는 점도 계속적으로 주장되어야 한다. 양육권에 포함된 사회권은 이를 구체화하는 법률의 위헌성을 판단하는 기준이 되기 때문이다. 다만 사회권에 대한 위반 여부를 판단하는 헌법적 기준은 비례성원칙을 구체화하는 '과소금지원칙'이기 때문에[59] 이러한 원칙을 위반하는지 여부에 따라 양육권에 포함된 사회권을 구체화하는 법률의 위헌성이 판단될 수 있다. 미혼모의 양육권에 포함된 사회권을 구체화하는 법률의 경우에 과소금지원칙의 위반 여부는 양육에 관한 국가의 지원을 받을 수 있는 미혼모의 요건과 지원 내용이 미혼모의 구체적 현실과 필요를 충분히 고려하여 최소한의 수준에서 결정되었는지 여부에 따라 판단될 수 있다.

현재 미혼모의 양육권을 포함하여 사회권을 구체화하는 법률로는 **한부모가족지원법**이 있다.[60] '한부모가족'은 부모 가운데 한 사람과 자녀

---

58 헌재 2008. 10. 30. 2005헌마1156.

59 사회권과 과소금지원칙에 대해서는 이준일, 《헌법과 사회복지법제》(2010), 35면 이하 참조.

60 전쟁으로 남편을 잃고 혼자된 여성이 가장인 모자가족에 대한 생계지원에서 시작되어

표 2-1. 보호대상 한부모가족의 소득인정액(2011년 기준)

(단위: 원)

가족규모	2인 가족	3인 가족	4인 가족	5인 가족	6인 가족	7인 가족
소득인정액(월)	1,178,879	1,525,057	1,871,237	2,217,415	2,563,594	2,909,773

* 7인 이상 가구의 경우 가구원 수 1인 증가 시 소득인정액 346,179원씩 증가
자료: 보건복지부 웹사이트(www.mw.go.kr)

로 구성된 '모자(母子)가족'이나 '부자(父子)가족'을 의미하는데(동법 제4조 제2호) 여기서 모 또는 부는 ① 배우자와 사별 또는 이혼하거나 배우자로부터 유기(遺棄)된 자, ② 정신이나 신체의 장애로 장기간 노동능력을 상실한 배우자를 가진 자, ③ 미혼자(사실혼 관계에 있는 자는 제외)로 아동(18세 미만)인 자녀를 양육하는 자를 말한다(동조 제1호). 따라서 미혼모 가족은 한부모가족의 한 유형으로 국가의 지원을 받을 수 있는데 모든 미혼모 가족이 국가의 지원을 받는 것은 아니고, 여성가족부장관이 매년 최저생계비 · 소득수준 및 재산정도 등을 고려하여 보호의 종류별로 정하는 기준에 해당해야 국가의 지원을 받을 수 있다(동법 제5조 및 동법 시행규칙 제3조). 현재는 소득인정액이 '최저생계비의 130퍼센트 이하'(4인 가족의 경우 1,871,237원: 〈표 2-1〉 참조)인 미혼모 가족에게 국가가 지원한다.

미혼모 가족을 포함하여 한부모가족에게 국가가 지원할 수 있는 복지급여에는 ① 생계비, ② 아동교육지원비, ③ 아동양육비 등이 포함된다(동법 제12조 제1항). 미혼모나 미혼부가 5세 이하의 아동을 양육하거나 청소년 한부모가 아동을 양육하는 경우 또는 모 또는 부의 직계존속이 5세 이하의 아동을 양육하는 경우에는 예산의 범위에서 추가적인 복지급여를 실시해야 한다(동조 제2항). 현재 아동양육비와 아동교육지원비가

점차 사별, 이혼으로 혼자된 남녀가 증가하면서 모자가족뿐만 아니라 부자가족에 대한 생활지원으로 확대되면서 1989년 모자복지법이 제정되었고, 2002년 모·부자복지법의 개정된 뒤에 2007년 한부모가족지원법으로 개정되었다.

지원되고 있는데 소득인정액이 최저생계비의 130퍼센트 이하인 한부모가족의 '12세 미만'인 자녀에게 아동양육비로 '매월 5만 원'이 지원되고,[61] 고등학생인 자녀에게 '입학금과 수업료'가 지원된다. 그리고 복지자금(사업에 필요한 자금, 아동교육비, 의료비, 주택자금 등)의 대여, 직업능력개발훈련 등의 고용촉진정책, 고용지원정책, 공공시설 내 매점 및 시설의 우선허가, 공공시설의 우선이용, 가족지원서비스 등과 같은 국가의 지원을 받을 수 있다.

그 밖에도 국가나 지방자치단체 등이 설치 · 운영하는 한부모가족 복지시설을 이용할 수 있는데 이 가운데 미혼모 가족을 위한 복지시설로는 **미혼모자시설**(미혼 여성의 임신 · 출산 시 안전 분만 및 심신의 건강 회복과 출산 후 아동의 양육 지원을 위하여 일정 기간 보호하는 것을 목적으로 하는 시설), **미혼모자 공동생활가정**(출산 후의 미혼모와 해당 아동으로 구성된 미혼모자가족이 일정 기간 공동으로 가정을 이루어 아동을 양육하고 보호할 수 있도록 지원하는 것을 목적으로 하는 시설), **미혼모 공동생활가정**(출산 후 해당 아동을 양육하지 아니하는 미혼모들이 일정 기간 공동으로 가정을 이루어 생활하면서 자립을 준비할 수 있도록 지원하는 것을 목적으로 하는 시설) 등이 있다. 2008년 12월 31일 현재 전국에 27개의 미혼모자시설의 정원은 703명, 19개 미혼모자 공동생활가정의 정원은 236명, 2개 미혼모 공동생활가정의 정원은 26명이다(〈표 2-2〉 참조). 미혼모자시설에 입소한 여성에 대해서는 원칙적으로 1년 동안(추가로 6개월까지 연장 가능) 무료로 숙식이 제공되고, 분만의료의 혜택과 자립지원 등이 제공된다. 그리고

61 아동양육비는 2001년에 매월 16,000원을 지급하기 시작한 뒤에 2004년에 매월 20,000원으로 증액되었고, 2005년부터 매월 50,000원이 지급되고 있다. 또한 지원되는 대상 아동의 연령도 2007년에 6세 미만, 2008년에 8세 미만, 2009년에 10세 미만, 2010년에 12세 미만으로 점차 확대되고 있다.

표 2-2. 미혼모 복지시설 현황(2008년 12월 31일 현재)

	합계	서울	부산	대구	인천	광주	대전	울산	경기	강원	충북	충남	전북	전남	경북	경남	제주
A	27	5	2	1	1	2	3	1	5	1	1	-	1	2	1	-	1
정원(명)	703	136	57	50	29	59	63	15	128	40	50	-	10	21	10	-	35
B	19	4	1	1	1	1	1	1	3	1	-	1	-	1	-	2	1
정원(명)	236	60	10	10	22	10	10	10	40	14	-	10	-	10	-	20	10
C	2	1	-	-	-	1	-	-	-	-	-	-	-	-	-	-	-
정원(명)	26	10	-	-	-	16	-	-	-	-	-	-	-	-	-	-	-

A: 미혼모자시설, B: 미혼모자 공동생활가정, C: 미혼모 공동생활가정
자료: 보건복지부 〈2009년도 한부모가족지원사업 안내〉

표 2-3. 입양기관의 미혼모자시설 운영 현황(2008년 12월 31일 현재)

	합계	서울	부산	대구	인천	광주	대전	울산	경기	강원	충북	충남	전북	전남	경북	경남	제주
A	6	1	1	1	-	1	-	-	1	-	-	-	-	1	-	-	-
정원(명)	169	26	20	50	-	29	-	-	31	-	-	-	-	13	-	-	-
B	3	1	-	-	-	-	1	-	1	-	-	-	-	-	-	-	-
정원(명)	84	15	-	-	-	-	40	-	29	-	-	-	-	-	-	-	-
C	4	-	-	-	-	-	1	-	1	-	-	-	1	-	1	-	-
정원(명)	84	-	-	-	-	-	14	-	50	-	-	-	10	-	10	-	-

A: 대한사회복지회, B: 홀토아동복지회, C: 동방사회복지회
자료: 보건복지부 〈2009년도 한부모가족지원사업 안내〉

미혼모자 공동생활가정에 입소한 여성에 대해서는 원칙적으로 1년 동안(추가로 1년까지 연장 가능), 미혼모 공동생활가정에 입소한 여성에 대해서는 원칙적으로 2년 동안(추가로 6개월까지 연장 가능) 숙식보호와 자립지원이 제공된다. 미혼모자시설의 경우에 많은 시설(13개 시설, 337명 정원: 〈표 2-3〉 참조)이 입양기관(대한사회복지회, 홀트아동복지회, 동방사회복지회 등)에 의해 운영되고 있다는 점이 문제점으로 지적된다.[62] 입양을 목적으로 하는 입양기관은 미혼모에게 양육보다는 입양을 권장할 가능성이 크기 때문이다.

(3) 양육에 관한 사회권의 입법적 실현

미혼모의 자녀양육에 관한 국가의 지원을 내용으로 하는 법률의 부존재나

62 이에 관한 자세한 논의는 제3장 IV 참조.

불충분에 대해서 사법적 심사를 통해서 해결하려는 시도는 양육권에 포함된 사회권의 법적 성격 및 헌법재판소의 기능적 한계 때문에 일정한 한계에 봉착할 수밖에 없다. 따라서 미혼모의 자녀양육에 관한 국가의 지원은 법률의 제정이나 개정에 대한 요구를 통해서 실현될 필요가 있다. 국민에게는 헌법상 보장된 청원권을 통해 법률의 제정이나 개정을 요구할 수 있는 권리가 부여되어 있다. 다만 법률의 제정이나 개정을 위해서는 '사회적 합의'가 전제되어야 한다. 제한된 예산 안에서 국가의 중요한 정책에 필요한 비용을 사용해야 하기 때문에 다른 예산보다 사회권에 관한 예산(사회복지예산)이 더 확보되어야 하고, 전체 사회복지예산에서 미혼모의 자녀양육에 관한 예산이 더 많은 비중을 차지해야 하는 것에 사회적 공감대가 형성되어야 한다. 이를 위해서는 무엇보다도 미혼모의 자녀양육에 관한 비용이 사회적으로 차지하는 의미를 다른 구성원들이 공감할 수 있도록 이해시켜야 한다.[63] 특히 출산율이 점차 낮아지고 있는 현실을 고려할 때 공동체의 존속에 필수적인 신생아의 출산과 관련하여 미혼모가 차지하는 역할을 새로운 각도에서 조명해야 할 당위성을 사회적으로 인식시킬 필요가 있다.

(4) 미혼모에 대한 지원과 역차별의 문제

미혼모의 자녀양육에 대해서 국가가 지원을 하면 상대적으로 혼인한 부부의 자녀양육이 차별받는 역차별(reverse discrimination)의 문제가 발생하게 된다. 일반적으로 모든 차별대우가 평등원칙에 반하는 차별인

63 같은 맥락에서 미혼모에 대한 지원에서 미혼모에 대한 인식의 전환을 포함한 지역사회의 역할이 강조되기도 한다. 홍봉선 · 남미애, 〈청소년 양육미혼모의 자녀양육과 자립을 위한 지역사회 지원체계 구축방안〉, 《청소년학연구》 제18권 제9호(한국청소년학회, 2011), 39면 이하 참조.

것은 아니다. '합리적인 근거가 없는' 차별대우만이 평등원칙에 반하는 차별이 된다. 따라서 모든 자녀양육이 아니라 미혼모의 자녀양육에 대해서만 국가가 지원하는 차별대우도 합리적인 근거가 존재하면 평등원칙에 반하는 차별이 되지 않는다. 미혼모의 자녀양육에 대한 국가의 지원이 합리적인 근거를 가지려면 우선 모든 미혼모의 자녀양육에 대한 지원이 아니라 '생활능력이 없는 미혼모'의 자녀양육에 대한 지원이 되어야 한다. 그리고 혼인한 부부의 경우에도 생활능력이 없으면 그들의 자녀양육에 대해서 국가의 지원이 제공되어야 한다. 결국 미혼모의 자녀양육에 대한 지원은 생활능력이 없는 국민의 자녀양육에 대한 지원이라는 전체 체계 안에서 이해되어야 한다. 그리고 자녀양육에 대한 지원은 생활능력이 없는 국민에 대한 사회복지적 지원의 전체 체계 안에서 이해될 수밖에 없다. 이런 방식으로 미혼모의 자녀양육에 대한 지원을 이해하면 합리적 근거가 도출될 수 있고, 평등원칙에 반하는 차별의 문제는 해소될 수 있다.

3. 인지청구권과 양육비청구권

(1) 자녀를 위한 인지청구권

양육권은 친권자에게 있고(민법 제913조), 친권자가 되는 자는 부모다(민법 제909조). 하지만 미혼모의 자녀는 혼인하지 않은 상태에서 출생한 자녀(혼인 외의 자)이므로 생부나 생모의 인지가 필요한데(민법 제855조 제1항) 당연히 생모는 자발적으로 인지하겠지만 생부는 자발적으로 인지하지 않을 개연성이 높다. 이 경우에 자녀는 친부를 상대로 인지청구의 소를 제기할 수 있고(민법 제863조), 아직 미성년자인 자녀를 위하여 법정대리인인 친모도 인지청구의 소를 제기할 수 있다. 한부모가족지원법은 인지청구를 위한 법률상담, 소송대리 등 법률구조서비스를 제공하기 위하여 노력해야 할 의무를 국가와 지방자치단체에 부과하고 있다(동법 제17조 제5호).

(2) 인지된 자녀의 양육비청구권

아동권리협약(CRC)은 아동의 양육에 대한 부모의 "공동책임(common responsibility)"을 강조하고 있다.[64] 따라서 인지된 자녀의 양육에 대한 책임은 친부모가 공동으로 부담해야 한다. 민법에 따르면 자녀가 인지된 경우에 누가 양육자가 되고, 양육비용을 얼마만큼씩 부담할 것인지에 대해서는 원칙적으로 친부와 친모의 협의에 의하여 결정된다(민법 제864조의2 및 제837조 제1항, 제2항). 하지만 친부와 친모의 협의가 자녀의 복리에 반하는 경우 또는 친부와 친모의 협의가 이루어지지 않거나 이루어질 수 없는 경우에는 법원이 결정한다(민법 제837조 제3항, 제4항). 자녀양육비청구에 관한 법률상담, 소송대리 등 법률구조서비스의 제공과 관련해서도 한부모가족지원법에 따라 국가와 지방자치단체는 노력의무를 부담한다(동법 제17조 제5호).

4. 출산정책으로서 미혼모의 양육지원

국가는 시대마다 변하는 출생아의 숫자와 출산율에 따라 다양한

64 아동권리협약(CRC) 제18조 제1항: 협약체결국은 부모가 모두 아동의 양육과 개발에 대한 **공동의 책임을 진다는 원칙**의 인정을 보장하기 위하여 최선의 노력을 해야만 한다. 부모나 경우에 따라서 법적 후견인은 아동의 양육과 개발에서 우선적인 책임을 진다. 아동에게 최선이 되는 이익은 그들의 기본적인 관심사가 되어야 한다(States Parties shall use their best efforts to ensure recognition of the principle that both parents have common responsibilities for the upbringing and development of the child. Parents or, as the case may be, legal guardians, have the primary responsibility for the upbringing and development of the child. The best interests of the child will be their basic concern).

출산정책을 강구한다. 인구가 급증할 때는 출생아의 숫자와 출산율을 감소시키는 정책을 시행하고, 인구가 격감할 때는 출생아의 숫자와 출산율을 증가시키는 정책을 시행한다. 최근에 출산이 감소하는 추세에 따라 국가는 출산을 장려하는 정책을 강구하고 있다. 그럼에도 불구하고 출산감소의 추세는 변화하지 않고 있다.[65] 여기서 미혼모의 육아를 지원하는 정책이 출산을 증가시키는 하나의 대안이 될 수 있다는 의견들이 제시되고 있다. 하지만 미혼모에 대한 육아지원과 출산의 증가는 직접적으로 관련이 없다. 미혼모에 대한 육아지원으로 미혼모의 임신이 증가할 가능성은 전혀 없어 보이기 때문이다. 또한 출산의 증가를 위해 미혼모의 임신을 장려하는 것, 다시 말해 모든 여성을 대상으로 미혼모가 되도록 장려하는 것은 정당화될 수 없기 때문이다. 미혼모의 육아에 대한 지원은 불가피하게 미혼모가 된 여성을 대상으로 한 것이지 미혼모가 될 수 있는 모든 여성을 대상으로 하는 것은 아니다.

다만 미혼모에 대한 육아지원은 미혼모의 낙태율을 감소시킬 가능성은 높기 때문에 그에 상응하여 출산의 증가에 영향을 줄 수는 있다. 적어도 양육비에 대한 부담 때문에 낙태하려는 미혼모의 낙태를 예방하여 다소나마 출산을 증가시키는 효과가 나타날 수 있기 때문이다. 더욱이 '국가의 생명보호의무'라는 관점에서도[66] 미혼모의 육아지원을

---

65 하지만 실증적 연구에 따르면 출산장려정책 가운데 출산간접지원정책(국민연금보험료나 국민건강보험료의 경감, 조세혜택, 보육교육비 지원, 모자건강검진 강화)이 출산과 양육의 동기에 영향을 준다는 결과가 있다. 이미란, 〈출산 장려 정책이 미혼 여성들의 출산 양육 동기에 미치는 영향〉, 《한국가족복지학》 제14권 제3호(한국가족복지학회, 2009), 87면 이하 참조.

66 헌법재판소에 따르면 국가의 보호의무는 "기본권적 법익을 기본권 주체인 사인에 의한 위법한 침해 또는 침해의 위험으로부터 보호하여야 하는 국가의 의무"를 뜻한다. 헌재 2009.2.26. 2005헌마764 참조. 헌법재판소는 특히 생명이나 신체의 안전에 대한 국가의 보호의무를 다음과 같이 논증한다. 헌재 2008.12.26. 2008헌마419:

통한 낙태율의 감소는 정당화될 수 있다. 국가는 낙태를 금지하고 처벌하는 소극적인 방식으로 태아의 생명을 보호할 수도 있지만 자녀의 양육을 지원하는 적극적인 방식으로도 태아의 생명을 보호할 수 있기 때문이다. 그러나 혼인한 부부에 대한 육아지원만으로 곧바로 혼인한 부부의 출산이 증가하지 않는 것에서 알 수 있는 것처럼 미혼모에 대한 육아지원만으로 미혼모의 낙태율을 감소시켜 출산이 증가하는 효과가 나타날 수는 없다.[67] 출산의 결정에는 육아의 차원을 넘어 다양한 요소가 작용하기 때문이다. 특히 미혼모에 대한 사회적 편견과 차별이 여전히 존재하는 한 단지 육아의 문제가 해결된다고 미혼모의 낙태가 줄어들 것을 기대하기는 어렵다. 그럼에도 불구하고 미혼모가 낙태를 결정하거나 출산 후 입양을 결정하는 중요한 이유 가운데 하나가 육아의 부담이라는 점을 고려하면 육아에 대한 국가의 지원은 육아의 부담을 덜어 낙태율이나 입양율을 상당히 감소시킬 가능성이 크다. 특히 이로 인한 출산증가의 효과는 혼인한 부부에 대한 양육지원으로 인한

"헌법 제10조는 "모든 국민은 인간으로서의 존엄과 가치를 가지며, 행복을 추구할 권리를 가진다. 국가는 개인이 가지는 불가침의 기본적 인권을 확인하고 이를 보장할 의무를 진다"고 규정하여, 모든 국민이 인간으로서의 존엄과 가치를 지닌 주체임을 천명하고, 국가권력이 국민의 기본권을 침해하는 것을 금지함은 물론 이에서 더 나아가 적극적으로 국민의 기본권을 보호하고 이를 실현할 의무가 있음을 선언하고 있다. 또한 생명 · 신체의 안전에 관한 권리는 인간의 존엄과 가치의 근간을 이루는 기본권일 뿐만 아니라, 헌법은 "모든 국민은 보건에 관하여 국가의 보호를 받는다"고 규정하여 질병으로부터 생명 · 신체의 보호 등 보건에 관하여 특별히 국가의 보호의무를 강조하고 있으므로(제36조 제3항), 국민의 생명 · 신체의 안전이 질병 등으로부터 위협받거나 받게 될 우려가 있는 경우 국가로서는 그 위험의 원인과 정도에 따라 사회 · 경제적인 여건 및 재정사정 등을 감안하여 국민의 생명 · 신체의 안전을 보호하기에 필요한 적절하고 효율적인 입법 · 행정상의 조치를 취하여 그 침해의 위험을 방지하고 이를 유지할 포괄적인 의무를 진다 할 것이다."

67 같은 맥락에서 출산정책과 낙태 문제를 연관시키는 데 반대하는 견해로 이인영, 〈출산정책과 낙태규제법의 이념과 현실〉, 《페미니즘연구》 제10권 제1호(한국여성 연구소, 2010), 78면 참조.

출산증가의 효과보다 더 클 수도 있다. 혼인한 부부에 대한 양육지원은 아직 임신하지도 않은 여성의 '임신을 촉진'하기 위한 것인 반면에 미혼모에 대한 양육지원은 이미 임신한 여성의 '출산을 촉진'하는 것이기 때문이다. 따라서 미혼모에 대한 양육지원은 효과적인 출산정책의 하나로 고려될 수도 있다.

그러나 중요한 것은 출산정책과 미혼모 양육지원은 엄격하게 분리될 필요가 있다는 점이다. 임신 · 출산에 관한 자기결정권에 따라 모든 여성은 임신 · 출산에 관하여 자유롭게 결정할 수 있기 때문이다. 따라서 임신 · 출산에 관한 최종적인 판단권은 여성에게 있고, 임신 · 출산에 관한 국가의 정책은 이러한 판단권을 현실적으로 구현하는 데 봉사하는 것이어야 하지 이러한 판단권에 영향을 주는 것일 수는 없다. 다시 말해 임신 · 출산에 관한 국가의 정책은 자신의 자유로운 판단에 따라 임신 · 출산 여부를 결정한 여성이 경제적 · 사회적 사정 때문에 이러한 결정을 현실에서 관철하기 힘들 때 이러한 결정이 현실적으로 관철될 수 있도록 돕는 것이어야 하지 임신 · 출산 여부에 관한 자유로운 결정에 영향을 미치는 것이어서는 안 된다.

V. 평등권과 사회권

1. 평등권

평등권은 본질적으로 같으면 같은 대우를 받고, 본질적으로 다르면 다른 대우를 받아야 하는 권리를 말한다.[68] 따라서 본질적으로 같은데도 다른

68 평등에 대해서는 이준일, 〈평등원칙〉, 《안암법학》 제8호(안암법학회, 1998), 1면 이하;

대우를 받지 않을 권리와 본질적으로 다른데도 같은 대우를 받지 않을 권리로서 '차별받지 않을 권리'를 의미하기도 한다. 이처럼 평등과 차별은 동전의 양면과 같고, 일정한 대상에 대한 '비교'가 문제가 된다. 미혼모의 경우에는 임신 · 출산을 이유로 차별받기 때문에 ① 애초에 임신 · 출산이 불가능한 남성이나 ② 여성임에도 불구하고 임신 · 출산을 원하지 않거나 불가능한 여성(불임여성)과 비교된다. 또한 미혼모는 임신 · 출산한 여성들 가운데 ③ 결혼하여 임신 · 출산한 여성(기혼모)과 비교되기도 한다. 그리고 미혼모는 ④ 혼자서 자녀를 양육하는 미혼부(未婚父)와 비교될 수도 있다.

(1) 임신 · 출산을 이유로 차별받지 않을 권리

미혼모에 대한 차별의 이유는 기본적으로 '임신 · 출산'을 했다는 사실이다. 헌법은 평등원칙을 요구하는 동시에 차별을 금지하고 있다(헌법 제11조 제1항). 여기서 차별의 사유는 제한되지 않는다. 다시 말해 어떠한 이유로도 차별하는 것은 금지된다. 유엔의 세계인권선언(Universal Declaration of Human Rights)이나 시민적 · 정치적 권리에 관한 국제협약(International Covenant on Civil and Political Rights) 또는 경제적 · 사회적 · 문화적 권리에 관한 국제협약(International Covenant on Economical, Social and Cultural Rights)에서도 차별이 금지되는 예시적 사유를 열거하기는 하지만[69] 차별금지사유는 여기에 한정되지 않는다. 특히 성별을 이유로 차별(성차별)에는 임신 · 출산을 이유로 한 차별이

같은 이, 〈법적 평등과 사실적 평등〉, 《안암법학》 제12호(안암법학회, 2000), 1면 이하; 같은 이, 〈소수자와 평등원칙〉, 《헌법학연구》 제8집 제4호(한국헌법학회, 2002), 219면 이하 참조.

69 유엔의 국제협약에서 열거하고 있는 차별금지사유로는 인종, 피부색, 성별, 언어, 종교, 정치적 신념이나 의견, 출신국가나 출신지역(national or social origin), 재산, 출생 기타 신분이 있다.

포함된다고 보는 것이 국제적인 경향이다. 예를 들어 재화 · 용역에서의 양성평등에 관한 2004년 제113호 EU지침(제4조 제1항)[70]이나 고용 · 직업에서의 양성평등에 관한 2006년 제54호 지침(제2조 제2항 제c호)[71]은 임신(pregnancy)이나 출산(maternity)을 이유로 한 차별을 성차별에 포함시키고 있다. 실제로 미혼모에 대한 차별은 임신·출산이 불가능한 '남성'과 비교했을 때 받을 수 있는 차별이기 때문에 성차별을 의미하기도 한다. 하지만 미혼모에 대한 차별은 임신 · 출산이 불가능한 남성뿐만 아니라 여성 및 임신 · 출산을 원하지 않는 여성과 비교했을 때 받을 수 있는 차별을 모두 포함하므로 임신 · 출산을 이유로 한 차별로 범주화할 수 있다. 임신 · 출산을 이유로 한 차별의 금지는 국가인권위원회법에 명시되어 있다.

(2) 혼인 여부를 이유로 차별받지 않을 권리

미혼모가 차별받는 근본적인 이유는 임신 · 출산 그 자체보다 '결혼하지도 않은 여성'이 임신 · 출산했다는 데 있다. 다시 말해 같은 임신 · 출산임에도 불구하고 미혼여성의 임신 · 출산은 기혼여성의 임신 · 출산과 비교하여 차별받는다. 하지만 결혼 여부가 임신 · 출산의 허용 여부를 결정할 수 없다. 결혼한 여성도 임신 · 출산하지 않겠다고 결정할 수 있는 것처럼 결혼하지 않은 여성도 임신 · 출산하겠다고 결정할 수 있다. '결혼 여부와 상관없이' 모든 여성은 임신 · 출산에 관한 자기결정권을 향유하는

70 Council Directive 2004/113/EC of 13 December 2004 implementing the principle of equal treatment between men and women in the access to and supply of goods and services.

71 Directive 2006/54/EC of the European Parliament and of the Council of 5 July 2006 on the implementation of the principle of equal opportunities and equal treatment of men and women in matters of employment and occupation.

주체이기 때문이다. 따라서 미혼모에 대한 차별은 '혼인 여부'를 이유로 한 차별에 해당한다. 국가인권위원회법은 혼인 여부를 이유로 한 차별도 금지하고 있다.

(3) 성별을 이유로 차별받지 않을 권리

앞서 언급한 것처럼 미혼모에 대한 차별은 애초에 임신 · 출산이 불가능한 남성과 비교했을 때 받을 수 있는 차별이라는 점에서 성별을 이유로 한 차별(성차별)의 요소를 가지고 있다. 또한 미혼모에 대한 차별은 미혼부와 비교했을 때 더욱 가혹하게 가해지는 차별이라는 점에서도 성차별의 요소를 갖는다. 미혼부보다 미혼모에 대한 차별이 훨씬 가혹한 이유는 결혼하지 않은 남성의 성행위보다 결혼하지 않은 여성의 성행위에 대하여 사회적 비난의 정도가 상대적으로 크기 때문이다. 이것은 여성의 혼전순결을 남성의 혼전순결보다 강조하는 '성차별적 성윤리'와 연계되어 있다. 그만큼 미혼모에 대한 차별은 성별을 이유로 한 차별의 요소가 강하다.

(4) 미혼모에 대한 차별금지의 영역

국가인권위원회법에 따르면 차별이 금지되는 영역으로 고용, 거래, 교육 등이 있다.[72] 따라서 미혼모에 대한 차별은 임신 · 출산을 이유로 한 차별이든 혼인 여부를 이유로 한 차별이든 성별을 이유로 한 차별이든 상관없이 고용, 거래, 교육 등 모든 생활영역에서 금지된다. 특히 고용

72 국가인권위원회법은 이 법률에서 열거하고 있는 차별금지사유로 합리적인 이유 없이 특정한 사람을 우대 · 배제 · 구별하거나 불리하게 대우하는 행위를 "평등권을 침해하는 차별행위"로 정의하면서 이러한 차별행위가 금지되는 영역을 ① 고용(모집, 채용, 교육, 배치, 승진, 임금 및 임금 외의 금품 지급, 자금의 융자, 정년, 퇴직, 해고 등을 포함), ② 재화 · 용역 · 교통수단 · 상업시설 · 토지 · 주거시설의 공급이나 이용, ③ 교육시설이나 직업훈련기관에서의 교육 · 훈련이나 그 이용으로 구분하고 있다(동법 제2조 제3호).

영역의 경우에 근로기준법은 사용자가 근로자에 대하여 남녀의 성(性)을 이유로 차별적 대우를 하지 못하고, 국적 · 신앙 또는 사회적 신분을 이유로 근로조건에 대한 차별적 처우를 하지 못하도록 요구하고 있기 때문에(동법 제6조) 고용영역에서 미혼모에 대한 차별은 금지된다. 오히려 사용자가 임신 중이거나 산후 1년이 지나지 아니한 여성(이하 '임산부'로 약칭)을 도덕상 또는 보건상 유해 · 위험한 사업에 사용하는 행위는 금지되고(동법 제65조 제1항), 원칙적으로 임산부를 오후 10시부터 오전 6시까지의 시간 및 휴일에 근로시키지 못하며(동법 제70조 제2항),[73] 산후 1년이 지나지 않은 여성에 대하여는 단체협약이 있는 경우라도 1일에 2시간, 1주일에 6시간, 1년에 150시간을 초과하는 시간외근로를 시키지 못할 뿐만 아니라(동법 제71조), 임산부의 보호를 위하여 출산전후휴가, 유산 · 사산휴가, 시간외근로금지를 보장해야만 하고(동법 제74조), 태아검진시간과 유급수유시간을 보장해야만 한다(동법 제74조의2 및 제75조). 이처럼 고용영역에서 '모성의 보호'를 위하여 보장되는 다양한 원칙과 제도들이 미혼모들에게도 차별없이 적용되어야 한다. 한편 남녀고용평등과 일 · 가정양립지원에 관한 법률도 채용이나 근로조건에서 성별, 혼인, 가족 안에서의 지위, 임신 또는 출산 등을 사유로 한 차별을 금지하고 있다(동법 제2조 제1호). 더욱이 여성근로자가 '일과 가정을 양립'시킬 수 있도록 출산전후휴가급여에 대한 국가지원(동법 제18조), 육아휴직(동법 제19조), 육아기 근로시간단축(동법 제19조의2), 가족돌봄휴직(동법 제22조의2) 등과 같은 제도를 보장해야만 한다. 여성근로자에게 보장되어야 하는 이와 같은 권리들도 미혼모에게 차별없이

73 예외적으로 ① 산후 1년이 지나지 않은 여성이 동의한 경우나 ② 임신 중의 여성이 명시적으로 청구하는 경우에는 야간근로와 휴일근로가 허용된다.

보장되어야만 한다.

2. 사회권

미혼모가 겪게 되는 가장 큰 어려움은 '경제적 빈곤'이라는 점에서 미혼모에게 보장되어야 하는 인권으로서 사회권의 의미가 강조될 필요가 있다. 미혼모가 경제적 빈곤에 처하게 되는 근본적인 이유는 경제적 지원(부양)을 제공해야 할 상대방 남성으로부터 버림받고, 미혼모를 가족의 수치로 받아들이는 가족으로부터도 분리되며, 직업을 가지려 해도 미혼모에 대한 사회적 편견과 자녀의 양육 때문에 생계유지를 위한 경제활동이 곤란하게 된다는 점에 있다. 이로 인해 미혼모는 임신 · 출산에 관한 비용뿐만 아니라 자녀의 양육과 가족의 생계에 필요한 비용을 국가로부터 지원받아야 하는 상황에 처하게 된다.

(1) 임신·출산에 관한 국가지원을 받을 권리

임신 · 출산은 법적으로 '요양급여'로 규율받는다. 따라서 미혼모가 사회보험법[74]의 하나인 국민건강보험법에 따른 가입자나 피부양자라면[75] 요양급여로 임신 · 출산에 관한 국가지원을 받을 수 있다(동법 제41조 제1항).[76] 하지만 미혼모가 건강보험 가입자나 피부양자가 아니면 공공부조법[77]의 하나인 의료급여법에 따른 의료급여로 임신 · 출산에

74 사회보험법에 대한 자세한 설명은 이준일, 《헌법과 사회복지법제》(2010), 102면 이하 참조.

75 원칙적으로 '모든 국민'은 국민건강보험법에 따른 가입자나 피부양자가 된다(동법 제5조 제1항). 예외적으로 국민건강보험법의 적용대상이 되지 않는 자로는 ① 〈의료급여법〉에 따라 의료급여를 받는 수급자와 ② 〈독립유공자예우에 관한 법률〉 및 〈국가유공자 등 예우 및 지원에 관한 법률〉에 의하여 의료보호를 받는 보호대상가 있다.

76 국민건강보험법에 따른 요양급여에는 ① 진찰 · 검사, ② 약제 · 치료재료의 지급, ③ 처치 · 수술 기타의 치료, ④ 예방 · 재활, ⑤ 입원, ⑥ 간호, ⑦ 이송이 포함된다.

77 공공부조법에 대한 자세한 설명은 이준일, 《헌법과 사회복지법제》(2010), 75면 이하 참조.

관한 국가지원을 받아야 한다.[78] 하지만 미혼모가 의료급여를 받을 수 있는 수급자가 되기 위해서는 다른 자격은 취득하기 힘들기 때문에 국민기초생활보장법에 따른 수급권자 자격을 얻어야 하고, 이를 위해서는 수급권자 요건을 충족해야 한다. 여기서 중요한 것은 소득이 최저생계비에 미치지 못하면서 부양의무자가 없는 경우나 있어도 부양능력이 없거나 부양받을 수 없는 경우에 해당해야 한다는 점이다(동법 제5조 제1항). 이처럼 국민기초생활 보장법에 따른 수급권자 자격은 부양의무자의 존재와 부양능력 · 여부와 연계되어 있기 때문에 가족으로부터 분리된 미혼모는 수급권자 자격을 취득하기 어렵다. 친부모가 부양능력이 없다는 사실을 증명하기 위하여 친부모의 금융정보나 신용정보 등의 이용에 관한 동의를 친부모로부터 받아야 하고, 친부모가 부양능력이 있어도 부양을 거부하거나 회피하고 있다는 사실을 증명해야 하기 때문이다. 여기서 미혼모의 경우에, 특히 미성년 미혼모의 경우에 부양의무자 조항을 완화하거나 삭제하는 입법정책적 대안이 요구된다.

78 의료급여법에 따른 수급권자가 될 수 있는 사람으로는 ① 〈국민기초생활 보장법〉에 의한 수급자, ② 〈재해구호법〉에 의한 이재민, ③ 〈의사상자 등 예우 및 지원에 관한 법률〉에 따른 의상자 및 의사자유족, ④ 〈입양촉진 및 절차에 관한 특례법〉에 의하여 국내에 입양된 18세 미만의 아동, ⑤ 〈독립유공자예우에 관한 법률〉 및 〈국가유공자 등 예우 및 지원에 관한 법률〉의 적용을 받고 있는 자와 그 가족으로서 국가보훈처장이 의료급여가 필요하다고 요청한 자 중 보건복지부장관이 의료급여가 필요하다고 인정한 자, ⑥ 〈문화재보호법〉에 의하여 지정된 중요무형문화재의 보유자(명예보유자를 포함) 및 그 가족으로서 문화재청장이 의료급여가 필요하다고 요청한 자 중 보건복지부장관이 의료급여가 필요하다고 인정한 자, ⑦ 〈북한이탈주민의 보호 및 정착지원에 관한 법률〉의 적용을 받고 있는 자와 그 가족으로서 보건복지부장관이 의료급여가 필요하다고 인정한 자, ⑧ 〈5·18민주화운동 관련자 보상 등에 관한 법률〉 제8조의 규정에 의하여 보상금 등을 받은 자와 그 가족으로서 보건복지부장관이 의료급여가 필요하다고 인정하는 자, ⑨ 〈노숙인 등의 복지 및 자립지원에 관한 법률〉에 따른 노숙인 등, ⑩ 그 밖에 생활유지의 능력이 없거나 생활이 어려운 자로서 대통령령이 정하는 자가 있다(의료급여법 제3조 제1항).

(2) 양육에 관한 국가지원을 받을 권리

임신 · 출산에 관한 비용보다 미혼모에게 훨씬 더 큰 부담은 양육에 관한 비용이다. 미혼모가 자녀의 입양을 선택하게 되는 가장 큰 이유는 양육에 관한 경제적 부담 때문이다. 여기서 미혼모가 자녀양육에 소요되는 비용을 국가지원에 의해 충당할 수 있어야 한다. 현행 한부모가족지원법에 따르면 미혼모는 아동양육비를 지원받을 수 있고(동법 제12조 제1항 제4호), 미혼모가 5세 이하의 아동을 양육하거나 청소년 한부모가 아동을 양육하면 예산의 범위에서 추가적인 복지급여를 지원받을 수 있다(동조 제2항). 하지만 아동양육비 지원은 국민기초생활보장법에 따른 보호와 연계되어 후자를 받는 경우에 전자를 받지 못하게 되어 있다. 결국 국민기초생활 보장법에 따른 수급자 요건과 한부모가족지원법에 따른 보호대상자 요건이 동일하다면 한부모가족지원법의 독자적 의미는 없다고 말할 수 있다. 한부모가족지원법은 보호대상자의 범위를 시행규칙(보건복지부령)에서 정하도록 위임하고 있는데(동법 제5조 제1항) 동법 시행규칙에 따르면 보호대상자의 범위는 여성가족부장관이 매년 보호대상자의 최저생계비 · 소득수준 및 재산정도 등을 고려하여 보호의 종류별로 정하는 기준에 따라 결정하도록 하고 있다(동시행규칙 제3조 제1항).

(3) 생계 등에 관한 국가지원을 받을 권리

미혼모는 자녀와 함께 가족을 구성하게 됨으로써 가족의 '생계(생활)'를 위한 비용도 필요하게 된다. 그 밖에도 가족의 '주거'와 자녀의 '교육'에 소요되는 비용도 필요하게 된다. 생계와 관련해서는 앞서 언급한 것처럼 소득이 최저생계비에도 미치지 못하고 부양의무자 조항을 충족하면 국민기초생활보장법에 따른 수급권자 자격을 취득할 수 있지만 부양의무자 조항 때문에 자격 취득이 쉽지 않다. 같은 맥락에서 미혼모의 경우에는 부양의무자 조항을 완화하거나 삭제할 필요성이 다시 한 번 제기된다. 하지만 한부모가족지원법에 따르면 국가에 의해 지원되는 생계비나 아동교육지원비의 경우에도(동법 제12조 제1항 제1호 및 제2호) 국민기초생활보장법에 따른 보호를 받는 경우에는 지원하지 않도록 함으로써 미혼모에 대한 국가지원은 공공부조법제에 따른 국가지원과 연계되어 있다. 어쨌든 국민기초생활보장법의 요건을 충족하여 수급권자 자격을 취득한 미혼모는 이 법률에 따른 급여를 받을 수 있게 된다.[79] 예를 들어 미혼모와 1명의 자녀로 구성된 2인 가구의 경우에 소득이나 재산이 없다면 생계급여로 771,408원, 자가(自家)가구가 아니면 주거급여로 149,252원 등이 지급된다(〈표 2-4〉〈표 2-5〉 참조). 국민기초생활수급자 가구통계에서 2009년부터 독자적인 통계항목으로 구분되기 시작한 미혼부모가구의 숫자는 291가구에 지나지 않았고, 2010년에는 968가구(미혼모가구 888가구, 미혼부가구 80가구)로 늘었다.

한편 미혼여성이 임신 · 출산할 때 안전한 분만과 심신의 건강 회복 및 출산 후의 아동의 양육 지원을 위하여 일정 기간 동안 주거와 생계를 지원하거나 출산한 후에 해당 아동을 양육하지 않는 미혼모 또는 미혼모와 그 출산 아동으로 구성된 미혼모자가족에게 일정한 기간 동안 공동생활을 통하여 자립을 준비할 수 있도록 주거 등을 지원하는 것(동법 제19조 제1항 제3호)도 미혼모의 생계 등에 관한 국가지원으로 이해된다. 이러한 지원이 제공되는 복지시설을 '미혼모자가족복지시설'이라고

79 국민기초생활 보장법에 따른 급여에는 ① 생계급여, ② 주거급여, ③ 의료급여, ④ 교육급여, ⑤ 해산급여(解産給與), ⑥ 장제급여(葬祭給與), ⑦ 자활급여가 포함된다(동법 제7조 제1항).

표 2-4. 국민기초생활보장법에 따른 급여액

(단위: 원)

		1인 가구	2인 가구	3인 가구	4인 가구	5인 가구	6인 가구	7인 가구
생계급여*	최저생계비	553,354	942,197	1,218,873	1,495,550	1,772,227	2,048,904	2,325,580
	현금급여기준	453,049	771,408	997,932	1,224,457	1,450,982	1,677,506	1,904,031
주거급여*	현금급여	87,656	149,252	193,079	236,908	280,736	324,563	368,392
	현물급여	26,000	45,000	58,000	71,000	84,000	97,000	110,000
교육급여	고등학생	교과서대(119,200), 학용품비(49,500)						
	중학생	부교재비(36,000), 학용품비(49,500)						
	초등학생	부교재비(36,000)						
해산급여	출산시	500,000						
장제급여	사망자 1가구	500,000						

* 생계급여액=현금급여기준액－소득인정액－주거급여액
※ 8인 이상 가구의 최저생계비: 1인 증가 시마다 276,677원씩 증가(8인 가구: 2,602,257원)
※ 8인 이상 가구의 현금급여기준: 1인 증가 시마다 226,525원 증가(8인 가구: 2,130,556원)
** 주거급여액=현금급여액－현물급여액
※ 자가가구 등(수급자 본인 소유주택에 거주하는 자 등)에 해당하는 수급자에게 가구별 현물급여액을 차감
※ 주거급여 한도액은 가구별 최저주거비(최저생계비의 15.840%)
※ 8인 이상 가구는 1인 증가시 13,000원 추가
자료: 보건복지부 웹사이트(www.mow.go.kr)

표 2-5. 국민기초생활수급자 가구 현황

(단위: 가구)

	2001	2002	2003	2004	2005	2006	2007	2008	2009	2010
노인세대	237,443	235,893	238,790	240,030	244,565	242,470	245,935	243,132	244,529	243,708
일반세대	217,462	216,645	230,827	249,393	276,227	288,945	294,872	291,680	302,202	291,774
장애인세대	100,313	104,009	112,987	123,418	136,892	144,747	154,066	162,527	171,330	173,322
모자세대	70,152	65,132	66,636	70,951	77,985	81,189	82,920	82,880	86,961	85,970
부자세대	19,128	17,289	17,158	17,916	19,450	19,963	19,934	19,744	21,115	20,879
소년소녀가장	13,613	13,638	13,932	14,387	14,823	14,713	14,475	14,276	13,533	11,565
미혼부모세대	—	—	—	—	—	—	—	—	291	968
조손세대	—	—	—	—	—	—	—	—	3,415	80
기타	39,964	38,412	37,531	37,586	39,803	39,665	40,218	39,966	39,549	50,533
합계	698,075	691,018	717,861	753,681	809,745	831,692	852,420	854,205	882,925	878,799

자료: 보건복지통계연보(2011)

부른다. 종래에 한부모가족복지시설은 ① 모자보호시설(생활이 어려운 모자가족을 일시적으로 또는 일정 기간 보호하여 생계를 지원하고 퇴소(退所) 후 자립 기반을 조성하도록 지원하는 것을 목적으로 하는 시설), ② 모자자립시설(자립이 어려운 모자가족에게 일정 기간 주택 편의만을 제공하는 것을 목적으로 하는 시설), ③ 부자보호시설(생활이 어려운 부자가족을 일시적으로 또는 일정 기간 보호하여 생계를 지원하고 퇴소 후 자립 기반을 조성하도록 지원하는 것을

목적으로 하는 시설), ④ 부자자립시설(자립이 어려운 부자가족에게 일정 기간 주택 편의만을 제공하는 것을 목적으로 하는 시설), ⑤ 미혼모자시설(미혼 여성의 임신 · 출산 시 안전 분만 및 심신의 건강 회복과 출산 후 아동의 양육 지원을 위하여 일정 기간 보호하는 것을 목적으로 하는 시설), ⑥ 미혼모자 공동생활가정(출산 후의 미혼모와 해당 아동으로 구성된 미혼모자가족이 일정 기간 공동으로 가정을 이루어 아동을 양육하고 보호할 수 있도록 지원하는 것을 목적으로 하는 시설), ⑦ 모자공동생활가정(독립적인 가정생활이 어려운 모자가족이 일정 기간 공동으로 가정을 이루어 생활하면서 자립을 준비할 수 있도록 지원하는 것을 목적으로 하는 시설), ⑧ 부자공동생활가정(독립적인 가정생활이 어려운 부자가족이 일정 기간 공동으로 가정을 이루어 생활하면서 자립을 준비할 수 있도록 지원하는 것을 목적으로 하는 시설), ⑨ 미혼모공동생활가정(출산 후 해당 아동을 양육하지 아니하는 미혼모들이 일정 기간 공동으로 가정을 이루어 생활하면서 자립을 준비할 수 있도록 지원하는 것을 목적으로 하는 시설), ⑩ 일시보호시설(배우자(사실혼 관계에 있는 자를 포함)가 있으나 배우자의 물리적·정신적 학대로 아동의 건전한 양육이나 모의 건강에 지장을 초래할 우려가 있을 경우 일시적으로 또는 일정기간 그 모와 아동 또는 모를 보호함을 목적으로 하는 시설), ⑪ 여성복지관(모자가족과 미혼여성에 대한 각종 상담을 실시하고 생활지도, 생업지도, 탁아 및 직업보도를 행하는 등 모자가족과 미혼여성의 복지를 위한 편의를 종합적으로 제공하는 것을 목적으로 하는 시설), ⑫ 한부모가족복지상담소(한부모가족에 대한 조사, 지도, 시설 입소 등에 관한 상담 업무를 수행할 것을 목적으로 하는 시설)로 세분화되어 있었다(현황은 〈표 2-6〉 참조). 하지만 2012년 7월 1일부터는 ① 모자가족복지시설(모자가족에게 편의를 제공하는 시설), ② 부자가족복지시설(부자가족에게 편의를 제공하는 시설), ③ 미혼모자가족복지시설(미혼모자가족과 출산 미혼모

표 2-6. 한부모가족복지시설 현황

(단위: 개소)

	모부자 보호시설	모자 자립시설	모자 일시보호시설	미혼모자 시설	미혼모자 공동생활가정	미혼모 공동생활가정	모부자 공동생활가정	합계
2001	39	3	12	8	—	—	—	62
2002	39	3	12	8	—	—	—	62
2003	40	4	14	10	—	—	—	68
2004	40	4	14	11	—	—	—	69
2005	40	4	14	18	9	—	—	85
2006	41	4	14	20	16	—	—	95
2007	42	4	14	25	15	—	—	100
2008	42	3	14	27	19	2	—	107
2009	42	3	16	32	23	1	1	118
2010	42	3	15	33	24	1	4	122

자료: 보건복지통계연보(2011)

등에게 편의를 제공하는 시설), ④ 일시지원복지시설(배우자(사실혼 관계에 있는 사람을 포함)가 있으나 배우자의 물리적 · 정신적 학대로 아동의 건전한 양육이나 모의 건강에 지장을 초래할 우려가 있을 경우 일시적 또는 일정 기간 동안 모와 아동 또는 모에게 주거와 생계를 지원하는 시설), ⑤ 한부모가족복지상담소(한부모가족에 대한 위기 · 자립 상담 또는 문제해결 지원 등을 목적으로 하는 시설)로 정리되면서 복지시설에서 제공할 수 있는 편의가 기본생활지원, 공동생활지원, 자립생활지원으로 구분되고 있다. 미혼모자가족복지시설의 경우에는 앞서 언급한 대로 기본생활지원과 공동생활지원이 제공된다. 명칭과 상관없이 한부모가족복지시설에 포함되는 미혼모 관련 복지시설의 숫자는 절대적으로 부족한 것이 현실이다.

(4) 평가

2010년의 경우에 한부모가족지원법에 따른 지원을 받은 보호대상 가정은 107,313세대로 이 가운데 미혼모가정은 1,504세대(미혼부가정은

299세대)를 차지한다.[80] 그 밖에도 국민기초생활보장법에 따른 급여를 제공받은 미혼모가정은 888세대(미혼부가정은 80세대)가 있다. 대략 2,400세대 정도의 저소득 미혼모가정이 국가지원을 받고 있는 셈이다. 하지만 매년 새롭게 발생하는 미혼모 숫자와 비교하면 턱없이 적은 숫자다. 특히 국민기초생활보장수급권자 자격을 취득할 수 있는 요건이 엄격하기 때문일 것으로 추정된다. 가장 큰 원인은 앞서 여러 번 언급했듯이 '부양의무자 요건'에 있다고 보인다. 따라서 미혼모의 경우에는 부양의무자 요건이 완화되거나 폐지될 필요가 있다. 한편 한부모가족지원법에 따른 지원을 받을 수 있는 보호대상이 되기 위해서는 여성가족부장관이 매년 보호대상자의 최저생계비 · 소득수준 및 재산정도 등을 고려하여 정하는 기준에 해당해야 한다(동법 제5조 제1항 및 동법 시행규칙 제3조 제1항). 하지만 한부모가족지원법에 따른 보호대상이 된다고 해도 지원은 매월 지급되는 아동(자녀)양육비 5만 원이 전부이어서(자녀가 5세 이하인 경우에 10만 원, 24세 이하의 '청소년 미혼모'의 경우에 자녀양육비 15만 원과 자립지원촉진수당 10만 원) 현실적으로 크게 도움이 되지 못한다. 자녀양육에 필요한 비용에도 턱없이 모자란 지원만으로 자녀의 양육은커녕 가족의 생계유지는 불가능하기 때문에 미혼모에게 낙태나 유기 또는 입양을 사실상 강요하도록 제도가 운용되고 있다. 따라서 대부분의 미혼모가 지원을 받을 수 있도록 재정이 허용하는 한도에서 지원범위가 확대되고, 지원액도 자녀양육과 생계유지에 필요한 정도로 증액되는 것이 최선일 것으로 보인다.

80 보건복지부, 《보건복지통계연보》(2011), 291면 참조.

3. 평등권과 사회권의 중첩

평등은 '형식적' 평등뿐만 아니라 '실질적' 평등을 요구한다. 형식적 평등은 단지 '기회'의 평등만을 의미하지만 실질적 평등은 '결과'의 평등을 의미한다. 평등한 기회를 제공해도 결과까지 평등하지 않은 이유는 기회를 활용할 수 있는 '현실적 여건', 특히 경제적 여건이 다르기 때문이다. 따라서 결과의 평등을 위해서는 기회를 활용할 수 있는 현실적 여건까지 평등해야 한다. 현실적 여건은 대부분 경제적 여건이므로 실질적 평등은 자유의 실현을 위한 경제적 여건을 보장해 주도록 요구하는 사회권과 중첩된다. 경제적 여건에 대한 보장을 국가에 대해서 요구하려고 할 때 사회권의 경우에는 이것이 주관적 권리인지 여부에 대한 논란이 있다는 점이 문제다. 한편 경제적 여건에 대한 보장을 평등권으로 주장하려는 경우에는 주관적 권리 여부에 대한 문제는 없지만 평등한 대우를 받아야 하는 이유를 증명해야 하는 부담을 져야 하는 문제가 발생한다.

VI. 청소년 미혼모의 권리

1. 청소년 미혼모의 개념과 문제

청소년은 '나이(연령)'를 기준으로 정의될 수 있다. 청소년기본법은 청소년을 '9세 이상 24세 이하의 자'로 정의하는 반면에(동법 제3조 제1호)[81] 청소년보호법은 '19세 미만의 자'를 청소년으로 정의한다(동법

81 '청소년복지지원법'과 '청소년활동지원법'도 청소년의 기준연령으로 청소년기본법을 준용하고 있다.

제2조 제1호). 법률의 입법목적이 조금 다르기 때문에 상한연령에 차이를 둔 것은 이해가 되지만 하한연령을 달리 한 것은 납득이 되지 않는다. 특히 청소년에 관한 기본법인 청소년기본법에서 하한연령을 정한 것은 문제가 있다고 보인다. 어쨌든 청소년보호법이 정의하는 청소년은 아동복지법에서 '18세 미만의 자'로 정의되는 '아동'(동법 제2조 제1호)과 상당히 일치한다. 한편 청소년은 '20세 미만의 자'를 의미하는 민법상의 '미성년자'와 동일한 개념으로 사용되기도 한다.[82]

여기서 다루려고 하는 청소년 미혼모와 관련하여[83] 우선은 민법상의 혼인연령이 중요하다. 18세 이상은 법적으로 혼인할 수 있는 법적 자격이 부여되고(민법 제807조),[84] 미성년자가 결혼하면 성인(성년자)으로 의제(취급)되므로(민법 제826조의2)[85] 청소년 미혼모의 경우에 청소년은 법적으로 혼인할 수 없는 '18세 미만인 미성년자'로 한정될 필요가 있다. 또한 13세 미만의 여성과 성행위를 하면 위계나 위력이 없어도 강간죄로 처벌받기 때문에(형법 제305조) 합법적인 미혼모는 13세 이상의 여성만이

82 2011년 3월 7일에 개정된 민법에 따라 2013년 7월 1일부터는 19세 미만인 사람이 미성년자가 된다.

83 청소년 미혼모가 발생하는 원인으로 아동기의 학대경험, 학교에 대한 태도, 또래집단의 성행위가 제시된다. 김만지, 〈청소년의 첫 임신 연령에 영향을 미치는 요인에 관한 연구〉, 《청소년학연구》 제9권 제2호(한국청소년학회, 2002), 74면 이하 참조. 또한 청소년 미혼모의 자아상태, 인생태도, 가족체계가 임신·출산에 영향을 미친다는 견해도 있다. 배영미·이형실, 〈청소년 미혼모와 일반 청소년의 자아상태, 인생태도 및 가족체계에 관한 연구〉, 《대한가정학회지》 제40권 제6호(대한가정학회, 2002), 45면 이하 참조. 한편 청소년 미혼모는 일반 청소년과 비교하여 기질적으로나 성격적으로는 거의 차이가 없다는 연구결과도 있다. 배영미, 〈청소년 미혼모의 기질과 성격유형에 관한 연구〉, 《한국심리유형학회지》 제8권(한국심리유형학회, 2001), 56면 이하 참조.

84 18세 미만인 자가 혼인하면 당연히 '무효'가 되는 것은 아니고, 당사자나 법정대리인이 법원에 '취소'를 청구할 수 있을 뿐이다(민법 제816조 제1호 및 817조). 혼인이 취소되더라도 소급효는 발생하지 않으므로(동법 제824조) 취소되기 전까지 혼인의 효력은 인정된다.

85 미성년자가 혼인하려면 '부모의 동의'가 필요하다(민법 제808조 제1항).

표 2-7. 청소년의 기준연령

청소년기본법	청소년: 9세 이상 24세 이하
청소년복지지원법	
청소년활동지원법	
한부모가족지원법	청소년: 24세 이하
청소년보호법	청소년: 19세 미만
아동 · 청소년의 성보호에 관한 법률	아동 · 청소년: 19세 미만
아동복지법	아동: 18세 미만
실종아동 등의 보호 및 지원에 관한 법률	아동: 실종신고 당시 14세 미만
민법	미성년자: 20세 미만(2013.7.1.부터: 19세 미만)
형법	형사미성년자: 14세 미만

해당할 수 있다. 물론 13세 미만인 여성 청소년이 강간에 의해 임신하여 미혼모가 될 가능성을 배제할 수는 없지만 13세 미만의 청소년은 임신가능성이 낮다. 따라서 청소년 미혼모는 '틴에이저(teenager)'를 의미하는 '10대(13세 이상 18세 미만)의 미혼모'라고 부를 수 있다. 또한 10대의 청소년은 중 · 고등학교에 재학하는 학생인 경우가 많기 때문에 청소년 미혼모를 '학생 미혼모'로 불러도 완전히 틀린 말은 아니다. 하지만 청소년 미혼모에 대한 국가의 지원을 확대한다는 의미에서는 청소년기본법에서 정한 청소년의 연령상한선(24세)을 청소년미혼모에 적용하는 것이 바람직하다고 보인다. 개정된 **한부모가족지원법**(시행일: 2012년 8월 2일)도 청소년 한부모의 범위를 "24세 이하의 모 또는 부"로 정의하고 있다(동법 제4조 제1의2호).

청소년은 아직 성인은 아니지만 신체적, 정신적으로 성숙해지면서 성적 호기심이 점차 발달하고, 정보통신기술의 발전과 맞물려 다양한 성적 표현물에 노출되면서 그들의 성적 호기심을 충족시키기 위해 실제로 성행위를 감행하여 임신할 가능성이 높아지고 있다. 청소년 미혼모가 특별히 문제되는 이유는 모든 미혼모의 임신과 출산이 해당 여성에게 정신적인 충격과 부담을 주기는 하지만 청소년 미혼모의 경우에는 그러한 충격과 부담이 더욱 가중되기 때문이다. 이러한 충격과 부담은 임신한 여성의 건강뿐만 아니라 태아의 생명이나 건강에도 영향을 줄 수 있기 때문에 더욱 큰 문제가 될 있다. 게다가 청소년 미혼모의 경우에는 신체적으로 미성숙하여 임신과 출산이 본인과 태아의 생명이나 건강에 중대한 영향을 줄 수도 있고, 임신이나 출산에 대한 정보나 지식이 충분하지 않거나 심지어 임신 사실 자체를 모르는 경우도 있어 임신중에 금지해야 할 약물이나 음식물을 복용함으로써 태아의 건강에 치명적인 결과를 초래하게 할 수도 있다.

2. 청소년의 성적 자기결정권

(1) 성적 자기결정권의 주체로서 청소년

'섹스할 자유'를 의미하는 성적 자기결정권은 원칙적으로 미성년자에게도 인정된다. 미성년자도 성적 욕망과 행동의 주체로 인정되어야 하기 때문이다.[86] 아동에게 보장되어야 할 인권목록을 제시하고 있는 아동권리협약(Convention on the Rights of the Child)은 아동의 성적 자기결정권을 명시하고 있지는 않다. 하지만 이 협약에서 아동에게 보장되어야 하는 권리로 열거되어 있는 '사생활(privacy)에 관한 권리'[87]에는 성생활에

86 청소년의 성관계와 임신·출산의 동기가 친밀성의 확인에 있다는 점에서 성인과 차이가 없다는 연구결과는 이러한 주장을 뒷받침한다. 김혜영, 〈십대 청소년 미혼모의 출산 및 양육경험—주체와 타자의 경계에서〉, 《한국여성학》 제26권 제4호(한국여성학회, 2010), 114면 이하 참조.

87 아동권리협약(CRC) 제16조: 1. 아동은 자신의 사생활, 가족, 통신에 대한 자의적이거나 불법적인 간섭을 받지 않고, 자신의 명예와 평판에 대한 불법적인 침해를 받지 않는다(No child shall be subjected to arbitrary or unlawful interference with his or her privacy, family, or correspondence, nor to unlawful attacks on his or her honour and reputation). 2. 아동은 그러한 간섭이나 침해로부터 법적 보호를 받을 권리를 가진다(The child has the

관한 권리가 포함되고, 이 권리는 단지 성생활의 비밀에만 한정되지 않고, 그 전제로서 성생활에 관한 자기결정권이 인정되어야 한다. 이것은 미성년자의 성적 욕망과 행동이 타인에 의해서 억압될 수 없음을 의미한다. 따라서 국가는 미성년자의 성적 욕망과 행동을 법률로 억압할 수 없다. 국가가 법률로 미성년자의 성적 욕망과 행동을 금지한다든지 이러한 금지를 위반한 경우에 처벌한다든지 하면 미성년자의 성적 자기결정권을 침해하게 된다. 미성년자의 성적 자기결정권을 제한할 수 있는 것은 성년자(성인)의 성적 자기결정권에 대한 제한의 경우처럼 '다른 사람의 기본권'을 침해하거나 '공공의 이익'에 해악을 끼치는 경우다. 특히 신체적 · 정신적으로 미성숙한 '청소년에 대한 보호'는 중요한 공공의 이익에 해당한다. 따라서 이러한 목적에서 청소년의 성적 자기결정권에 대한 제한은 가능하다.

(2) 청소년의 성적 자기결정권에 대한 제한

초등학생 이하의 아동이나 중 · 고등학생인 청소년의 보호를 위하여 섹스할 자유에 대해서는 법률에 따라 일정한 '연령제한'이 가해질 수 있다. 앞서 언급한 것처럼 여성의 경우에는 13세 미만이면 위계나 위력이 없이도 이러한 여성과의 성행위는 강간죄에 해당하여 절대적으로 금지되고(형법 제305조), 여성이든 남성이든 미성년자와의 성행위는 위계나 위력이 있으면 처벌받는다(형법 제302조). 따라서 여성 청소년의 경우에는 13세 이상이면 위계나 위력이 없는 한 본인의 의사에 따라 성행위가 가능하고, 남성 청소년의 경우에는 나이와 상관없이 위계나

right to the protection of the law against such interference or attacks).

위력이 없으면 본인의 의사에 따른 성행위가 허용된다. 이것은 상대방 남성의 나이와 상관없이 임신이 가능한 13세 이상의 여성이면 자신의 의사에 따라 미혼모가 될 가능성이 있다는 뜻이다.

청소년 미혼모의 경우에 상대방 남성이 성인일 수도 있지만 청소년일 수도 있다. 이때 문제는 14세 미만인 자는 형사무능력자이므로(형법 제9조) 상대방 남성이 14세 미만의 청소년인 경우에는 미혼모가 13세 미만이어도 처벌할 수 없다는 점이다. 물론 13세 미만인 여성이 임신할 가능성 또는 14세 미만인 남성이 임신시킬 가능성은 낮지만 여전히 그러한 가능성은 남아 있으므로 14세 미만인 남성 청소년과 성행위를 통해 임신이 가능한 13세 미만의 여성 청소년이 본인의 자유로운 의사에 따라 미혼모가 될 가능성도 존재한다. 다만 14세 미만인 남성 청소년과 13세 미만인 여성 청소년이 성관계를 맺고 임신하여 출산할 가능성은 현실적으로 희박하다.

결국 상대적으로 임신 가능성이 높은 13세 이상의 여성 청소년은 성적 자기결정권이 비교적 넓게 인정됨으로써 미혼모가 될 가능성이 높다. 여기서 청소년 미혼모의 발생을 예방하기 위한 공익적 목적에서 청소년의 성적 자기결정권이 제한될 수 있는지 여부가 문제될 수 있다. 하지만 성행위가 곧바로 임신의 결과를 초래하지 않고, 설령 임신의 결과가 발생한다고 해도 성행위나 임신은 타인에게 해악을 끼치거나 공익을 침해하는 행위가 아니기 때문에 국가가 금지시키고 처벌해야 할 정당한 근거가 존재하지 않는다. 더욱이 성행위와 같은 지극히 사적인 영역에 국가가 개입하는 것은 애초에 적절하지도 않다. 오히려 청소년의 성행위는 가정이나 학교에서 '교육'이나 '훈계'를 통해 통제되어야 하고, 통제될 수 없는 성행위의 가능성을 고려하여 가정이나 학교에서 성교육을 통해 피임방법에 대하여 교육하는 것이 합리적일 뿐만 아니라 현실적이다.

(3) 청소년의 성적 자기결정권에 대한 학교의 통제

그렇다면 청소년 미혼모가 중 · 고등학교에 재학하는 학생 미혼모라는 점에서 학교는 학생의 성행위를 금지하는 '학칙'을 만들어 징계할 수 있는가? 예를 들어 학교는 학칙으로 학생에 대해서 음주나 흡연을 금지하고, 이러한 금지를 위반한 자를 징계할 수 있는데 성행위에 대해서도 동일하게 대처할 수 있지 않은가? **초 · 중등교육법**에 따르면 학교의 장은 "법령의 범위 안에서" 학교규칙(학칙)을 제정할 수 있다(동법 제8조 제1항). 따라서 학칙의 제정은 오로지 "법령의 범위 안에서"만, 즉 법령에 위반되지 않는 경우에만 허용된다.

그런데 **청소년보호법**에 따르면 주류나 담배는 청소년에게 유해한 약물(청소년유해약물)에 포함되고(동법 제2조 제4호 가목), 청소년을 대상으로 청소년유해약물을 판매 · 대여 · 배포하는 행위가 금지된다(동법 제26조 제1항). 이처럼 청소년의 음주 · 흡연행위는 법적으로 금지되므로 학칙으로 음주 · 흡연행위를 금지하고 이를 위반한 학생에 대해서 징계하는 것은 법령의 범위 안에 있는 것으로 허용된다. 하지만 아동 · 청소년의 성보호에 관한 법률에 따르면 대가를 제공 · 약속하고 청소년과 성행위를 하는 자는 처벌받지만(동법 제10조 제1항 및 제2조 제4호 가목) 청소년과의 성행위 자체가 금지되지는 않는다. 따라서 법률에서 금지되지 않은 청소년의 성행위가 학교의 학칙을 통해 금지될 수는 없고, 금지될 수 없는 청소년의 성행위를 징계사유로 정하는 것도 허용될 수 없다. 학칙으로 학생의 성행위를 금지하고 이를 위반한 학생을 징계할 수 있도록 규정하는 것은 법령을 위반하게 된다. 학칙으로 학생의 성행위를 금지하고 징계하려면 먼저 청소년의 성행위를 금지하는 법률을 필요로 한다. 다시 말해 청소년보호법이나 아동 · 청소년의 성보호에 관한 법률에서 청소년의 성행위를 금지하는 명시적인 규정이 있어야만 청소년의 성행위를 징계사유로 정하는 학칙이 법령에 위반되지 않게 된다.

3. 청소년의 임신 · 출산권

임신 · 출산권은 '모든 여성'의 권리이기 때문에 여성 청소년도 임신 · 출산권의 주체가 된다. 따라서 여성 청소년도 임신 · 출산 여부와 시기를 결정할 수 있는 권리를 가진다. 하지만 현실적으로는 청소년이 임신하면 부모나 교사는 낙태를 강요할 수 있어 임신 · 출산에 관한 자기결정권은 크게 제한을 받게 된다. 현행법에서 낙태는 원칙적으로 범죄이고, 미혼모라는 사회적 사유만으로 낙태하는 것은 예외적으로라도 허용되지 않는다. 따라서 청소년에게 낙태를 강요하는 행위는 범죄를 강요하는 것이 된다. 여기서 우선 여성에게 인정되어야 하는 임신 · 출산에 관한 권리에 따라 사회적 사유도 낙태를 정당화하는 사유에 포함될 필요가 있다. 모든 사회적 사유는 아니더라도 청소년 미혼모는 낙태를 정당화하는 사회적 사유에 포함될 필요성이 충분히 있다. 가족과 친구, 교사로부터 편견에 기초한 차별을 당할 수밖에 없고, 나아가 낙태를 권유받거나 강요받아야 되는 청소년 미혼모의 현실을 고려한다면 청소년 미혼모가 된다는 사정은 낙태가 정당화될 수 있는 사유에 해당한다. 하지만 청소년 미혼모라는 사회적 사유가 낙태를 정당화한다고 해도 낙태는 청소년 미혼모가 결정하는 것이지 누구도 청소년 미혼모의 낙태를 강요할 수는 없다. 한편 임신 · 출산권은 임신 ·

출산에 관한 자기결정권이라는 '자유권적 측면'뿐만 아니라 '사회권적 측면'이 포함되므로 청소년 미혼모의 경우에도 임신·출산에 관한 비용과 서비스(의료서비스와 산후조리서비스) 및 시설에 관한 국가적 지원을 요구할 수 있는 권리를 향유한다.

4. 청소년 미혼모의 양육권

청소년 미혼모가 자녀를 출산하면 혼인하지 않은 상태에서 자녀(혼인외의 자)를 출산한 것이므로 생모로서 본인의 친생자임을 확인하는 '인지'가 필요하다(민법 제855조).[88] 청소년 미혼모는 미성년자이므로 법적으로 의미 있는 행위를 하기 위해서는 원칙적으로 친권자인 부모나 부모가 없는 경우에 다른 법정대리인의 동의가 필요하다. 하지만 청소년 미혼모가 출산한 자녀를 자신의 친생자로 인지하는 행위는 부모 등 법정대리인의 동의가 필요하지 않다. 다만 친권자인 부모는 청소년 미혼모를 대신하여 그 자녀에 대한 친권을 행사하게 된다(민법 제910조). 따라서 청소년 미혼모의 자녀에 대한 양육권은 그 미혼모의 친권자인 부모(청소년 미혼모가 출산한 아동의 조부모)가 갖게 된다. 여기서 친모인 청소년 미혼모와 그와 그 자녀의 친권자인 청소년 미혼모의 부모가 의견충돌을 일으킬 개연성이 높다. 친모인 청소년 미혼모는 출산한 자녀를 양육하기 원하지만 청소년 미혼모의 부모는 출산 전에 낙태를 권유 또는 강요하거나 출산하더라도 입양을 권유 또는 강요하는 것이 현실이기 때문이다.[89] 하지만 입양의 강요는 청소년 미혼모의 양육에

88 친모의 경우에는 혼인외의 자에 대해서도 인지가 불필요하다는 견해가 있다. 대표적으로 김형배·김규완·김명숙, 《민법학강의》 제11판(2012), 1856면 참조.

89 자녀의 입양을 선택한 미혼모는 심리적으로 ① 무감각과 부인, ② 감정의 폭발, ③ 수용과 인정, ④ 불확실성에 대한 적응과 삶, ⑤ 재평가와 재정립이라는 '5단계'를

관한 자기결정권을 고려할 때 허용될 수 없다. 다만 친권자인 부모는 청소년 미혼모를 대신하여 그 미혼모의 자녀에 대한 친권을 행사하게 되고(민법 제910조), 친권자는 법정대리인으로서 자녀를 대신하여 입양을 승낙(대락)할 수 있으므로 청소년 미혼모의 부모는 자신의 딸이 출산한 아동을 입양시킬 수 있는 권리(대락권)를 갖는다.[90] 여기서 청소년 미혼모의 경우에 원칙적으로 그 부모가 법정대리인으로서 그 자녀에 대한 친권을 행사한다고 해도 입양의 경우에는 청소년 미혼모의 동의를 받도록 강제하는 입법적 보완이 필요하다고 판단된다. 어쨌든 양육권에도 양육에 관한 자기결정권이라는 '자유권적 측면'과 함께 사회권적 측면이 모두 포함되므로 청소년 미혼모의 자녀를 양육하는 데 필요한 비용과 서비스(보육서비스)를 국가에 대해서 요구할 수 있는 권리도 인정될 수 있다.

5. 청소년 미혼모의 교육받을 권리

(1) 교육받을 권리의 자유권적 내용

청소년 미혼모는 나이에 비추어 대부분 '중 · 고등학교의 학생'이다. 그리고 모든 학생은 헌법상 보장된 '교육받을 권리'(헌법 제31조 제1항)에 포함된 자유권적 내용에 따라 자퇴를 강요당하거나 본인의 의사에 반하여 퇴학당하지 않을 자유를 향유한다.[91] 문제는 학생이 임신하거나

거치게 된다고 한다. 최승희, 〈청소년 미혼모들의 슬픔 관련 요인들에 관한 연구〉, 《청소년학연구》 제10권 제4호(한국청소년학회, 2003), 4면 이하 참조. 한편 입양을 선택한 미혼모는 입양에 대한 긍정적 태도, 높은 교육적 기대, 부모역할의 능력 부족, 미안함, 죄책감 등을 가진다고 한다. 이명순 · 박주현, 〈입양을 결정한 10대 미혼모 경험에 관한 사례연구〉, 《한국가족복지학》 제13권 제3호(한국가족복지학회, 2008), 197면 이하 참조.

90 이에 대해서는 제3장 II. 2. (4) 참조.

91 헌법재판소도 교육받을 권리의 자유권적 측면과 사회권적 측면을 모두 인정한다. 헌재

출산하면 학교로부터 자퇴를 강요받거나 퇴학을 당하게 되는 것이 현실이라는 점이다.[92] 학교가 임신 · 출산한 학생에게 자퇴를 강요하거나 퇴학처분을 내리는 이유는 학생의 신분으로서 성행위를 해서 임신 · 출산했다는 점, 그리고 임신 · 출산으로 다른 학생들에게 나쁜 영향을 끼치고 다른 학생들의 학습을 방해한다는 점이다.[93] 하지만 앞서 논의한 것처럼 법적으로 금지되지 않은 청소년의 성행위나 임신 · 출산은 징계의 사유가 될 수 없고, 학생의 임신 · 출산이 다른 학생들에게 나쁜 영향을 끼치거나 다른 학생들의 학습을 방해하는지 여부는 객관적으로 확인되지 않은 사실이다.[94] 따라서 임신 · 출산을 이유로 학생에게 자퇴를 강요하거나 퇴학처분을 내리는 행위는 학생의 교육받을 권리를 침해하게 된다. 더욱이 자퇴강요나 퇴학조치로 학업을 중단하게 되면 소속이 없어 다시 임신 · 출산할 가능성도 높아지고, 취업의 가능성이 낮아져 빈곤층으로 전락할 위험성이 높아지게 된다는 점에서 임신 · 출산한 학생의 교육받을 권리는 확보되어야 한다. 따라서 출산한 중 ·

2008.4.24. 2007헌마1456: "헌법 제31조 제1항의 교육을 받을 권리는, 국민이 능력에 따라 균등하게 교육받을 것을 공권력에 의하여 부당하게 침해받지 않을 권리와, 국민이 능력에 따라 균등하게 교육받을 수 있도록 국가가 적극적으로 배려하여 줄 것을 요구할 수 있는 권리로 구성되는바, 전자는 **자유권적 기본권**의 성격이, 후자는 **사회권적 기본권**의 성격이 강하다고 할 수 있다."(강조는 필자)

92 청소년 미혼모가 학업을 중단하게 되는 과정과 결과에 대한 실증적 연구로 이현주 · 송진아, 〈10대 미혼모가 경험한 학업 중단과 의미에 관한 연구〉, 《사회복지연구》 제42권 제3호(한국사회복지연구회, 2011), 66면 이하 참조.

93 청소년 미혼모에 대한 교사의 인식을 조사한 연구결과에 따르면 교사들은 임신한 학생에 대하여 부정적 인식을 가지고 있음을 확인할 수 있다. 변귀연 · 김혜래 · 이상희, 〈청소년 미혼모와 그들의 교육권에 대한 교사의 인식〉, 《청소년복지연구》 제11권 제1호(한국청소년복지학회, 2009), 10면 이하 참조. 임신한 학생에 대한 이러한 부정적 인식이 학생의 징계로 이어진다고 추정해 볼 수 있다.

94 물론 실증적 연구에 따르면 또래 청소년의 성관계나 출산이 다른 청소년에게 영향을 미치는 통계가 제시되기도 한다. 김만지, 〈청소년의 첫 임신 연령에 영향을 미치는 요인에 관한 연구〉, 《청소년학연구》 제9권 제2호(한국청소년학회, 2002), 78면 참조.

고등학생에게는 출산이 휴학사유로 인정될 필요가 있다(출산휴학제도). 또한 육아를 원하는 중·고등학생에게는 육아를 사유로 한 일정 기간의 휴학도 인정되어야 한다(육아휴학제도).

(2) 교육받을 권리의 사회권적 내용

교육받을 권리에는 교육에 필요한 비용과 서비스 및 시설을 제공받을 권리와 같은 사회권적 내용이 포함된다. 특히 학생 미혼모의 경우에는 임신·출산에 필요한 사회권적 지원이 요구될 뿐만 아니라, 출산 이후에는 자녀를 양육하면서 교육받을 수 있는 사회권적 지원이 필요하다. ① 자녀의 양육을 원하는 '미혼모 학생의 아동을 위한 보육시설'을 학교 안에 설치하는 방안 또는 이른바 '대안학교'로서 ② 미혼모가 수용된 복지시설에 '학생 미혼모의 교육을 위한 부설학교'나 ③ 미혼모 학생만을 수용하여 그 자녀의 보육과 함께 미혼모 학생의 교육을 동시에 실시하는 '미혼모 전용학교'를 설치하는 방안을 생각해 볼 수 있다.[95] 개정된 한부모가족지원법은 청소년 한부모에 대한 교육지원, 순회교육지원 등에 관한 근거규정을 두고 있다.[96]

---

95 청소년 미혼모를 대상으로 하는 대안학교가 청소년 미혼모들에게 대체로 긍정적 평가를 받고 있다는 연구결과가 있다. 성정현·김지혜·신원우, 〈청소년 미혼모의 대안학교 경험에 관한 연구〉, 《한국가족복지학》 제33호(한국가족사회복지학회, 2011), 239면 이하 참조.

96 한부모가족지원법 제17조의2(청소년 한부모에 대한 교육 지원) ① 국가나 지방자치단체는 청소년 한부모가 학업을 할 수 있도록 청소년 한부모의 선택에 따라 다음 각 호의 어느 하나에 해당하는 지원을 할 수 있다.
1. 〈초·중등교육법〉 제2조에 따른 학교에서의 학적 유지를 위한 지원 및 교육비 지원 또는 검정고시 지원
2. 〈평생교육법〉 제31조 제2항에 따른 학력인정 평생교육시설에 대한 교육비 지원
3. 〈초·중등교육법〉 제28조에 따른 교육 지원
4. 그 밖에 청소년 한부모의 교육 지원을 위하여 여성가족부령으로 정하는 사항
② 제1항 제3호에 따른 교육 지원을 위하여 특별시·광역시·도·특별자치도의 교육감은

미혼모 학생에 대한 사회권적 지원이 미혼모 학생을 증가시키는 원인이 될 수 있다거나 심지어 학생들에게 미혼모가 되도록 권장할 수 있다는 비판이 가능하다. 물론 미혼모 학생에 대한 사회권적 지원이 임신한 학생의 낙태를 줄임으로써 출산을 증가시켜 미혼모 학생을 증가시킬 수 있는 가능성은 있다. 하지만 이미 임신한 학생의 출산을 증가시킬 뿐만 아니라 아직 임신하지 않은 학생의 임신 자체까지도 미혼모 학생에 대한 사회권적 지원으로 증가될 수 있는가? 이러한 질문에 답하기 위하여 요구되는 필수적인 전제조건은 학생 미혼모라는 사회적 사유가 낙태를 정당화할 수 있는 사유에 포함되는 것이다. 이러한 전제조건에서 임신한 학생은 낙태를 자유롭게 결정할 수 있고, 미혼모 학생에 대한 사회권적 지원은 임신한 학생이 낙태하지 않고 출산하도록 유도할 수 있다. 이렇게 된다면 임신한 학생의 출산은 전적으로 자신의 자율적인 결정에 따라 이루어진 것이 된다. 미혼모 학생에 대한 사회권적 지원은 임신한 학생의 자율적인 출산결정을 위한 실질적인 여건을 제공했을 뿐이다. 출산 여부에 관한 이와 같은 이상적인 전제조건이 충족되면 미혼모 학생에 대한 사회권적 지원이 학생의 임신까지도 증가시키는 원인이 될 수 있다고 볼 여지가 있다. 하지만 현재 학생 미혼모라는 상태가 낙태를 정당화할 수 있는 사유가 아닌 상황에서 미혼모 학생에 대한 사회권적 지원은 임신과 출산에 관한 여성의 권리를 왜곡시키고 있을 뿐이다. 낙태가 허용되지 않는 사실상 출산강요의 상태에서 미혼모 학생에 대한 사회권적 지원은 그러한 출산강요를 정당화하는 수단에

제19조에 따른 한부모가족복지시설에 순회교육 실시를 위한 지원을 할 수 있다.

③ 여성가족부장관은 청소년 한부모가 학업을 계속할 수 있도록 교육과학기술부장관에게 협조를 요청하여야 한다.

지나지 않기 때문이다. 더욱이 미혼모 학생에 대한 사회권적 지원은 이미 임신한 학생의 '출산'을 장려하는 수단이지 아직 임신하지도 않은 학생의 '임신'을 장려하는 수단은 아니므로 학생의 임신을 증가시키거나 권장할 것이라는 예상은 기우에 지나지 않는다.

제3장

입양인의 권리

I. 가족과 입양

1. 전통적 의미의 가족과 입양

(1) 비정상가족이면서 정상가족에 근접한 입양가족

전통적 의미의 가족에서 '혈연'은 필수적 요소다. 가족이 혈연으로 연결되기 위해서는 남녀가 '공동의 자녀'를 출산해야 한다. 하지만 공동의 자녀라는 혈연을 통해 가족이 연결될 수 없는 경우가 있다. 남녀가 공동의 자녀를 임신할 수 없거나 임신을 원하지 않는 경우다. 이처럼 불임이거나 임신을 원하지는 않지만 자녀를 갖기 원하는 경우에 자녀의 입양(adoption)을 고려하게 된다.[97] 하지만 가족개념에 대한 입장의 차이에 따라 입양을 기초로 형성된 공동체는 가족에서 제외되거나 비정상가족으로 분류될 수 있다. 가족의 개념에서 혈연을 반드시 요구하는 '엄격한' 입장에 따르면 입양아를 포함한 가족은 애초에 가족이 아니고, 가족의 개념에서 자녀의 존재만을 요구하고 혈연을 필수적

97 입양은 전쟁고아에게 그들을 돌보아 줄 양부모를 찾아 주는 '인도적 목적'에서도 이루어지고, 아동을 인신매매하여 성이나 노동을 착취하거나 장기를 매매하려는 '불법적 목적'에서도 이루어진다.

표 3-1. 입양에 대한 견해

	자녀를 원하지만 출산이 어려운 경우에는 적극 고려해 보겠다	자녀 유무에 상관 없이 여건이 허락되면 입양을 하고 싶다	입양하고 싶은 생각이 없다	잘 모르겠다
2006	20.0	16.7	35.3	27.9
2008	17.4	15.3	35.1	32.3
2010	17.0	16.3	35.2	31.5

요소로 보지 않는 '완화된' 입장에 따르면 입양아가 포함된 가족은 적어도 가족에 포함되기는 하지만 비정상가족으로 평가받게 된다. 물론 가족의 개념에서 혈연을 강조하는 엄격한 입장도 공동의 자녀가 아니라면 적어도 혈족 가운데 양자를 삼아야 한다는 상대적으로 덜 엄격한 태도를 취하기도 한다. 또한 재혼한 부부의 경우에 전처나 전남편과 사이에서 출생한 자녀를 데려오면 재혼한 부부가 공동으로 출산한 자녀는 아니지만 부분적으로 혈연적 관계에 있기 때문에 가족의 개념에 포함시킬 수도 있다.

(2) 혼인한 입양가족과 혼인하지 않은 입양가족의 구분

혈연과 함께 전통적 의미의 가족에서 필수적 요소는 '혼인'이다. 더욱이 혼인은 혈연에 앞서 충족되어야 하는 요건이다. 따라서 혼인하지 않은 남녀와 입양한 자녀로 구성된 가족, 심지어 혼인하지 않은 독신남녀와 입양한 자녀로 구성된 가족은 애초에 가족이 아니거나 비정상가족이 될 수밖에 없다. 적어도 '혼인한 부부와 입양한 자녀'로 구성된 가족은 '혼인한 부부와 공동의 자녀'로 구성된 가족에 비해 2등급의 취급을 받는다면 '혼인하지 않은 남녀와 입양아동' 또는 '혼인하지 않은 독신남녀와 입양아동'으로 구성된 가족은 3등급의 취급을 받게 된다. 완전한 가족이 되기 위해서는 혼인과 혈연이 모두 충족되어야 하지만

표 3-2.

← 정상 가족 비정상 가족 →

① 혼인한 부부 + 공동의 자녀	② 혼인한 부부 + 공동의 자녀 + 입양한 자녀	③ 혼인한 부부 + 입양한 자녀	④ 혼인한 부부	⑤ 혼인하지 않은 남녀 + 공동의 자녀	⑥ 혼인하지 않은 남녀 + 각각의 자녀	⑦ 혼인하지 않은 남녀 + 입양한 자녀	⑧ 혼인하지 않은 남녀 (사실혼/동거)

적어도 하나는 충족될 필요가 있기 때문이다. 이처럼 혈연의 요소가 충족될 수 없는 입양가족은 적어도 혼인의 요소를 충족함으로써 완전한 가족에 접근해간다. '혼인한 부부와 공동의 자녀'로 구성된 완전한 의미의 가족과는 비교할 수 없지만 '혼인하지 않은 부부와 입양한 자녀'로 구성된 가족과 비교하면 '혼인한 부부와 입양한 자녀'로 구성된 가족은 불완전한 비정상가족이기는 마찬가지지만 정상가족에 더 접근해 있다. 또한 '혼인한 부부와 입양한 자녀'로 구성된 가족은 '혼인한 부부'로만 구성된 가족보다 정상가족에 접근해 있고, '혼인한 부부와 공동의 자녀 외에 추가로 입양한 아동'으로 구성된 가족보다는 정상가족에서 멀어진다.

2. 차선으로서 혈연 없는 가족

오로지 혈연(공동의 자녀)만 고려하면 입양아동이 포함된 가족은 가족이 아니거나 비정상가족이지만 전통적 의미의 가족에서 또 하나의 필수적 요소인 '자녀의 존재'까지 고려하면 입양은 불가피하다. 혈연과 자녀의 존재는 전통적 의미의 가족에서 동시에 충족되는 것이 최선(最善)이지만 동시에 충족될 수 없으면 차선(次善)은 둘 중의 하나를 선택하는 것이다. 차선은 자녀의 존재를 선택하여 예외적으로나마 혈연이 아닌 입양으로 구성된 가족을 허용하게 된다. 다만 차선의 경우에도 혼인한 부부의 입양이 혼인하지 않은 남녀 또는 독신남녀의 입양보다 더 바람직하다는 평가를 받게 된다. 가족의 중요한 요소인 혼인을 충족하기 때문이다.

3. 입양에 대한 법적 규율

입양은 가족관계를 형성하는 법률행위이므로 가족관계를 규율하는 '민법(가족법)'에서 규율된다.[98] 한편 부모에게 버림받거나 부모를 알 수 없어 보호가 필요한 아동(요보호아동) 또는 부모가 입양에 동의한 아동의 입양을 촉진하기 위하여 제정된 '입양특례법'[99]에 따라 입양이 규율되기도 한다. 이처럼 입양을 규율하는 두 축인 민법과 입양특례법은 '일반법과 특별법의 관계'에 있으므로 두 법률이 충돌하는 경우에는 입양특례법이 우선적으로 적용되어야 하고, 입양특례법에서 규율되어 있지 않은 사항에 대해서는 민법이 적용된다. 민법은 일반(보통)입양제도와 친양자입양제도의 두 가지를 포함하고 있지만 입양특례법은 일반입양제도만을 규율한다. 일반입양제도는 원칙적으로 입양의 당사자(양자가 될 자와 양친이 될 자) 사이에 '합의'가 있고, 신고하면 성립하지만 친양자제도는 '법원의 허가'로 성립한다는 점에서 차이가 있다. 하지만 개정된 민법(시행일: 2013년 7월 1일)에 따르면 일반입양제도든 친양자제도든 미성년자를 입양하는 경우에는 모든 입양에서 법원의 허가가 요구되고 있다. 입양 특례법에 의한 입양에서도 법원의 허가가

98 민법상의 입양제도에 대한 자세한 설명으로 우병창, 〈가족법상의 입양에 관한 연구〉, 《가족법연구》 제16권 제2호(한국가족법학회, 2001), 172면 이하 참조.

99 입양특례법은 1961년에 고아의 해외입양을 촉진하기 위하여 제정된 '고아입양특례법'을 모태로 하여 1976년에 국내입양을 활성화하기 위한 '입양특례법'으로 개정되었고, 1995년에 '입양촉진 및 절차에 관한 특례법'으로 모양을 갖추었다. 그리고 다시 2011년 8월(시행일: 2012년 8월 5일)에 '입양특례법'으로 이름을 바꾸어 입양아동의 복리를 중심으로 한 내용으로 개정되었다. 입양특례법의 역사에 대한 설명으로 김상용, 〈'입양촉진 및 절차에 관한 특례법'의 개성방향〉, 《가족법연구》 제23권 제2호 (한국가족법학회, 2009), 217면 이하 참조.

표 3-3. 입양에 관한 민법과 입양특례법의 비교

	민법	입양특례법
양자의 자격요건	미성년자+성년자 *존속/연장자는 양자가 될 수 없음	보장시설 · 입양기관에 수용된 요보호아동
양친의 자격요건	성년자	25세 이상/재산/양육 · 교육능력/비장애 *외국인: 40세 미만, 본국법의 양친자격
양자와 양친의 나이 차이	규정 없음	60세 미만
법정대리인의 승낙(대락)	양자가 15세(또는 13세) 미만인 경우	규정 없음(민법 준용)
부모의 동의	모든 입양에서 필요	모든 입양에서 필요
가정법원의 허가	후견인이 승낙(대락) · 동의한 경우	모든 입양에서 필요
양자의 승낙 · 동의	양자가 15세(또는 13세) 이상인 경우(승낙)	양자가 13세 이상인 경우(동의)
입양무효사유	· 입양합의가 없을 때 · 법정대리인의 승낙 또는 가정법원의 허가가 없을 때(후견인이 승낙한 경우) · 존속이나 연장자가 양자인 경우	규정 없음(민법 준용)
입양취소사유	· 양친이 미성년자인 경우 · 부모의 동의가 없는 경우 · 후견인의 동의나 가정법원의 허가가 없는 경우 · 부부공동입양이 아닌 경우 · 배우자의 동의 없이 양자가 되는 경우 · 입양 당시 양친자의 일방에게 악질 기타 중대한 사유가 있음을 알지 못한 경우 · 사기 · 강박에 의한 입양의 경우	규정 없음(민법 준용)
입양취소의 제한	· 양친이 미성년자인 경우: 양친이 성년자가 되면 취소 불가능 · 미성년자의 입양에서 후견인의 동의가 없는 경우: 양자가 성년자가 되고 3개월 · 부모의 동의가 없는 경우 및 부부공동입양의 경우: 사유를 안 날로 6개월, 있은 날로 1년 · 사기 · 강박에 의한 입양의 경우: 사기를 안 날 또는 강박을 면한 날로부터 3개월	입양아동의 친생의 부 또는 모는 자신에게 책임이 없는 사유로 인하여 입양동의를 할 수 없었던 경우: 입양 사실을 안 날부터 6개월
파양	· 협의상 파양 · 재판상 파양	· 재판상 파양

요구되기 때문에 민법에 의하든 미성년자를 입양하는 입양특례법에 의하든 모든 입양에서는 법원의 허가가 필수적이다.

II. 입양의 자유

1. 의미와 법적 성격

입양은 혈연과 상관없이 '부모와 자녀(친자)'라는 법적 관계를 형성하므로 입양의 자유는 '법적 지위와 관련된 자유'다.[100] 이러한 입양의 자유는 근대적 의미의 국가가 형성되고 헌법이 제정되기 이전부터 존재했고, 입양을 통한 가족의 형성은 인간의 기본적인 권리에 해당하기 때문에 '인권'으로 분류할 수 있다. 그리고 입양의 자유가 헌법상 보장된 자유가 되면 이 자유는 우선 국가가 국민에게 보장된 친자관계의 법적 지위를 박탈하는 경우에 이를 중지해 주도록 요구하는 권리(방어권)를 포함한다. 또한 입양의 자유를 통해 가족법질서가 형성되는 사적 자치의 절차에 참여하기 때문에 입양의 자유는 사적 자치의 절차와 관련된 법규범의 제정을 국가에 대해서 요구할 수 있는 '절차에 관한 권리(절차권)'를 포함하고,[101] 사적 자치에 참여할 수 있는 '권한'도 포함한다.

입양의 과정에는 ① 양자(입양아)와 ② 친부모 및 ③ 양친(양부모)이 관련된다. 하지만 입양의 당사자는 양자와 양친이므로 입양은 이 두 주체에게 보장된 '입양의 자유'가 상호적으로 작용하는 과정이다. 입양아에게는 '양자가 될 자유'가, 양친에게는 '양자로 삼을 자유'가 보장된다. 친부모는 단지 자녀의 친권자로서 자녀가 독립적으로 입양에 관한 의사를 결정할 수 없을 때 자녀를 대신하여 입양을 결정(승낙)하거나

100 자유는 크게 '행위'와 관련된 자유(행동의 자유)와 '상태'와 관련된 자유(인격권)로 구분된다. 상태와 관련된 자유에 법적 상태를 의미하는 법적 지위와 관련된 자유가 포함된다.

101 절차권에 대해서는 이준일, 〈조직과 절차에 관한 기본권〉, 《아 · 태공법연구》 제9집(아세아 · 태평양공법학회, 2001), 133면 이하 참조.

자녀가 독립적으로 입양에 관한 의사를 결정할 수 있으면 이에 대해서 동의할 수 있는 권리를 가질 뿐이다. 따라서 입양의 결정에서 원칙적으로 부모의 의사는 '보충적'이어야 하고, 부모가 자녀를 대신하여 입양을 결정할 경우에도 자녀의 복리를 최대한 존중하는 결정을 해야만 한다. 입양의 결정에서 가장 중요한 것은 아동권리협약(Convention on the Rights of Child: 이하 'CRC'로 약칭)[102]에서도 강조하고 있듯이 "해당 아동에게 최선이 되는 이익(the best interests of the child)"이다.[103] 따라서 아동에게 보장된 입양의 자유는 양친에게 보장된 입양의 자유(양자로 삼을 자유)보다 잠정적으로 우월하다. 이것은 입양의 목적이 '양자를 위한 것(爲子養子)'이지 '양친을 위한 것(爲親養子)'이 아닐 뿐만 아니라 '가문을 위한 것(爲家養子)'은 더욱 아님을 의미한다.

아동은 원칙적으로 친부모에 의해 양육되어야 하지만 친부모에 의한 양육이 일시적으로 또는 영원히 불가능한 아동의 경우에는 국가에 의한 보호와 지원이 제공되어야 한다. 아동권리협약(CRC)도 친부모에 의한 양육이 불가능한 아동에게 그러한 보호와 지원을 요구할 수 있는 권리를 인정하고, 국가에 대해서는 친부모에 의한 양육을 대체하는

---

102 아동권리협약(CRC)은 1989년 11월 20일에 유엔총회에서 비준되어 1990년 9월 2일부터 발효되었고, 대한민국은 1990년 9월 25일에 서명(signature)하였고, 1991년 11월 20일에 비준함으로써 발효되었다. 입양과 관련된 아동권리협약의 내용에 대한 설명으로 장복희, 〈국제입양에 관한 헤이그협약과 국내입양법의 개선〉, 《저스티스》 제93호(한국법학원, 2006), 224면 이하 참조.

103 아동권리협약(CRC) 제3조 제1항: 아동과 관련된 모든 조치들은 공공 · 민간 사회복지기관, 법원, 행정관청 또는 입법기관과 같은 그 주체와 상관없이 가장 먼저 고려되어야 하는 것은 **아동에게 최선의 이익**이 되어야 한다는 점이다(In all actions concerning children, whether undertaken by public or private social welfare institutions, courts of law, administrative authorities or legislative bodies, **the best interests of the child** shall be a primary consideration).

"대안적 돌봄(alternative care)"을 제공해야 할 의무를 부과하고 있다.[104] 입양은 그러한 대안적 돌봄의 하나로 이해될 수 있다. 국가는 친부모에 의해 양육될 수 없는 아동을 돌보기 위하여 시설과 경비를 제공할 수도 있지만 아동의 새로운 부모를 찾아주는 입양제도를 보장할 수도 있기 때문이다.

2. 양자가 될 자유: 입양될 자유

(1) 헌법적 권리로서 양자가 될 자유

1) 양자가 될 자유의 헌법적 근거

입양아동에게 보장된 입양의 자유는 '양자가 될 자유(양자로 갈 자유)'를 의미한다. 누구에게나 다른 사람의 양자가 될 자유가 있다. 이러한 자유에 근거하여 자유롭게 양자가 되기로 결정하고, 특정인을 양부모로 선택하며, 계속해서 양자가 되기로 결정할 수 있다. 또한 소극적으로는 '양자가 되지 않을 자유(양자로 가지 않을 자유)'도 있으므로 타인의 강요에 따라 양자가 되거나 특정인의 양자가 되는 것을 거부할 수 있고, 양자가 된 후에도 양자의 계속을 그만둘 자유도 있다. 이러한 양자가 될 자유는 '헌법적 권리'다. 헌법에 보장된 인간의 존엄과 가치에 관한 기본권(헌법 제10조 제1문 전단), 행복추구권(헌법 제10조 제1문 후단), 가족에 관한

---

104 아동권리협약(CRC) 제20조: 1. 가족적 환경을 영원히 또는 일시적으로 박탈당하거나 자신에게 최선의 이익에서 볼 때 그러한 환경이 유지되도록 허용될 수 없는 아동은 **국가에 의해 제공되는 특별한 보호와 지원을 받을 자격**을 갖는다(A child temporarily or permanently deprived of his or her family environment, or in whose own best interests cannot be allowed to remain in that environment, shall be **entitled to special protection and assistance provided by the State**). 2. 협약체결국은 국내법에 따라 그러한 아동에 대한 **대안적 돌봄**을 보장해야만 한다(States Parties shall in accordance with their national laws ensure **alternative care** for such a child).

권리(헌법 제36조 제1항), 열거되지 않은 개별적 기본권(헌법 제37조 제1항)에 근거하여 양자가 될 자유를 도출할 수 있기 때문이다. 헌법을 구체화하는 민법도 양자가 될 자의 자율적 의사를 존중하여 당사자 간에 합의(의사의 합치)가 없는 입양을 '무효'로 보고 있다(동법 제883조 제1호). 따라서 원칙적으로 양자가 입양을 승낙하지 않으면 그 입양은 무효가 된다.

2) 양자가 될 자유의 제한

양자가 될 자유는 다른 헌법적 권리와 마찬가지로 제한될 수 있다. 이 자유는 주로 '양친이 될 사람과의 관계'에서 제한이 될 수 있는데 양자의 나이(연령)가 양친의 나이보다 많다(양자가 양친보다 연장자)든지 혈족 가운데서 입양하는 경우에 양자가 양친보다 항렬이 위인 경우(예: 조카가 삼촌을 입양하는 경우)에 제한이 가능하다. 현행 민법에 따르면 존속(尊屬)이나 나이가 많은 사람(연장자)은 양자가 될 수 없고(동법 제877조 제1항), 존속이나 연장자를 양자로 하는 입양은 처음부터 '무효'가 된다(동법 제883조 제2호). 여기서 양자의 나이가 양친의 나이보다 적다면 양자와 양친의 '나이 차이'는 중요하지 않고, 직계든 방계든 상관없이 존속이 아니라면 양자는 양친보다 연장자만 아니면 된다. 하지만 부모와 자녀의 '일반적인 나이 차이'를 고려하여 양자와 양친의 나이 차이를 명시할 필요가 있다. 특히 양자가 미성년자(아동)인 경우에 아동의 복리를 고려한다면 양친과 양자 사이에 반드시 일정한 나이 차이가 요구된다고 보인다. 한편 입양특례법에 따라 요보호아동을 입양하는 경우에는 원칙적으로 양자와 양친의 나이 차이가 '60세 미만'이어야 한다(동법 시행규칙 제2조). 하지만 이 경우에도 아동의 복리를 고려할 때 양자와 양친의 나이 차이는 부모와 자식의 나이 차이가 최대 40-45세 정도라는 점에서 볼 때 축소될 필요가 있다. 입양은 그 자체가 목적이 아니라 입양되는 아동의 복리 증진이 목적이므로 오로지 입양촉진만을 목적으로 양자와 양친의 나이 차이를 과도하게 확대하는 것은 문제가 있다.[105] 양자와 양친이 될 자의 나이 차이가 지나치게 크면 양친을 부양하거나 수발하게 하려는 목적에서 아동을 양자로 삼을 수도 있기 때문이다.

그 밖에 혼인한 상태에 있는 사람(기혼자)의 경우에는 양자가 되면 그 배우자의 법적 지위에도 영향을 주기 때문에 기혼자가 양자가 되려면 '배우자의 동의'가 요구되는데(민법 제874조 제2항) 이것도 양자가 될 자유에 대한 제한으로 이해된다. 배우자의 동의 없이 양자가 되면 '취소'할 수 있다(동법 제884조 제1호). 양자가 될 의사가 없는 경우 또는 양자가 양친보다 나이가 많거나 항렬이 아래인 경우에는 법적으로 당연히 무효가 된다는 점에서 단지 법적으로 취소할 수 있을 뿐인, 배우자의 동의 없이 양자가 되는 경우와 차이가 있다. 모든 기본권은 다른 사람의 기본권을 보장하기 위하여 제한될 수 있기 때문에 배우자의 법적 지위에 영향을 미치는 입양에 대한 제한은 헌법적으로 정당화될 수 있다.

(2) 양자가 될 자유의 주체로서 아동

1) 입양에 관한 아동의 자기결정권

양자가 될 자유는 '성인'만의 자유가 아니라 '아동'에게도 보장된 자유다. 실제로 입양의 대상은 주로 성인이 아니라 아동이다.[106] 따라서 아동은

---

105 실제로 입양촉진을 주장하는 견해들은 양자와 양친의 나이 차이에 대한 제한을 완화해야 한다고 주장한다. 예를 들어 이삼식, 〈입양제도의 문제점과 개선방향〉, 《보건복지포럼》 2000년 5월호, 44면 및 47면 참조.

106 입양의 대상을 미성년자로 제한해야 한다는 견해로 우병창, 〈가족법상의 입양에 관한 연구〉, 《가족법연구》 제16권 제2호(한국가족법학회, 2001), 183면 참조.

양자가 될 것인지 여부와 특정인을 양친으로 선택할지 여부 및 입양을 계속할지 여부에 대해서 자유롭게 결정할 수 있는 권리(자기결정권, right of self-determination)를 가진다. 이것은 입양의 결정에서 입양되는 '아동의 의사'가 가장 중요한 역할을 해야 한다는 의미다. 물론 입양의 과정에서 친부모나 양부모의 의사도 중요하지만 잠정적으로 우월적 지위를 갖는 것은 입양아동 본인의 의사다. 아동권리협약(CRC)이 해당 아동에게 영향을 미치는 모든 문제에 대해서 해당 아동 본인이 '자신의 관점(views)을 자유롭게 표현할 수 있는 권리'를 강조하고 있는 것도 같은 맥락이다(CRC 제12조 제1항).[107] 또한 본인의 의사에 반하여 친부모와 강제적으로 분리되지 않도록 국가가 보장하도록 요구하고 있는 아동권리협약의 취지도 동일하다(CRC 제9조 제1항).[108] 한편 해외입양에 관한 헤이그협약(1993)은 입양에서 아동의 동의가 필수적 요건인 경우에 해당 아동이 상담을 받도록 하고, 입양에 대한 동의가 어떤 의미를

107 아동권리협약(CRC) 제12조 제1항: 협약체결국은 자신의 관점을 형성할 수 있는 아동에게 본인에게 영향을 미칠 수 있는 모든 문제에서 자신의 관점, 즉 해당 아동의 나이와 성숙도에 따라 적절하게 비중을 둔 **자신의 관점을 자유롭게 표현할 수 있는 권리를** 보장해야만 한다(States Parties shall assure to the child who is capable of forming his or her own views **the right to express those views freely** in all matters affecting the child, the views of the child being given due weight in accordance with the age and maturity of the child).

108 아동권리협약(CRC) 제9조 제1항: 협약체결국은 아동이 **본인의 의사에 반하여 친부모로부터 분리되지 않도록 보장**해야 하되, 다만 권한을 가진 기관이 현행 법률과 절차에 근거하여 사법적 심사를 통해 친부모로부터의 분리가 아동에게 최선의 이익이 된다고 결정했을 경우에는 예외로 한다. 이러한 결정은 친부모에 의한 아동의 학대나 유기와 같은 특별한 경우 또는 친부모가 따로 살고 있고 그러한 결정이 아동의 거주지에 관한 것인 경우에만 필요하다(States Parties shall **ensure that a child shall not be separated from his or her parents against their will**, except when competent authorities subject to judicial review determine, in accordance with applicable law and procedures, that such separation is necessary for the best interests of the child. Such determination may be necessary in a particular case such as one involving abuse or neglect of the child by the parents, or one where the parents are living separately and a decision must be made as to the child's place of residence).

갖는지에 대해서 충분히 설명을 받도록 요구한다(동협약 제4조 제d호).[109] 또한 아동의 희망과 의견을 고려해야 하고, 아동의 동의는 자유롭게, 법적 형식에 따라, 서면으로 표시되어야 하며, 이러한 동의에 대한 어떠한 대가의 지불도 금지하고 있다. 입양특례법에 따르면 입양동의와 관련하여 대가를 주고받는 행위를 금지하면서(동법 제13조 제2항) 13세 이상의 아동이 입양에 동의하기 전에 입양기관이 입양아동에게 입양동의의 효과 등에 관한 충분한 상담을 제공하도록 요구하는데(동조 제4항) 이것은 입양의 결정에서 입양아동의 자유로운 의사를 존중하고, 그러한 의사결정이 충분한 정보에 기초하도록 만드는 법적 장치로 이해된다.

2) 나이 제한

아동을 입양할 때는 아동에게 보장된 양자가 될 자유를 고려하여 양자가 될 아동의 의사를 우선적으로 존중해야 한다는 측면에서 민법이 '15세 이상'의 아동을 입양하는 경우에만 해당 아동의 '승낙'을 요구하고 있

109 헤이그협약(1993) 제4조 제d호: 이 협약에 따른 입양은 입양아동의 원국적 국가의 권한을 가진 기관이 다음의 요건을 충족시킨 경우에만 가능하다(An adoption within the scope of the Convention shall take place only if the competent authorities of the State of origin) d) 아동의 나이와 성숙도에 따라 다음과 사실을 확인한 경우(have ensured, having regard to the age and degree of maturity of the child, that) (1) 아동의 동의가 요구되는 경우에 **입양과 본인의 입양동의의 효과에 대하여 상담을 받고 적절한 정보가 제공**되었다는 사실(he or she has been **counselled and duly informed of the effects of the adoption and of his or her consent to the adoption**, where such consent is required), (2) 아동의 희망과 의견이 고려되었다는 사실(consideration has been given to the child's wishes and opinions), (3) 아동의 입양동의가 요구되는 경우에 법정형식에 따라 자유롭게 동의되고, 그 동의가 서면으로 표시되었거나 증명되었다는 사실 및(the child's consent to the adoption, where such consent is required, has been given freely, in the required legal form, and expressed or evidenced in writing, and) (4) 그 동의가 어떠한 종류의 대가나 보상도 없이 표시되었다는 사실(such consent has not been induced by payment or compensation of any kind).

는 점(동법 제869조, 제883조 제1호)에 대해서는 검토가 필요하다. 같은 맥락에서 입양특례법에 따른 입양의 경우에도 '13세 이상'의 아동에게만 자신의 입양에 대한 동의권을 부여하고 있는 점(동법 제12조 제4항)에서 문제가 될 수 있다. 입양되는 아동의 승낙이나 동의가 요구되는 나이에 대한 제한은 나이에 따른 차별을 의미하기 때문에 평등원칙에 따라 '합리적인 이유'가 제시되어야 한다.

이러한 관점에서 입양되는 아동의 승낙이나 동의가 필요한 나이는 다양한 사회적 맥락을 고려하여 합리적으로 조정되어야 하고, 현실적으로 중학교에 재학하는 청소년(만 12세-14세) 정도는 입양의 의미를 이해할 수 있다는 점에서 특히 민법의 나이기준은 일정 정도 하향될 필요가 있다고 보인다.[110] 이와 같은 문제점을 반영하여 개정된 민법(시행일: 2013년 7월 1일)은 본인의 승낙이 필요한 나이를 '13세 이상'으로 하향시켰다(동법 제869조 제1항). 본인의 동의가 필요한 나이를 '13세 이상'으로 규정하고 있는 입양특례법도 법률개정으로 2012년 8월 5일부터 비로소 기존의 15세 이상에서 13세 이상으로 하향 조정하였다(동법 제12조 제4항). 하지만 나이가 같아도 개인적 성숙도에는 차이가 있다는 점에서 개인적 차이도 입양의 결정에서 반드시 고려되어야 한다. 해당 아동에게 영향을 미치는 모든 문제에서 본인의 관점을 자유롭게 표현할 수 있는 권리를 강조하고 있는 아동권리협약도 해당 아동의 나이와 함께 '성숙도'를 고려하도록 요구하고 있다(CRC 제12조 제1항). 더욱이 요보호아동의 경우에 13세 이상이더라도 입양에 관한

110 예를 들어 대락입양이 가능한 나이는 12세 미만이어야 한다는 견해로 이승우 · 김유은, 〈대락입양 소고〉, 《성균관법학》 제19권 제2호(성균관대학교 법학연구소, 2007), 194면 이하 참조.

승낙권(결정권)이 아니라 단지 동의권만을 부여하고 있는 입양특례법(동법 제12조 제4항)은 더 큰 문제를 안고 있다. 본인의 운명에 결정적인 영향을 미치는 입양의 결정에서 단지 보충적인 의미만을 갖는 동의의 의사만을 표현할 수 있기 때문이다. 물론 민법에 따른 입양과 달리 입양특례법에 따른 입양에서 친부모는 동의할 수 있는 권한을 갖는다(동법 제12조 제1항). 하지만 규정양식에 따르면 입양에서 친부모의 동의를 주된 요소로 하면서 13세 이상인 입양아동의 동의는 부차적인 것으로 규정하고 있다는 점에서(동법 제12조 제1항 및 제4항) 같은 동의권임에도 입양아동의 동의가 보충적인 의미로 이해될 여지가 여전히 남아 있다.

(3) 입양의 결정에서 법원의 허가와 설명 · 상담절차

여러 번 강조하지만 양자가 될 자유의 핵심은 입양의 결정에서 양자가 될 사람의 '자유로운 의사(승낙)'에 대한 존중이다. 다만 양자가 될 사람의 나이가 너무 어리면 그 의사의 진정성에 의문이 제기될 수 있다. 그렇지만 양자가 될 사람의 나이가 너무 어리다고 그 법정대리인인 부모나 후견인의 의사에 따라 전적으로 입양 여부를 결정하게 되면 이것은 양자가 될 자녀의 의사를 전혀 고려하지 않음으로써 양자가 될 자유를 심각하게 침해하게 된다. 여기서 우선적으로 필요한 것은 앞서 논의한 것처럼 입양 여부를 스스로 결정할 수 있는 나이를 합리적인 범위로 한정하는 일이다. 또한 일정한 나이에 따라 본인의 입양에 대해서 승낙이나 동의할 수 있는 자격이 인정되지 않는 아동의 경우에는 본인의 의사가 고려될 수 있는 일정한 '절차'가 필요하다.

민법에 따르면 양자가 될 자가 '15세 미만'(2013년 7월 1일부터 시행되는 개정 법률에 따르면 '13세 미만')인 때에는 그를 대신하여(갈음하여) 법정대리인이 입양을 '승낙'하도록 하고(대락입양),[111] 후견인이 법정대리인으로서 입양을 승낙하는 경우에만 가정법원의 '허가'를 받도록 요구하고 있다.[112] 법정대리인의 승낙은 입양되는 아동의 의사를 대신(대리)한다는 점에서 이러한 승낙이 없는 입양은 양자가 될 자의 승낙(합의)이 없는 입양처럼 무효가 된다(동법 제883조 제2호). 어쨌든 15세 미만의 아동은 자신의 입양에 대해서 의사를 표시할 수 있는 권한이 없다. 또한 입양특례법도 13세 미만의 아동에 대해서는 본인의 동의를 요구하지 않는다(동법 제12조 제4항). 결국 민법에 의한 입양이든 입양특례법에 의한 입양이든 15세 또는 13세 미만인 아동의 입양은 전적으로 부모 등(법정대리인)이나 입양기관(후견인)의 의사에 따라 결정된다.

하지만 이것은 양자가 될 자유의 핵심인 양자가 될 자의 자유로운 의사를 고려할 때 문제가 있다. 물론 양자가 될 자의 법정대리인인 부모는 대체로 자녀의 복리를 고려하여 입양 여부를 결정하겠지만 경제적 곤란(빈곤) 등 단지 부모의 입장만 고려하여 입양을 결정할 수도 있기 때문이다. 실제로 대부분의 입양은 15세가 되기도 훨씬 전에, 정확히 말하자면 태어나자마자 이루어지기 때문에 부모가 오로지 자신의 입장에서 입양을 결정하게 되는데 이러한 문제점을 해결하기

111 대락입양에 대해서는 이승우 · 김유은, 《대락입양 소고》, 191면 이하 참조. 한편 대법원에 따르면 아동이 15세가 되기 전에 법정대리인의 승낙 없이 입양된 경우에도 해당 아동이 15세가 된 이후에 입양에 대해서 이의를 제기하지 않으면 묵시적으로 입양을 추인한 것으로 보아 파양에 의해서만 양친자관계가 해소될 수 있다고 한다. 대판 1997.7.11. 96므1151 참조.

112 대법원에 따르면 15세가 되기 전에 버려진 아동(기아)은 부모가 누구인지 알 수 없으면 후견인의 승낙이 있어야 입양이 되지만 후견인의 승낙이 없이 입양되더라도 해당 아동이 15세가 된 이후에 입양에 대해서 이의를 제기하지 않으면 묵시적으로 입양을 추인한 것으로 본다. 대판 1990.3.9. 89므389 참조. 하지만 후견인의 승낙에는 법원의 허가가 요구된다는 점에서 입양아의 묵시적 추인만으로 법원의 허가절차를 무의미하게 만들고 있는 대법원의 해석에 대해서는 의문을 제기할 수 있다.

위하여 입양되는 자녀의 복리가 함께 고려되는 '절차'가 필요하다. 따라서 후견인이 법정대리인인 경우뿐만 아니라 부모가 법정대리인인 경우에도 '법원의 허가'를 받도록 법률을 개정하는 것이 양자가 될 자의 자유로운 의사 및 복리를 고려할 때 바람직하다고 보인다.[113] 아동의 입양에서 '해당 아동에게 최선이 되는 이익'을 가장 중요하게 고려해야만 한다고 강조하고 있는 아동권리협약도 입양에 관련하여 "권한을 가진 기관(competent authorities)의 허가(authorization)"를 요구하고 있다(CRC 제21조 제a호).[114] 이러한 관점에서 개정된 민법과 입양특례법이 아동의 입양에서[115] 반드시 '가정법원의 허가'를 받도록 요구하고 있는 것은 아동의 복리를 고려할 때 획기적인 입법적 개선으로 평가할 수 있다(민법 제867조 제1항 및 입양특례법 제11조 제1항). 하지만 이러한 허가절차가

113 같은 견해로 이병화, 〈입양아동의 국제적 보호〉, 《국제법학회논총》 제48권 제2호(대한국제법학회, 2009), 152면 이하 참조.

114 아동권리협약(CRC) 제21조: 입양제도를 인정하고/하거나 허용하는 협약체결국은 **아동에게 최선의 이익이** 되는지를 최우선적으로 고려하도록 보장해야만 하고, 다음과 같은 의무를 진다(States Parties that recognize and/or permit the system of adoption shall ensure that **the best interests of the child** shall be the paramount consideration and they shall): (a) 아동의 입양이 현행 법과 절차에 따라 모든 적절하고 신뢰할 수 있는 정보에 기초하여 입양이 해당 친부모와 관련된 아동의 지위에서 허용될 수 있다고 결정하는 **권한을 가진 기관**에 의해서만 허가되고, 필요하다면 관련된 사람들이 필수적일 수 있는 상담을 받고 정보가 제공된 상태에서 입양동의를 하도록 보장해야 할 의무(Ensure that the adoption of a child is authorized only by **competent authorities** who determine, in accordance with applicable law and procedures and on the basis of all pertinent and reliable information, that the adoption is permissible in view of the child's status concerning parents, relatives and legal guardians and that, if required, the persons concerned have given their informed consent to the adoption on the basis of such counselling as may be necessary). 대한민국은 아동권리협약(CRC)에 가입한 이래로 계속해서 제21조 제a호의 적용을 유보(reservation)해 오고 있다. 이러한 유보가 철회되어야 한다는 견해로 장복희, 〈국제입양에 관한 헤이그협약과 국내입양법의 개선〉, 《저스티스》 제93호(한국법학원, 2006), 230면; 이병화, 입양아동의 국제적 보호, 〈국제법학회논총〉(대한국제법학회), 제48권 제2호(2009), 152면 이하 참조.

115 민법에 따른 입양의 경우에 가정법원의 허가가 필요한 입양은 아동을 포함한 '미성년자'의 입양이다.

있는 경우에도 법원은 해당 아동의 관점이 자유롭게 표현할 수 있도록 '청문절차'를 보장해야 한다는 것이 아동권리협약의 요구다(CRC 제12조 제2항).[116] 이와 관련하여 민법은 양자가 될 미성년자의 복리를 위하여 그 양육 상황, 입양의 동기, 양부모의 양육능력, 그 밖의 사정을 고려하여 입양의 허가를 하지 않을 수 있는 권한을 가정법원에 부여하고 있을 뿐이고(동법 제867조 제2항), 청문절차에 관한 명문의 규정을 두고 있지는 않다. 또한 입양특례법도 입양의 허가 여부에 대한 가정법원의 결정에서 양자가 될 사람의 복리를 위하여 양친이 될 사람의 입양의 동기와 양육능력, 그 밖의 사정을 고려하도록 요구하고 있지만(동법 제11조 제2항) 민법과 마찬가지로 청문절차에 관한 규정을 명시하지는 않고 있다.

입양의 결정이 법원의 허가를 거치도록 한다고 해도 몇 가지 전제 조건이 충족되어야 한다. 첫째, 입양을 허가하는 법원의 절차에서 법원이 입양 여부를 공정하게 결정할 수 있기 위해서는 법원에 적절하고(pertinent) 신뢰할 만한(reliable) 자료와 정보가 충분하게 제공되어야 한다. 둘째, 법원은 입양을 허가할 때 입양에 대한 친부모의 의사가 '충분한 정보가 제공된 상태에서의(informed)' 의사인지, 그리고 '충분한 상담을 거친 후의 의사'인지 여부를 면밀하게 검토해야 한다. 만약 충분한 설명이나 상담이 제공되지 않은 상태에서 입양아의 부모가 입양에 대한 의사표시를 했다면 법원은 다른 요건이 충족되었더라도 입양을 허가하지 않아야 한다. 같은 맥락에서 입양특례법은 요보호아동의 입양에서 친부모에게 아동을 직접

116 아동권리협약(CRC) 제12조 제2항: 이러한 목적을 위하여 해당 아동은 특히 본인이 직접 또는 대리인이나 적절한 기관을 통해 사법절차나 행정절차에서 원국적 국가의 절차법에 따라 **청문의 기회**가 제공되어야 한다(For this purpose, the child shall in particular be provided the **opportunity to be heard** in any judicial and administrative proceedings affecting the child, either directly, or through a representative or an appropriate body, in a manner consistent with the procedural rules of national law).

양육할 경우 지원받을 수 있는 사항 및 입양의 법률적 효력 등에 관한 '충분한 상담을 제공할 의무'를 입양기관에 부과하고 있다(동법 제13조 제3항). 하지만 이러한 의무는 충족되지 않았을 때 입양에 관한 계약을 무효로 하거나 취소할 수 있도록 법적 강제력이 인정되지 않기 때문에 '법적' 의무가 아니라 '윤리적' 의무에 지나지 않는다는 점에서 문제가 있다. 물론 입양을 허가하는 법원이 이러한 설명이나 상담에 관한 의무를 준수했는지 여부에 따라 입양허가 여부를 결정하게 되면 설명이나 상담에 관한 의무가 법적 의무가 될 수 있다는 점에서 법원은 입양의 허가에서 이러한 설명이나 상담에 관한 절차가 진행되었는지를 반드시 심사할 필요가 있다.

(4) 입양의 결정에서 부모의 동의

1) 원칙

국가도 양자가 될 자유를 침해할 수 없고, 개인이나 단체도 양자가 될 타인의 자유를 침해할 수 없다. 다만 국가는 양자가 될 사람의 부모나 가족의 권리 또는 그 사람의 복리를 위하여 양자가 될 자유에 일정한 제한을 가할 수 있다. 부모에게는 자녀에 대한 '친권'이 있고, 국가는 아동의 복리를 보호해야 할 의무를 지기 때문이다. 이에 따라 민법은 양자가 될 자에게 미성년자든 성년자든 상관없이 입양을 결정할 때 '부모'의 동의를 얻도록 요구하고 있다(동법 제870조 제1항 및 제871조 제1항). 한편 입양특례법은 요보호아동을 입양할 때 원칙적으로 '친부모'의 동의를 얻도록 하면서 친부모가 ① 친권상실의 선고를 받은 경우나 ② 소재불명 등의 사유로 동의를 받을 수 없는 경우에는 '후견인'의 동의를 얻도록 요구하고 있다(동법 제12조 제1항 및 제2항). 민법에 의한 입양과는 달리 종래의 입양특례법에서는 후견인의 동의에 의한 입양의 경우에 가정법원의 허가를 요구하지 않았는데 개정된 입양특례법에 따른 모든 입양은 가정법원의 허가를 필요로 하게 되었다.

미성년자든 성년자든 모두 입양을 가기 위해서(양자가 되기 위해서) 친부모의 동의가 필요하다는 점에서 개정된 민법은 종래의 민법과 동일하지만(동법 제870조 제1항 및 제871조 제1항) 친부모든 후견인이든 미성년자인 아동을 입양시키려면 '가정법원의 허가'가 필요하게 된 점에서 양자는 다르다. 한편 개정된 민법에 따르면 '미성년자'의 입양은 ① 친부모가 친권상실의 선고를 받은 경우, ② 친부모의 소재를 알 수 없는 등의 사유로 동의를 받을 수 없는 경우에는 친부모의 동의가 필요없다(동법 제870조 제1항). 이처럼 친부모를 포함하여 법정대리인의 소재를 알 수 없는 등의 사유로 동의나 승낙을 받을 수 없는 경우에는 가정법원이 법정대리인의 동의나 승낙 없이도 입양을 허가할 수 있다(동법 제869조 제3항 제2호). 또한 친부모가 동의를 거부하더라도 ① 친부모가 3년 이상 자녀에 대한 부양의무를 이행하지 않은 경우, ② 친부모가 자녀를 학대 또는 유기(遺棄)하거나 그 밖에 자녀의 복리를 현저히 해친 경우에는 가정법원은 부모를 심문한 뒤에 입양을 허가할 수 있다(동법 제870조 제2항 제1호 및 제2호). 법정대리인이 친부모가 아닌 경우에는 정당한 이유 없이 입양에 대한 동의나 승낙을 거부하면 가정법원이 입양을 허가할 수 있다(동법 제869조 제3항). 미성년자와 입양과 비교하여 '성년자'의 입양은 부모의 소재를 알 수 없는 등의 사유로 동의를 받을 수 없는 경우에 부모의 동의가 필요없다(동법 제871조 제1항)는 점에서 동일하지만 부모가 정당한 이유 없이 동의를 거부하는 경우에는 양부모가 될 사람이나 양자가 될 사람의 청구에 따라 가정법원이 부모를 심문한 뒤에 부모의 동의를 갈음하는 심판을 할 수 있다(동조 제2항)는 점에서 차이가 있다. 친부모를 포함하여 법정대리인의 동의나 승낙을 받을 수 없는 경우 또는 정당한 이유 없이 법정대리인이 동의나 승낙을 거부하는 경우에 가정법원이 입양을 허가할 수 있도록 한 것은 양자가 될 자의 이익을 고려한 입법적 개선으로 평가할 수 있다. 한편 민법에 따른 부모의 동의든 입양특례법에 따른 부모의 동의든 가정법원의 허가가 있을 때까지는 '철회'할 수 있다(민법 제870조 제3항 및 입양특례법 제12조 제5항)는 점에서 동일하다.

2) 부모의 동의가 없는 경우

입양에서 가장 본질적 요소는 양자가 될 자와 양친이 될 자 사이에 입양에 관한 '의사의 합치'가 존재하는지 여부다. 따라서 입양에 대한 부모의 동의는 '보충적인' 요소로 이해되기 때문에 부모의 동의가 없다고 입양이 처음부터 '무효'가 되지는 않고 부모의 동의가 없는 입양은 단지 '취소'가 가능할 뿐이다. 여기서 부모의 동의는 부와 모 '양쪽'의 동의를 의미하기 때문에 부나 모 가운데 한 사람만 동의하지 않아도 이러한 입양은 가정법원에 취소를 청구할 수 있고, 동의하지 않은 부나 모가 입양취소를 청구할 수 있다(민법 제886조). 다만 입양을 취소할 수 있는 사유가 있음을 안 날로부터 6개월, 그러한 사유가 있은 날로부터 1년이 지나면 취소를 청구할 수 없다(동법 제894조). 반면에 요보호아동을 입양하는 경우에는 부나 모의 동의가 없어도 입양되어 6개월이 지나면 입양취소를 청구할 수 없다(입양특례법 제16조 제1항).[117] 요보호아동의 경우에는 신속하게

117 종래에 입양특례법은 ① 약취 또는 유인에 의하여 보호자로부터 이탈되었던 자가 양자로 된 경우 또는 ② 사기 또는 강박으로 인하여 입양의 의사표시를 한 경우에만

입양을 안정시키기 위하여 취소청구기간을 단축한 것으로 보인다. 특히 미혼모의 자녀로 입양기관에 맡겨진 요보호아동의 경우에는 대체로 친부의 소재를 확인하기가 어렵다는 점에서 이처럼 취소청구기간을 단축한 취지가 이해될 수 있다. 특히 모든 입양에서 법원의 허가를 받도록 하고 있기 때문에 입양취소청구가 가능한 기간을 단축한 것은 입양아동이나 그 친부모 또는 양부모의 '재판받을 권리'를 합리적인 범위에서 제한하고 있는 것으로 판단된다.

3) 부모의 의사와 양자의 의사가 불일치하는 경우

15세 미만(개정된 법률에 따르면 13세 미만)인 아동의 경우에는 오로지 부모의 의사(민법에 의한 입양의 경우에 '대락', 입양특례법에 의한 입양의 경우에 '동의')로 입양이 결정되지만 15세 이상인 아동의 경우에는 입양에 대해서 부모의 의사뿐만 아니라 아동의 의사(민법에 의한 입양의 경우에 '승낙', 입양특례법에 의한 입양의 경우에 '동의')도 있을 때만 가능하다. 따라서 15세 이상인 아동의 입양에 관한 결정에서 양자가 될 아동의 의사와 그 부모의 의사가 일치하지 않은 경우에는 원칙적으로 입양이 불가능하다. 하지만 양자가 될 사람은 입양을 원하지만 그 부모가 반대하는 경우 또는 양자가 될 사람은 입양을 원하지 않지만 그 부모가 입양을 원하는 경우에 '현실적으로는 부모의 의사가 자녀의 의사를 지배'할 개연성이 높기

입양 후 6개월이 지나도 입양취소청구의 소를 제기할 수 있도록 하여(동법 제9조) 입양취소청구의 소를 제기할 수 있는 기간을 원칙적으로 엄격하게 제한하였다. 한편 개정된 입양특례법은 입양아동의 친생의 부 또는 모가 자신에게 책임이 없는 사유로 인하여 입양동의를 할 수 없었던 경우에 입양의 사실을 안 날부터 6개월 안에 입양취소를 청구할 수 있도록 규정하고 있다(동법 제12조 제1항). 모든 입양에서 '법원의 허가'가 요구되도록 법률이 개정되었기 때문에 입양취소의 청구가 가능한 기간을 원칙적으로 단축한 것으로 이해된다.

때문에 부모의 의사에 따라 입양이 결정될 수밖에 없다. 실제로 부모의 의사에 반하여 양자가 되려는 경우는 드물고, 자녀의 의사에 반하여 자녀를 입양시키는 경우는 많을 것이므로 입양에 관한 부모의 의사와 입양되는 자녀의 의사가 불일치하는 경우에 사실상 부모의 의사만으로 입양이 결정된다. 이러한 맥락에서도 아동의 입양에서는 '법원의 허가'와 같은 절차를 규정하여 아동의 의사를 충분히 반영하여 입양 여부가 결정되도록 만드는 것이 합리적이라고 보인다. 이러한 문제점은 앞서 언급한 것처럼 미성년자의 입양에서 언제나 가정법원의 허가가 요구됨으로써 해결되었다. 중요한 것은 가정법원이 입양을 결정하면서 충분히 입양아동의 의사를 존중할 뿐만 아니라 입양아동의 복리를 고려하여 입양을 허가해야 한다는 점이다.[118]

4) 친부모의 입양동의와 친권포기각서

자녀가 15세 미만(개정된 법률에 따르면 13세 미만)인 경우에 민법에 따른 입양에서는 친부모가 자녀를 대신하여 승낙할 수 있는 권리를 갖지만 입양특례법에 따른 입양에서는 친부모에게 단지 '동의권'만이 부여된다(동법 제12조 제1항). 입양특례법에 따른 입양의 경우에 입양기관의 장은 입양될 아동을 인도받으면 인도받은 날부터 입양이 완료되는 날까지 후견인이 되므로(동법 제22조 제1항) 입양될 아동의 법정대리인이 되는 입양기관의 장이 입양에 대한 결정권(승낙권)을 갖게 된다.[119] 입양특례법이 준용하는 민법에 따르면 입양에 대한 승낙권은

118 입양특례법은 양자가 될 사람의 복리를 위하여 양친이 될 사람의 입양의 동기와 양육능력, 그 밖의 사정을 고려하여 입양허가를 하지 않을 수 있는 권한을 가정법원에 부여하고 있다(동법 제11조 제2항).

119 이러한 해석가능성에 대해서는 김상용, 〈'입양촉진 및 절차에 관한 특례법'의 개선

법정대리인이 갖기 때문이다(동법 제869조). 하지만 종래의 입양특례법에 따르면 친부모의 친권이 소멸되지 않았음에도 불구하고 입양기관의 장이 후견인이 된다는 점이 문제가 되었다. 결국 친부모의 친권을 소멸시키거나 정지시키기 위한 제도가 필요하였다.

이를 위하여 종래의 입양특례법 시행규칙은 친부모가 입양기관에 자녀를 보호의뢰할 때 친부모에게 '입양동의서'를 요구하면서(동시행규칙 제3조 제1항) 이 동의서의 서식(164쪽 '별지 제1호 서식: 입양동의서' 참조)에 포함된 내용으로 '친권포기'에 대한 다짐(각오)을 포함시켰다. 따라서 입양동의서는 '친권포기각서'의 의미를 포함하였다. 하지만 이것은 친권의 포기를 인정하지 않고 있는 민법과 충돌한다. 물론 민법의 특별법인 입양특례법이 이와 같은 내용까지 포함하여 동법 시행규칙에 위임했다고 볼 수 있지만 단지 입양동의의 '서식'만을 위임하고 있는 입양특례법 제6조 제4항은 시행규칙에 포함될 내용을 전혀 예측할 수 없을 정도로 포괄적이므로 헌법이 위임입법에서 요구하고 있는 '포괄위임입법금지원칙'(헌법 제75조 및 제95조)에 위배되어 위헌이다.[120] 아니면 입양특례법은 포괄적으로 위임하지 않고 명백하게("구체적으로") 형식만을 위임했다고 본다면 법률에서 위임하지도 않은 내용을 규정한 입양특례법 시행규칙은 법률에 근거도 없는 내용을 포함시켜 '법률유보원칙'에 위반되는 위헌적 행정입법이 된다. 더욱이 시행규칙만

방향〉, 《가족법연구》 제23권 제2호(한국가족법학회, 2009), 221면 이하 참조.

120 헌법재판소에 따르면 "국무총리나 행정각부의 장으로 하여금 법률의 위임에 따라 총리령 또는 부령을 발할 수 있도록 하고 있는 헌법 제95조의 취지에 비추어 볼 때, 입법자는 법률에서 구체적으로 범위를 정하기만 한다면 대통령령뿐만 아니라 부령에 입법사항을 위임할 수도 있음은 당연"하므로 법률이 부령(시행규칙)에 위임하는 경우에도 구체적 위임이 요구됨으로써 포괄적 위임은 금지된다. 헌재 1998.2.27. 97헌마64 참조.

표 3-4. 연령별 입양의 요건

양자가 될 자	입양의 요건	
	민법에 의한 입양	입양특례법에 의한 입양
15세(또는 13세) 미만의 미성년자	· 친부모의 대락 · 법원의 허가	· 후견인(입양기관)의 대락 · 친부모의 동의 · 법원의 허가
15세(또는 13세) 이상의 미성년자	· 친부모의 동의 · 본인의 승락 · 법원의 허가	· 후견인(입양기관)의 동의 · 친부모의 동의 · 본인의 동의 · 법원의 허가
성년자(민법) 또는 18세 이상(입양특례법)	· 본인의 승낙 · 친부모의 동의 · 법원의 허가	· 후견인(입양기관)의 동의 · 본인의 동의 · 친부모의 동의 · 법원의 허가

보더라도 친권포기를 내용으로 하고 있는 시행규칙 제3조 제1항에 의한 '별지 제1호 서식'은 입양의 촉진이라는 목적만을 과도하게 고려한 나머지 불필요하게 친부모의 친권을 박탈함으로써 국민의 기본권을 과도하게 침해하여 '과잉금지원칙'에 위배되는 위헌적 행정입법으로 볼 수밖에 없다.[121] 개정된 입양특례법은 '친권행사정지제도'를 명시적으로 도입함으로써(동법 제22조 제2항) 포괄위임입법금지원칙이나 법률유보원칙 또는 과잉금지원칙에 위배될 수 있는 헌법적 문제점을 해결하였다.

5) 친부모의 동의 시점

민법에 의한 미성년자 입양의 경우에 일반적으로 친부모는 입양이 결정되는 단계에서 승낙(대락)권을 행사하게 된다. 하지만 단지 동의권만 인정되는 입양특례법에 의한 아동입양의 경우에는 입양기관에 자녀의 보호를 의뢰하면서, 심지어 요보호아동의 입양에서 대부분을 차지하는

121 친권포기제도의 헌법적 문제점에 대해서는 이준일, 〈친권포기각서의 위헌성〉, 《헌법논총》 제22호(헌법재판소, 2011), 177면 이하 참조.

표 3-5. 개정 전후의 민법과 입양특례법의 비교

	개정 전	개정 후
민법	2013년 6월 30일 이전	2013년 7월 1일 이후
	후견인의 입양동의만 가정법원의 허가 필요	모든 입양에서 가정법원의 허가 필요
	15세 이상인 아동의 입양승낙 필요	13세 이상인 아동의 입양승낙 필요
	15세 미만인 아동의 입양에 대한 대락	13세 미만인 아동의 입양에 대한 대락
	규정 없음	정당한 이유 없는 동의·승낙 거부의 경우 가정법원의 입양허가 가능
	가족관계등록법에 따른 신고로 효력 발생 (성년자인 2인의 증인 요건)	가족관계등록법에 따른 신고로 효력 발생 (성년자인 2인의 증인 요건 폐지)
입양특례법	2012년 8월 4일 이전	2012년 8월 5일 이후
	모든 입양에서 가정법원의 허가 불필요	모든 입양에서 가정법원의 허가 필요
	15세 이상인 아동의 입양동의 필요	13세 이상인 아동의 입양동의 필요
	규정 없음	아동 출생일로부터 1주일 후에만 동의 가능
	가족관계등록법에 따른 신고로 효력 발생	법원의 허가로 효력 발생
	입양취소청구기한: 6월	입양취소청구기한: 6월
	입양취소청구사유 제한 없음	입양취소청구사유 제한
	친권포기제도	친권정지제도

미혼모 자녀의 경우에는 이미 출산 전에 자녀의 입양에 동의할 수도 있기 때문에 입양에 동의하는 시점과 입양이 결정되는 시점에 '시간적 간극'이 존재하게 된다. 여기서 발생하는 문제는 양부모가 될 사람을 알지 못하는 상태에서 표시한 동의가 과연 법적 효력이 있는지, 특히 아직 출생하지도 않은 자녀의 입양에 대한 동의가 가능한지 여부다.

우선 친권자로서 친부모는 자녀를 보호할 책임이 있으므로 입양되는 자녀를 양육하는 데 적절한 양부모를 찾아주어야 할 책임이 있다는 점에서 친부모의 동의권은 양부모가 누구인지 알 수 있는 시점에서만 행사되도록 하는 것이 타당하다. 그리고 '출산 전 입양동의'를 허용함으로써 낙태를 줄일 수 있는 효과(태아의 생명을 보호하는 효과)가 있다는 점을 부인할 수는 없지만 태어나지도 않은 자녀에 대해서는 아직 친부모가 친권을 갖지 않는다는 점에서 동의권이 없다고 보아야 한다. 오히려 친부모의 동의권은 입양되는 자녀의 복리를 최대한 고려하면서

[별지 제1호서식] <개정 1999.5.19>

<table>
<tr><td colspan="6">입 양 동 의 서</td></tr>
<tr><td rowspan="3">아 동</td><td>성 명</td><td></td><td>주민등록번호</td><td colspan="2">~</td></tr>
<tr><td>본 적</td><td colspan="4"></td></tr>
<tr><td>주 소</td><td colspan="4"></td></tr>
<tr><td rowspan="2">동 의 자</td><td>성 명</td><td></td><td>주민등록번호</td><td colspan="2">~</td></tr>
<tr><td>주 소</td><td colspan="2">☎</td><td>아동과의 관계</td><td></td></tr>
<tr><td rowspan="2">동 의 자</td><td>성 명</td><td></td><td>주민등록번호</td><td colspan="2">~</td></tr>
<tr><td>주 소</td><td colspan="2">☎</td><td>아동과의 관계</td><td></td></tr>
<tr><td colspan="6">입양촉진및절차에관한특례법시행규칙 제3조의 규정에 의하여 본인은 위 아동의 에게 입양하는 것을 동의하며 위 아동의 친권일체를 포기합니다.
년 월 일
동의자 성명 서명 (인)
귀하</td></tr>
<tr><td colspan="6">입양촉진및절차에관한특례법 제6조제2항의 규정에 의하여 위와 같이 본인은 에게 입양하는 것을 동의합니다.
년 월 일
아동 성명 서명 (인)
☞아동이 15세이상인 경우에 한합니다.</td></tr>
<tr><td colspan="6">※구비서류: 부모·직계존속 또는 후견인임을 증명하는 서류1부</td></tr>
</table>

31314-01711일 210mm×297mm

95.12.19 개정 (신문용지 54g/㎡)

행사되어야 한다는 점에서 자녀가 출생한 후 일정 기간 또는 입양을 결정하기 전 일정 기간을 정해 입양에 대해서 깊이 생각하게 하는 시간(입양숙려기간)을 의무적으로 부과하는 제도가 필요하다. 개정된 입양특례법에 따르면 입양의 동의는 '아동의 출생일부터 1주일이 지난 후'에만 가능하다(동법 제13조 제1항). 이러한 규정이 친부모의 동의를 반드시 '출산 후'로 확정했다는 점에서 의의가 있는 것은 분명하지만 이러한 '1주일'이 자녀의 입양을 결정하는 데 충분한 기간인지에 대한 의문은 여전히 남는다. 더 큰 문제는 앞서 논의한 것처럼 입양의 동의와 입양의 결정 사이에는 시간상의 간극이 존재하기 때문에 양부모의 적합성에 대한 판단은 전적으로 입양기관에 의해 이루어진다는 점이다. 여기서 양부모의 적합성에 대하여 국가기관의 판단이 요구되는데 개정된 입양특례법은 모든 입양에서 가정법원의 허가를 받게 함으로써 이 문제를 해결하였다.

3. 양자로 삼을 자유: 입양할 자유

(1) 헌법적 권리로서 양자로 삼을 자유

다른 사람의 양자가 되고 싶다고 양자가 되는 것은 아니다. 양자가 되고 싶은 사람을 양자로 삼고자 하는 사람이 있어야 하기 때문이다. 누구나 다른 사람을 '양자로 삼을 자유', 즉 '입양할 자유'를 향유한다. '양자를 삼을 자유'는 입양할지 여부를 결정하고, 입양의 대상을 선택하며, 입양의 계속 여부에 대해서 결정할 수 있는 자유를 의미한다. 이러한 자유도 양자가 될 자유와 마찬가지로 '법적 지위'와 관련된 자유이고, 인간의 존엄과 가치에 관한 기본권(헌법 제10조 제1문 전단), 행복추구권(헌법 제10조 제1문 후단), 가족에 관한 권리(헌법 제36조 제1항), 열거되지 않은 개별적 기본권(헌법 제37조 제1항)을 근거로 도출할 수 있는 '헌법적 권리'로 이해될 수 있다. 또한 헌법상 보장된 기본권 이전에 인정되어야 하는 '인권'으로 이해될 수도 있다.

(2) 양자로 삼을 자유에 대한 제한

양자로 삼을 자유가 헌법적 권리인 한에서 원칙적으로 국가와 다른 개인이나 단체는 이러한 권리를 침해할 수 없다. 다만 국가는 양자가 될 사람의 복리를 고려하여 이 권리를 제한할 수 있는데 대체로 '나이(연령)'가 제한의 사유가 된다. 민법은 '입양할 능력(입양능력)'으로 '성년자'임을 요구하면서(동법 제866조)[122] 미성년자가 입양하는 경우에 입양이 무효가 되지는 않지만 가정법원에 입양의 '취소'를 청구할 수 있도록 하고 있다(동법 제884조 제1호). 한편 입양특례법에는 요보호아동의 입양과 관련하여 양친의 연령에 관한 명시적인 제한은 없지만 입양특례법에 특별히 규정되어 있는 사항을 제외하고는 민법에서 정하는 바에 따라야 하므로(동법 제26조) 요보호아동을 양자로 삼을 자도 성년자이어야 한다. 따라서 민법상의 입양이든 입양특례법상의 입양이든 양친이 될 자는 성년자이면 되고, 반드시 혼인한 상태에 있는 사람(기혼자)일 필요는 없다.

---

122 민법은 원칙적으로 나이를 기준으로 성년자와 미성년자를 구분하면서도(동법 제4조) 미성년자가 혼인을 하면 성년자로 의제하고 있다(동법 제826조의2). 이에 따라 양친이 될 수 있는 능력을 성년자도 제한할 때 여기서 말하는 성년자가 엄격한 의미에서 성년의 연령에 도달한 성년자만인지 아니면 결혼해서 성년자로 의제된 자도 포함하는지가 문제될 수 있다. 양친이 될 수 있는 자를 성년자로 제한하는 목적은 입양되는 아동의 복리라는 점을 고려할 때 성년에 연령에 도달한 성년자로 엄격하게 제한하는 것이 타당하다고 보인다. 혼인한 미성년자에 대해 양친으로 인정할 수 있는지 여부에 관한 견해의 대립에 대해서는 김형배 · 김규완 · 김명숙, 《민법학강의》 제11판(2012), 1870면 참조.

한편 배우자 있는 자가 입양을 할 때에는 반드시 배우자와 공동으로 하도록 요구하고 있는데(민법 제874조 제1항) 이러한 '부부공동입양제도'[123]는 양자로 삼을 자유에 대한 제한으로 이해된다. 양자로 삼을 자유에 대한 제한을 의미하는 부부공동입양제도는 부부 일방이 다른 일방의 동의 없이 입양하는 경우에 발생할 수 있는 배우자의 인격에 대한 침해가능성을 방지할 뿐만 아니라 입양되는 아동의 복리를 고려하여 양자에 대한 부부 공동의 책임을 부과하기 위한 것이므로 정당화될 수 있다. 부부의 공동입양의무는 양자가 될 사람이 부부 어느 일방의 친생자(전처 또는 전남편 소생으로 재혼하면서 데려온 자녀)나 혼외자 또는 양자가 아닌 경우에만 요구되기 때문에 양자가 될 사람이 부부 가운데 일방의 친생자나 혼외자 또는 양자이면 반드시 부부가 공동으로 입양할 의무는 없고, 오로지 상대방 배우자만 입양하면 충분하다. 부부 일방의 의사만으로 입양하면서 쌍방의 명의인 것처럼 허위로 신고한 입양의 효력에 대해서 판례는 입양의 의사가 없는 일방과 양자 사이의 입양은 무효인 반면에 입양의 의사가 있는 일방과 양자 사이의 입양은 유효하지만 다른 일방이 취소할 수 있다고 본다.[124] 하지만

123 부부공동입양제도에 대해서는 지원림, 〈부부공동입양에 관한 단상〉, 《성균관법학》 제21권 제3호(성균관대학교 비교법연구소, 2009), 307면 이하 참조.

124 대판 2006.1.12. 2005도8427: "처가 있는 자가 입양을 함에 있어서 혼자만의 의사로 부부 쌍방 명의의 입양신고를 하여 수리된 경우, 처와 양자가 될 자 사이에서는 입양의 일반요건 중 하나인 당사자간의 입양합의가 없으므로 입양이 무효가 되는 것이지만, 처가 있는 자와 양자가 될 자 사이에서는 입양의 일반 요건을 모두 갖추었어도 부부공동입양의 요건을 갖추지 못하였으므로 처가 그 입양의 취소를 청구할 수 있으나, 그 취소가 이루어지지 않는 한 그들 사이의 입양은 유효하게 존속하는 것이고, 당사자가 양친자관계를 창설할 의사로 친생자출생신고를 하고, 거기에 입양의 실질적 요건이 모두 구비되어 있다면 그 형식에 다소 잘못이 있더라도 입양의 효력이 발생하고, 양친자관계는 파양에 의하여 해소될 수 있는 점을 제외하고는 법률적으로 친생자관계와 똑같은 내용을 갖게 되므로, 이 경우의 허위의 친생자출생신고는 법률상의 친자관계인 양친자관계를 공시하는 입양신고의 기능을 발휘하게 된다."

이에 대해서 부부의 경우에 공동으로 입양해야 하는 의무를 부과하는 취지에 비추어 일방의 입양의사가 없는 입양은 전체가 무효라는 견해도 주장된다.[125] 당사자 간의 합의가 없는 입양을 무효로 규정하면서도 부부공동입양의무에 위반된 입양을 취소할 수 있도록 규정한 민법 전체의 취지에 비추어 보면 판례의 입장이 타당하고, 특히 입양된 아동의 복리를 고려한다면 부부 가운데 입양의 의사가 있는 일방과 양자 사이에 입양의 효력을 인정하는 것이 타당하다고 보인다.

(3) 양친이 될 자격요건

1) 입양특례법상 양친의 자격요건

종래의 입양특례법에 따르면 아동의 양친(양부모)이 될 수 있는 자격이 되기 위해서는 다음과 같은 요건을 갖추어야 했다(동법 제5조).

① 양자를 부양함에 충분한 재산이 있을 것

② 양자에 대하여 종교의 자유를 인정하고 사회의 일원으로서 그에 상응한 양육과 교육을 할 수 있을 것

③ 가정이 화목하고 정신적 · 신체적으로 양자를 부양함에 현저한 장애가 없을 것

④ 양친이 될 자가 대한민국 국민이 아닌 경우 본국법에 의하여 양친이 될 수 있는 자격이 있을 것

⑤ 기타 양자로 될 자의 복지를 위하여 보건복지부령이 정하는 필요한 요건을 갖출 것[126]

---

125 지원림, 〈부부공동입양에 관한 단상〉, 《성균관법학》 제21권 제3호(성균관대학교 비교법연구소, 2009), 318면 참조.

126 보건복지부령인 '입양촉진 및 절차에 관한 특례법 시행규칙'에 따르면 양친이 될 수 있는 자는 25세 이상으로서 양자될 자와의 연령차이가 60세 미만인 자로 하되,

여기서 무엇보다도 문제가 되는 것은 '장애(disability)'가 양친의 자격 요건이 될 수 있는지 여부이고, 이것은 장애를 이유로 한 차별을 금지하고 있는 '장애인차별금지 및 권리구제 등에 관한 법률'과 서로 충돌할 가능성도 있다. 입양특례법은 장애의 정도를 "양자를 부양함에 현저한" 정도로 한정하고 있기 때문에 과도하지 않고, 장애인차별금지법도 정당한 사유가 있는 차별대우를 평등권을 침해하는 차별로 보지 않기 때문에 "양자를 부양함에 현저한" 장애는 정당한 사유가 있는 차별대우로 금지된 차별대우에 해당하지 않는 것처럼 보인다. 하지만 양자를 부양함에 현저한 정도의 장애가 어느 정도인지는 여전히 명확하지 않아 자의적 해석이 가능하다. 이러한 문제점을 개선하기 위하여 개정된 입양특례법은 이 조항을 삭제하고, 다음과 같이 문구를 수정하면서 새로운 요건으로서 "범죄경력과 약물중독경력이 없을 것"을 추가하였다(동법 제10조 제1항).

① 양자를 부양하기에 충분한 재산이 있을 것

② 양자에 대하여 종교의 자유를 인정하고 사회의 구성원으로서 그에 상응하는 양육과 교육을 할 수 있을 것

③ 양친이 될 사람이 아동학대 · 가정폭력 · 성폭력 · 마약 등의 범죄나 알코올 등 약물중독의 경력이 없을 것

④ 양친이 될 사람이 대한민국 국민이 아닌 경우 해당 국가의 법에 따라 양친이 될 수 있는 자격이 있을 것

양친이 될 자가 대한민국 국민이 아닌 경우에는 25세 이상 45세 미만인 자이어야 한다(동시행규칙 제2조). 다만 '입양촉진 및 절차에 관한 특례법 시행령'(대통령령)의 가정조사기관(양친이 될 자의 거주지를 관할하는 시장 · 군수 · 구청장, 입양기관, 아동상담소장)에 의해 양친이 될 자의 가정환경이 양자를 건전하게 양육하기에 적합하다고 인정되는 경우에는 예외로 한다.

⑤ 그 밖에 양자가 될 사람의 복지를 위하여 보건복지부령으로 정하는 필요한 요건을 갖출 것

2) 양친 자격요건의 관철 가능성

한편 입양특례법에서 정하고 있는 양친의 자격요건이 '현실적으로 관철될 수 있는지'도 문제가 된다. 양친의 자격요건은 이것이 충족되었는지 여부를 실질적으로 심사하고, 또한 이러한 요건이 충족되지 않았을 때 입양을 취소함으로써 현실적으로 관철될 수 있다. 입양특례법상 양친의 자격요건은 과연 그러한가?

우선 입양에 관한 법원의 허가를 요구하지 않았던 종래의 입양특례법에 따르면 양친의 자격요건에 대한 심사는 입양을 '신고'하는 단계에서 이루어질 수 있었는데 입양에 관한 신고는 '가족관계의 등록등에 관한 법률'(이하 '가족관계등록법'으로 약칭)에 따라 규율된다. 이 법률은 입양신고의 장소(동법 제20조)와 방법(동법 제23조) 및 주체(동법 제62조), 입양신고서의 양식(동법 제24조)과 기재사항(동법 제25조 및 제61조)에 관한 규정은 있지만 입양신고서의 내용을 실질적으로 심사할 수 있는 절차와 권한에 관한 규정은 없다. 물론 입양특례법은 입양을 신고할 때 양친이 될 자의 가정상황에 관한 서류(172-173쪽 '별지 제4호 서식: 양친가정조사서' 참조)를 첨부하도록 요구하고 있었지만(동법 제7조 제2항 제2호) 이 서류의 내용을 실질적으로 심사할 수 있는 절차와 권한에 관한 규정도 없었다. 따라서 양친의 자격요건에 대하여 입양신고를 받아 등록하는 국가기관은 신고내용에 대해서 실질적으로 심사할 수 없었다.

따라서 양친의 자격요건은 입양의 취소를 청구할 수 있는 '친부모'가 확인해야만 했다. 하지만 입양특례법에 따른 입양에 대해서는 원칙적으로

6개월이 지나면 '입양취소청구의 소'를 제기할 수 없고, 단지 ① 약취 또는 유인에 의하여 보호자로부터 이탈되었던 자가 양자로 된 때나 ② 사기 또는 강박으로 인하여 입양의 의사표시를 한 때에만 예외적으로 6개월이 지나도 입양취소청구의 소를 제기할 수 있을 뿐이었다(동법 제9조). 따라서 양친의 자격요건이 충족되지 않았다는 사실이 확인되면 '입양 후 6개월 이내'에만 입양취소청구의 소를 제기하여 입양을 취소할 수 있었다. 그렇지만 양친의 자격요건을 충족했는지 여부를 확인하기는 쉽지 않다. 특히 해외입양의 경우에 양친의 자격요건 충족 여부에 대한 확인은 사실상 불가능하다고 볼 수 있다. 해외입양을 알선하는 입양기관이 엄격하게 이러한 자격요건을 확인하지 않는 이상 친부모가 직접 이러한 확인작업을 하기는 어렵다. 더욱이 서둘러 자녀를 입양시킬 수밖에 없는 처지에 놓인 친부모의 경우에는 굳이 양친의 자격요건까지 꼼꼼하게 챙길 여유조차 없다. 심지어 입양 후 6개월이 지나면 양친의 자격요건이 충족되었다고 친부모를 속여 믿게 함으로써 입양의 의사표시를 한 경우에만 입양취소청구의 소를 통해 입양을 취소할 수 있다. 이것은 입양 후 6개월이 지나면 양친의 자격요건에 대한 기망(속임)행위뿐만 아니라 이 행위와 입양의 의사표시 사이에 인과관계까지 증명해야 하는 부담을 친부모가 지게 된다는 것을 의미한다.

결국 종래의 입양특례법에서 열거하고 있는 양친의 자격요건은 현실적으로 관철되기 어려웠다. 물론 입양특례법은 입양기관에 대해서 양친의 자격요건을 확인하기 위한 '사실조사의 의무'를 부과하고 있기는 하지만(동법 제12조 제2항) 이러한 의무는 그 위반에 대한 제재수단이 없다는 점에서 강제력이 없는 '윤리적 의무'에 지나지 않기 때문에 입양기관이 양친의 자격요건에 대해서 실질적 심사를 할 것으로 기대하기는

[별지 제4호서식]　　　　　　　　　　　　　　　　　　　　　　　　(앞 쪽)

<table>
<tr><td colspan="9">양친가정조사서</td></tr>
<tr><td rowspan="8">양친자</td><td rowspan="4">부</td><td>성 명</td><td colspan="3"></td><td colspan="2">주민등록번호</td><td>~</td></tr>
<tr><td>본 적</td><td colspan="6"></td></tr>
<tr><td>주 소</td><td colspan="6">☎</td></tr>
<tr><td>직 업</td><td></td><td>연 수 입</td><td></td><td>종 교</td><td></td><td>학 력</td></tr>
<tr><td rowspan="4">모</td><td>성 명</td><td colspan="3"></td><td colspan="2">주민등록번호</td><td>~</td></tr>
<tr><td>본 적</td><td colspan="6"></td></tr>
<tr><td>주 소</td><td colspan="6">☎</td></tr>
<tr><td>직 업</td><td></td><td>연 수 입</td><td></td><td>종 교</td><td></td><td>학 력</td></tr>
<tr><td rowspan="2">재산</td><td colspan="2">주 택</td><td colspan="6">종류(□자가 □전세 □월세), 대지 ㎡, 건물 ㎡</td></tr>
<tr><td colspan="2">부 동 산</td><td>백만원</td><td>동 산</td><td>백만원</td><td>부채</td><td colspan="2">백만원</td></tr>
<tr><td rowspan="2">가족사항</td><td colspan="2">성 명</td><td>성 별</td><td>연 령</td><td colspan="2">학 력</td><td colspan="2">직 업</td></tr>
<tr><td colspan="2"></td><td></td><td></td><td colspan="2"></td><td colspan="2"></td></tr>
<tr><td colspan="3">입 양 희 망 아 동</td><td>성 별</td><td></td><td>연 령</td><td></td><td>특 이 사 항</td><td></td></tr>
<tr><td colspan="9">입양촉진및절차에관한특례법시행규칙 제5조제2항의 규정에 의하여 위와 같이 양친될 자의 가정조사를 실시한 결과 입양적격자임을 확인합니다.
년 월 일
가정조사자 서명 (인)
시장·군수·구청장
아 동 상 담 소 장
[인]
입 양 기 관 장</td></tr>
</table>

31314-01511일　　　　　　　　　　　　　　　　　　210mm×297mm
95.12.19 개정　　　　　　　　　　　　　　　　　(신문용지 54g/㎡)

(뒤 쪽)

1. 입양에 대한 태도와 동기	
2. 양친될 자의 결혼 및 현재 생활상태	
3. 양친될 자의 건강상태	
4. 양친될 자의 인격·품성 및 종교관 등	
5. 기타 특기사항	
6. 조사자의 의견	

어려웠다. 하지만 개정된 입양특례법에 따라 요보호아동의 입양은 언제나 법원의 허가가 필요하고, 입양의 허가를 받기 위해서는 양친이 될 자격요건을 구비했다는 서류를 제출해야 하므로(동법 제11조 제1항 제2호) 법원은 이 서류를 심사할 수 있다. 다만 법원마저 양친의 자격요건에 관한 증빙서류에 대한 심사를 형식적으로 진행하는 경우에 여전히 문제가 발생할 여지가 있다는 점은 사실이다.

4. 양자를 그만둘 자유 및 양자로 삼기를 그만둘 자유

(1) 파양의 자유

다른 사람의 양자가 될 자유나 다른 사람을 양자로 삼을 자유는 '소극적 측면'이 포함된다. 따라서 다른 사람의 양자가 된 사람은 더 이상 양자가 되지 않을 자유를 가지고, 다른 사람을 양자로 삼은 사람은 더 이상 양자로 삼지 않을 자유를 가진다. 이러한 '파양(罷養)의 자유'의 핵심은 양자를 그만두거나 양자로 삼기를 그만둘 때 양자가 된 사람 또는 양자로 삼은 사람의 '자유로운 의사'가 존중되어야 한다는 점이다. 이 점을 고려하여 민법도 파양의 결정에서 양자와 양친의 "협의"를 요건으로 요구한다(동법 제898조). 여기서 협의는 파양의 남용으로 인한 피해를 방지하기 위하여 양자와 양친의 단순한 의견교환이 아니라 '의사의 합치(합의)'로 해석되는 것이 합리적이다.

양자가 15세 미만(개정된 법률에 따르면 13세 미만)인 경우에는 '입양을 승낙한 자'가 파양에 관한 협의를 해야 되고(동법 제899조 제1항), 양자가 미성년자인 경우에는 파양의 협의에서 '입양에 대한 동의권자'의 동의가 요구된다(동법 제900조). 이러한 요구는 앞서 입양의 결정에서와 마찬가지로 파양의 결정이 양자에게 불리할 수 있고, 파양의 결정에서 양자의 의사와 친부모의 의사가 불일치하는 경우에, 특히 양자가 미성년자인 경우에 사실상 친부모의 의사에 따라 파양이 결정될 수 있다는 점에서 문제가 있다고 보인다. 따라서 파양의 결정에서도 양자의 의사와 친부모의 의사가 불일치하는 경우에, 적어도 양자가 미성년자인 경우에는 양자의 의사와 복리를 고려하기 위하여 반드시 '법원의 허가'가 필요하다고 보인다.

(2) 재판상 파양

한편 파양에 관한 협의가 이루어지지 않으면 '재판상 파양'을 할 수 있다. 다만 재판상 파양을 하기 위해서는 법적 요건을 충족해야 하는데 재판상 파양을 할 수 있는 사유로는 ① 가족의 명예를 오독하거나 재산을 경도한 중대한 과실이 있을 때, ② 다른 일방 또는 그 직계존속으로부터 심히 부당한 대우를 받았을 때, ③ 자기의 직계존속이 다른 일방으로부터 심히 부당한 대우를 받았을 때, ④ 양자의 생사가 3년 이상 분명하지 아니한 때, ⑤ 기타 양친자관계를 계속하기 어려운 중대한 사유가 있을 때가 열거되어 있다(민법 제905조). 재판상 파양을 한 때에는 당사자 일방은 과실이 있는 상대방에 대하여 이로 인한 '손해의 배상'을 청구할 수 있고, 재산상 손해 외에 정신상 고통에 대하여도 손해배상의 책임이 있다(동법 제908조 및 제806조)는 점에서 협의에 의한 파양과 구분된다.

(3) 친양자제도와 파양

입양제도는 친생자와 양자를 구분하는 '불완전양자제도'와 친생자와 양자를 구분하지 않은 '완전양자제도'로 구분된다. 후자를 '친양자제도'라고 부르는데 친양자는 친생자와 동일한 법적 지위를 향유하게 된다. 입양은 우선적으로 입양되는 아동에게 최선의 이익이 되어야 하고, 이것은 해당 아동에게 완전하고 영원한 부모를 찾아주는 것이므로 원칙적으로 친양자제도가 입양되는 아동에게 최선의 이익이 될 수 있다.

현행 민법은 친양자제도를 인정하여 친양자를 혼인중의 출생자로 본다(동법 제908조의3 제1항). 친양자를 삼을 수 있는 사람은 원칙적으로 '혼인한 지 3년 이상이 되는 부부'이어야 하고 부부의 공동입양만 허용되지만 예외적으로 '혼인한 지 1년 이상이 되는 부부'도 배우자의 친생자를 입양하는 경우에는 친양자를 삼을 수 있다(동법 제908조의2 제1항 제1호). 그리고 친양자가 될 수 있는 사람은 15세 미만이어야 한다(동조 동항 제2호). 친양자 입양을 위해서는 친생부모의 동의가 필요하고(동조 동항 제3호), 친생부모는 자신에게 책임이 없는 사유로 입양동의를 할 수 없었다면 가정법원에 친양자 입양의 취소를 청구할 수 있다(동법 제908조의4 제1항). 친양자를 삼으려는 사람은 가정법원에 친양자 입양을 청구해야만 하고(동법 908조의2 제1항), 가정법원은 친양자로 될 자의 복리를 위하여 그 양육상황, 친양자 입양의 동기, 양친(養親)의 양육능력 그 밖의 사정을 고려하여 친양자 입양이 적당하지 않다고 인정되는 경우에는 청구를 기각할 수 있다(동조 제2항).

한편 양친, 친양자, 친생의 부 또는 모나 검사는 ① 양친이 친양자를 학대 또는 유기(遺棄)하거나 그 밖에 친양자의 복리를 현저히 해하거나 ② 친양자의 양친에 대한 패륜(悖倫)행위로 인하여 친양자관계를 유지시킬 수 없게 되면 가정법원에 친양자의 파양(罷養)을 청구할 수 있다(동법 제908조의5 제1항). 친양자제도의 본래의 취지를 살리려면 파양이 허용되지 않아야 하지만 친권상실제도가 인정되는 범위에서 극히 제한적으로 파양제도가 인정된다면 친양자제도에서도 파양이 인정될 수 있다.

(4) 입양특례법에 따른 파양

종래의 입양특례법에서는 파양에 관한 규정을 전혀 두고 있지 않아 민법상의 파양에 관한 규정이 모두 준용되는 것으로 보았다. 하지만 개정된 입양특례법은 '파양의 요건'에 관한 규정을 명시하였다. 이에 따르면 ① 양부모가 양자를 학대 또는 유기하거나 그 밖에 양자의 복리를 현저히 해하는 경우나 ② 양자의 양부모에 대한 패륜행위로 인하여 양자관계를 유지시킬 수 없게 된 경우에 가정법원에 파양을 청구할 수 있고, 파양을 청구할 수 있는 권한은 양부모나 양자 또는 검사가 가진다(동법 제17조 제1항). 파양청구를 받은 가정법원은 파양판결에서 청구된 아동이 13세 이상인 경우 입양아동의 의견을 청취하고 그 의견을 존중해야 할 의무가 있다(동조 제2항). 파양의 결정에서도 아동에게 최선의 복리가 될 수 있도록 아동의 의사를 존중하는 조항으로 이해될 수 있다.

III. 친부모를 만날 권리

1. 입양의 의미

입양은 친부모와 완전히 분리되는 것이 아니라 입양아동에게 최선의 이익이 되기 때문에 친부모를 떠나 양부모에게 양육되는 것이다. 따라서 입양아동이 친부모와 전혀 개인적 관계를 갖지 못하도록 단절시키거나 어떤 경우에도 친부모를 만나서 이야기를 나누지 못하도록 차단할 수는 없다. 입양아동이 원하면 친부모와 개인적 관계를 유지하고 접촉할 수 있어야 한다. 다만 우선은 해당 아동에게 무엇이 최선의 이익이 될 수 있는지가 판단의 기준이므로 친부모와 개인적 관계를 유지하거나 접촉하는 것이 입양아동에게 최선의 이익이 되지 않는다면 금지될 수도 있다.

2. 면접교섭권

(1) 원칙

입양된 아동에게는 친부모와 개인적 관계를 유지하면서 지속적으로 접촉할 수 있는 권리가 보장된다. 또한 친부모를 직접 대면하면서 대화도 하고 친부모와 함께 시간을 보낼 수 있는 권리도 보장된다. 민법은 부부가 이혼한 경우에 자녀를 직접 양육하지 않는 부모 일방에게 자녀와 면접·교섭할 수 있는 권리를 인정하면서(동법 제837조의2 제1항), 단지 자녀의 복리를 위하여 필요한 경우에만 가정법원이 면접·교섭권을 제한·배제할 수 있도록 하고 있다. 따라서 원칙적으로 이혼한 부부에게만 자녀와 면접·교섭할 권리가 보장되므로 아동을 입양시킨 부모에게 이러한 권리가 보장되지 여부가 분명하지 않다. 또한 이러한 권리는 부모에게 보장된 권리이지 아동에게 보장된 권리가 아니므로 친부모에게 입양된 자녀를 면접·교섭할 권리가 보장된다고 하더라도 입양아동에게는 친부모와 면접·교섭할 권리가 보장되지는 않는다. 이러한 맥락에서 입양된 아동이 원하는 경우에 친부모와 면접·교섭할 수 있는 권리를 명시하는 것이 합리적이다. 아동권리협약(CRC)도 친부모로부터 분리된 아동에게 친부모와 "개인적인 관계(personal relations)"를 유지하면서 "정기적으로(on a regular basis)" "직접적인 접촉(direct contacts)"을 할 수 있는 권리를 보장하도록 요구하고 있다(CRC 제9조 제3항).[127]

127 아동권리협약(CRC) 제9조 제3항: 협약체결국은 친부모의 일방 또는 쌍방으로부터 분리되는 아동에게 **친부모와 정규적으로 개인적인 관계와 직접적인 접촉을 할 수 있는 권리를** 존중해야 하되, 아동에게 최선의 이익에 반하는 경우에는 예외로 한다(States Parties shall respect the right of the child who is separated from one or both parents to maintain personal

(2) 양부모 · 친부모가 면접교섭을 반대 · 거부하는 경우

문제는 입양된 아동이 친부모와 만나는 것을 양부모가 반대하는 경우, 그리고 친부모가 자신들이 입양시킨 자녀와 만나는 것을 거부하는 경우다. 우선 양부모의 경우에는 파양할 권리가 보장되므로 '양친자관계를 계속하기 어려울 정도로' 양자가 친부모와 접촉하면서 관계를 유지하거나 친부모가 입양시킨 자녀를 접촉하기 원한다면 양자나 그 친부모와 협의하거나 재판을 통해 파양하는 것으로 충분하다. 따라서 입양된 아동이 친부모와 접촉하는 것을 반대할 권리는 양부모에게 인정될 수 없다고 보인다.

한편 친부모의 경우에는 자녀의 입양사실, 궁극적으로 자녀의 출산사실과 자신의 신원을 비밀로 하고 싶을 때 입양시킨 자녀와의 접촉을 거부하게 된다. 여기서 출생기원(origin, Abstammung), 다시 말해 친부모와 가족(혈연)관계에 관하여 알고 싶은 입양아동의 권리와 출산사실을 비밀에 부치고 싶은 여성(친모)의 권리가 충돌하게 된다. 출산과 입양에 관한 사실 및 신원의 비밀은 오로지 '해당 자녀 외의 사람에게만' 주장할 수 있다는 입장에 따르면 해당 자녀 외의 사람에게 비밀이 유지될 수 있는 한 친부모는 입양시킨 자녀가 만나기 원할 때 거부할 수 있는 권리를 갖지 않는다고 보아야 한다. 하지만 출산과 입양에 관한 사실 및 신원의 비밀은 '해당 자녀에게도' 주장할 수 있다는 입장에 따르면 친부모는 입양시킨 자녀가 만나기 원해도 이를 거부할 수 있는 권리를 가진다. 이를 절충할 수 있는 입장에 따르면 원칙적으로 친부모는 입양시킨 자녀에게도 출산과

relations and direct contact with both parents on a regular basis, except if it is contrary to the child's best interests). 대한민국은 아동권리협약에 가입할 당시에는 제9조 제3항에 대해서 유보하였으나 2008년 10월 16일에 이 조항의 유보를 철회하였다.

입양에 관한 사실 및 신원의 비밀을 주장할 수 있지만 자신의 신원에 관한 정보를 국가에 제공한 뒤에 입양아동이 신원을 정확하게 확인할 수 있는 정도가 아닌 한 입양된 자녀가 원하면 친부모의 동의를 받아 그 정보를 입양아동에게 공개할 수 있다. 여성에게는 임신 · 출산의 비밀에 관한 권리가 보장된다고 보는 한[128] 절충적 입장이 타당해 보인다.

IV. 입양기관에 대한 권리

1. 입양기관을 통한 입양 증가의 문제점

입양은 원칙적으로 입양아의 부모와 입양을 원하는 사람 사이에 이루어진다. 하지만 앞서 언급한 것처럼 입양을 알선하는 입양기관이 중간에 개입될 수 있다. 실제로 입양을 촉진하는 국가의 정책에 따라 입양기관의 알선을 통한 입양이 증가하고 있다. 입양특례법에 따라 설치된 입양기관은 현재 23개소이고, 이 법률에 따라 입양된 아동의 숫자는 매년 2,500명 정도다(〈표 3-6〉 참조). 더욱이 입양알선의 비용을 수수하는 행위가 허용되면 입양기관은 영리를 목적으로 하는 다른 알선단체와 마찬가지로 더 많은 알선료를 수수하려는 의도에서 입양의 숫자를 늘리기 위해 노력할 수밖에 없다. 이로 인해 입양아의 친부모, 특히 미혼모처럼 불리한 상황에 처한 친부모의 경우에 입양기관은 그 상황을 이용하여 입양을 재촉하고, 입양의 성사만을 위해 양부모가 될 자에게 잘못된 정보를 제공할 수도 있다.

128 이에 대해서는 제2장 III. 6. 참조.

표 3-6. 입양기관과 입양아동의 수

(단위: 개소, 명)

	입양기관			입양아동		
	국내	국외	합계	국내(%)	국외(%)	합계
1995	23	4	27	1,025(32.0)	2,180(68.0)	3,205
2000	22	4	26	1,686(41.7)	2,360(58.3)	4,046
2001	20	4	24	1,770(42.1)	2,436(57.9)	4,206
2002	18	4	22	1,694(41.7)	2,365(58.3)	4,059
2003	19	4	23	1,564(40.6)	2,287(59.4)	3,851
2004	19	4	23	1,641(42.1)	2,258(57.9)	3,899
2005	20	4	24	1,461(41.0)	2,101(59.0)	3,562
2006	21	4	25	1,332(41.2)	1,899(58.8)	3,231
2007	20	4	24	1,388(52.3)	1,264(47.7)	2,652
2008	19	4	23	1,306(51.1)	1,250(48.9)	2,556
2009	19	4	23	1,314(53.9)	1,125(46.1)	2,439
2010	18	4	22	1,462(59.1)	1,013(40.9)	2,475
2011		4		1,548(62.8)	916(37.2)	2,464

자료: 보건복지부(www.mw.go.kr) 및 중앙입양정보원(www.kcare.or.kr)

2. 입양기관의 불법행위와 국가의 보호의무

입양의 과정에 입양기관이 개입한다고 하더라도 여기서 발생할 수 있는 문제는 입양아동의 친부모나 입양을 원하는 사람과 입양기관 사이에서 나타난다. 따라서 입양아동은 이러한 문제에 대해서 이해관계가 없다고 볼 수도 있다. 하지만 입양은 오히려 입양아동의 복리가 직접적으로 관련된 문제이다. 입양으로 인한 현실적 피해는 입양아동이 평생 동안 짊어져야 하기 때문이다. 따라서 국가는 입양기관의 불법행위로 인한 피해는 입양아동의 피해가 된다는 관점에서 입양아동의 권리에 대한 침해를 의미하는 입양기관의 불법행위로부터 입양아동을 보호해야 할 입법의 의무를 부담한다. 우선 입양절차가 순수한 영리활동으로 변질되지 않도록 자격이 되지 않는 입양기관의 난립을 방지할 뿐만 아니라 입양기관의 부당한 알선료 수수에 제한을 가하고 위반행위에 대해서는 엄격하게 처벌하는 입법이 마련되어야 한다. 또한 입양절차에서 입양아동의 친부모를 속이거나 강요하여 입양시키는 행위는 '아동매매의 성격'이 추가됨으로 인해 그 불법성이 커지기 때문에 단순한 사기나 강요죄보다 형벌을 강화하는 입법도 필요하다. 그리고 입양절차에서 발생하는 불법행위에 대해서 단지 입양아동의 친부모에 대한 법익침해가 아니라 입양아동 본인에 대한 법익침해가 된다는 점을 고려하여 입양아동 본인이 성인이 된 후에 재판상 구제받을 수 있는 절차에 대한 입법도 마련될 필요가 있다.

3. 입양기관의 자격요건

입양의 알선을 위한 기관을 설립하고 입양을 알선하는 활동을 할 자유도 보장된다. 헌법상 보장된 '직업의 자유'(헌법 제15조)에 따라 입양단체를 설립하고 운영할 수 있는 자유가 보장되기 때문이다. 하지만 입양아동의 보호를 위하여 입양기관의 설립과 활동에 일정한 제한이 가해질 수 있다. 무엇보다도 자격 없는 입양단체가 난립함으로써 입양단체 사이에 과도한 경쟁이 촉발되지 않도록 입양기관이 될 수 있는 자격을 취득하기 위한 요건을 법률에 명시할 필요가 있다. '입양특례법'에 따르면 입양기관을 운영하고자 하는 자는 '사회복지사업법'에 따른 사회복지법인[129]으로서 보건복지부장관의 허가를 받아야 하고, 국내 입양만을 알선하고자 하는 자는 시 · 도지사의 허가를 받아야 한다(동법 제20조 제1항). 허가를 받지 않고 입양알선에 관한 업무를 행한 자는 형사처벌을 받는다(동법 제44조 제2호).

하지만 입양은 단순한 사회복지사업이 아니고, 입양아동의 복리와

129 사회복지사업법에 의한 사회복지법인은 보건복지부장관의 '허가'를 받아 '설립등기'를 해야 한다(동법 제16조). 또한 법정사항을 충족한 '정관'을 가져야 하고(동법 제17조), 법정수의 '임원'을 두어야 한다(동법 제18조).

직결되는 사업이기 때문에 입양단체에 대해서는 사회복지법인의 자격요건뿐만 아니라 입양활동에 필요한 자격요건을 추가적으로 요구하는 것이 타당하다고 보인다. 해외입양에 관한 헤이그협약도 입양기관에 대한 허가(accreditation)는 입양기관에 위임되는 업무를 적절하게 수행할 수 있는 '자격(competence)'을 갖춘 경우에만 부여되도록 요구한다(동협약 10조).[130] 특히 입양기관은 허가기관이 제정한 조건과 한계 내에서 '비영리법인'으로 활동해야 하고, '윤리적 기준'을 충족하고 해외입양 분야에서의 '훈련과 경험'을 갖춘 사람들에 의해 운영되어야 하며, 그 조직과 활동 및 재정상황에 대해서 '국가기관의 감독'을 받아야 한다는 점을 분명히 하고 있다(동협약 제11조).[131] 현행 입양특례법에는 입양기관의 자격요건이나 입양기관종사자의 윤리기준에 관한 규정이 결여되어 있다. 단지 입양기관의 장과 그 종사자는 입양아동의 인권을 보호하고 건전한 입양문화를 정착시키기 위하여 정기적으로 보건복지부령으로 정하는 보수교육을 받아야 하는 의무를 부과하고 있을 뿐이다(동법 제20조 제4항). 물론 보건복지부장관이나 지방자치단체장에게

130 해외입양에 관한 헤이그협약 제10조: 담당하게 될 **업무를 적절하게 수행할 수 있는 자격**을 증명한 기관에 대해서만 허가가 부여되어야만 한다(Accreditation shall only be granted to and maintained by bodies demonstrating their **competence to carry out properly the tasks** with which they may be entrusted).

131 해외입양에 관한 헤이그협약 제11조: 허가받은 기관은 다음과 같은 의무가 있다(An accredited body shall) – a) 권한을 가진 기관이 설정한 조건과 한계 내에서 오로지 **비영리 목적**만을 추구할 의무(pursue only **non-profit objectives** according to such conditions and within such limits as may be established by the competent authorities of the State of accreditation); b) 해외입양 분야에서 일할 수 있는 윤리적 기준과 훈련이나 경험으로 **자격을 갖춘 사람**이 감독하고 보조해야 할 의무 및(be directed and staffed by **persons qualified** by their ethical standards and by training or experience to work in the field of intercountry adoption; and) c) 그 조직과 활동 및 재정상황에 관하여 해당 국가의 **권한을 가진 기관의 감독**에 복종할 의무(be subject to **supervision by competent authorities** of that State as to its composition, operation and financial situation).

입양기관을 운영하는 자에 대하여 소관 업무에 관하여 필요한 지도·감독을 하며, 필요한 경우 그 업무에 관하여 보고 또는 관계 서류의 제출을 명하거나 소속 공무원으로 하여금 입양기관의 사무소 또는 시설에 출입하여 검사하거나 질문하게 할 수 있는 권한을 부여하고 있으므로(동법 제38조 제1항) 이러한 감독권을 엄격하게 행사하여 입양기관의 불법행위를 단속할 필요가 있다.

4. 알선료 수수의 문제

입양기관에 대해서 입양의 알선에 필요한 비용을 받게 할 수 있는데 입양특례법에 따르면 허가를 받은 입양기관은 양부모가 될 자로부터 입양알선에 실제로 드는 비용의 일부를 받을 수 있다(동법 제32조 제1항).[132] 문제는 "실제 드는 비용"의 계산이 쉽지 않고, 실제로 드는 비용을 초과하여 알선료를 지급받은 경우에도 이에 대한 제재가 가해지지 않는다는 점이다. 특히 해외입양에서 거액의 알선료가 오고갈 수 있는데 아동권리협약(CRC)은 특별히 해외입양(inter country)에서 "부당한 금전적 이득(improper financial gain)"을 얻을 수 없도록 하는 조치를 요구하고 있다는 점(CRC 제21조 제d항)을 기억할 필요가 있다. 또한 해외입양에 관한 헤이그협약(1993)도 해외입양과 관련된 부당한 금전적 이득의 취득을 금지할 뿐만 아니라 해외입양기관의 종사자에 대한 "과도한 보수(unreasonably high remuneration)"의 지급도 금지하고 있다.[133] 따라서

132 입양특례법 시행령에 따르면 입양알선비용에 포함될 수 있는 비용으로 ① 입양알선에 소요되는 인건비, ② 아동양육비, ③ 입양알선절차에 소요되는 비용, ④ 입양기관의 운영비 및 홍보비를 열거하고 있다(동시행령 제8조).

133 해외입양에 관한 헤이그협약(1993) 제32조: (1) No one shall derive improper financial or other gain from an activity related to an intercountry adoption. (2) Only costs and expenses, including reasonable professional fees of persons involved in the adoption, may be charged or

입양기관의 알선료 및 기관종사자의 보수에 한계를 설정하고 이를 위반하는 경우에 제재를 가하는 법규의 신설이 요구된다. 입양기관이 한도 없이 알선료를 제공받고 보수를 지급받아 사실상 영리활동을 하게 되면 이윤을 극대화하기 위하여 입양아동의 복리가 고려되지 않을 수 있기 때문이다. 해외입양에 관한 헤이그협약도 입양과 관련된 부당한 금전적 이득의 수수를 막기 위하여 모든 적절한 수단을 동원하도록 요구하고 있다(동협약 제8조).[134] 하지만 현행 입양특례법에서는 입양동의의 대가로 금전 또는 재산상의 이익, 그 밖의 반대급부를 주고받거나 주고받을 것을 약속하는 행위를 금지하고 있을 뿐이고(동법 제13조 제2항), 이를 위반한 경우에 어떠한 제재가 가해지는지에 관한 규정이 없어 실효성이 없을 뿐만 아니라 규율대상도 입양기관이 아니기 때문에 입양기관의 영리활동을 규제하는 조항으로는 전혀 기능하지 못하고 있다. 한편 입양알선료에 대해서는 사후통제도 필요하다고 보인다. 알선료가 과도하지는 않은지, 실제로 알선료가 입양알선에 들어가는 비용으로 사용되었는지 등을 사후적으로 통제하기 위하여 수입과 지출에 대한 감사와 그 결과의 공개가 요구된다.

5. 입양촉진정책과 입양아의 권리

입양을 촉진하기 위한 정책적 목적으로 입양특례법이 제정되어 있다. 이

---

paid. (3) The directors, administrators and employees of bodies involved in an adoption shall not receive remuneration which is unreasonably high in relation to services rendered.

134 해외입양에 관한 헤이그협약(1993) 제8조: 중앙행정기관은 직접 또는 공공기관을 통하여 입양과 관련된 부당한 금전적 또는 그 밖의 이득의 취득을 예방하고, 이 협약의 목표에 위반되는 모든 관행을 제거하기 위하여 모든 적절한 조치를 취해야만 한다(Central Authorities shall take, directly or through public authorities, all appropriate measures to prevent improper financial or other gain in connection with an adoption and to deter all practices contrary to the objects of the Convention).

표 3-7. 요보호아동 현황

(단위: 명)

	2000	2001	2002	2003	2004	2005	2006	2007	2008	2009	2010
합계	9,085	10,586	10,057	10,222	9,393	9,420	9,034	8,861	9,284	9,028	8,590
빈곤·실직·학대	1,716	4,146	4,263	4,463	4,265	4,877	4,925	5,354	6,002	5,106	4,613
학대	–	–	–	–	–	–	–	–	891	1,051	1,037
빈곤·실직	–	–	–	–	–	–	–	–	1,036	710	586
부모사망	–	–	–	–	–	–	–	–	732	763	772
부모질병	–	–	–	–	–	–	–	–	274	230	203
부모이혼	–	–	–	–	–	–	–	–	2,943	2,240	2,015
비행·가출	1,757	728	749	595	581	1,413	802	748	706	707	772
미혼모	4,190	4,897	4,337	4,457	4,004	2,638	3,022	2,417	3,463	4,075	2,804
기아	1,270	717	634	628	481	429	230	305	212	230	191
미아	152	98	74	79	62	63	55	37	151	35	210

자료: 《아동 · 청소년 백서》(보건복지부)

법률의 적용을 받는 대상은 '요보호아동'이다. 요보호아동은 "보호를 필요로 하는 아동"으로 보호자가 없거나 보호자로부터 이탈된 아동, 또는 보호자가 아동을 학대하는 경우 등 그 보호자가 아동을 양육하기에 부적당하거나 양육할 능력이 없는 경우의 아동을 뜻한다(아동복지법 제2조 제2호). 해마다 차이는 있지만 대체로 매면 9천-1만 명 정도의 요보호아동이 발생하고 있다(〈표 3-7〉 참조).

이러한 요보호아동은 ① 보호자로부터 이탈되어 지방자치단체장이 부양의무자를 확인할 수 없어 보장시설에 보호를 의뢰한 경우, ② 부모나 다른 직계존속 또는 후견인이 입양을 동의하여 보장시설 또는 입양기관에 보호를 의뢰한 경우, ③ 친부모가 법원에 의하여 친권상실의 선고를 받아 지방자치단체장이 보장시설에 보호를 의뢰한 경우, ④ 그 밖에 부양의무자를 알 수 없어 지방자치단체장이 보장시설에 보호를 의뢰한 경우에 입양특례법에 따라 양자가 될 수 있다(동법 제9조). 정리하면 기아(棄兒, 버려진 아동)나 미아(迷兒, 잃어버린 아동)처럼 부양의무자가 없거나 누구인지 알 수 없는 아동 또는 미혼모의 자녀와 같이 부모의

표 3-8. 요보호아동 현황

(단위: 명)

	2001	2002	2003	2004	2005	2006	2007	2008	2009
합계	10,586	10,057	10,222	9,393	9,420	9,034	8,861	10,534	10,153
시설보호	3,727	4,846	4,846	4,383	2,861	3,494	4,227	4,964	4,767
가정위탁	2,653	1,152	1,152	1,988	2,633	2,364	1,982	3,016	2,947
입양	4,206	4,059	4,059	3,851	3,899	3,562	2,652	2,554	2,439
국내입양	1,770	1,694	1,564	1,641	1,461	1,332	1,388	1,306	1,314
해외입양	2,436	2,365	2,365	2,287	2,258	2,101	1,264	1,250	1,125

자료: 《아동 · 청소년 백서》(보건복지부)

입양동의를 받은 아동으로 보장시설이나 입양기관에 수용되면 입양특례법에 따른 '양자가 될 자'에 해당하게 된다. 특히 신속한 보호가 요구되는 요보호아동에게 양부모와 가족을 연결시켜 주는 것은 원칙적으로 해당 아동의 복리를 증진시킬 수 있다는 점에서 이러한 법률제정의 목적은 일단 정당하다고 판단된다. 요보호아동 가운데 입양되는 아동의 숫자는 매년 감소하고, 특히 2007년 이후에 격감하고 있는데 이것은 2007년부터 국내입양우선추진제에 따라 국내입양을 장려하고 있지만 국내입양은 늘지 않으면서 해외입양은 절반 수준으로 줄어든 데 이유가 있는 것으로 보인다.

민법과 입양특례법을 비교할 때 전자에서는 친부모나 후견인의 승낙이 필요한 반면에 후자에서는 동의만으로 충분하다는 점이 다르지만 법원의 허가를 받도록 요구하는 점에서는 동일하다. 따라서 민법에 따른 입양과 입양특례법에 따른 입양은 입양되는 아동의 복리라는 관점에서 보면 크게 차이가 없다고 볼 수 있다.

V. 혈연정보에 관한 권리

1. 뿌리에 대한 알 권리

인간은 누구나 자신의 뿌리(출생기원)나 정체성에 대해서 알 수 있도록 보장되어야 한다. 이러한 권리는 독일연방헌법재판소가 설시하고 있듯이 '인격권'에서 도출될 수 있다.[135] 우리 헌법도 행복추구권을 규정함으로써 일반적 행동자유권과 함께 일반적 인격권을 규정한 것으로 이해된다. 이러한 인격권에서 도출되는 '뿌리를 알 권리(right to know his or her origin, Recht auf Kenntnis der eigenen Abstammung)'에 따라 모든 사람은 자신의 생물학적 부모는 누구이고, 어떻게 태어난 사람인지에 대해서 알 권리를 향유한다. 입양아동은 대부분 매우 어린 나이에, 경우에 따라서는 태어나자마자 입양된다. 따라서 나중에 성인이 되어 자신이 뿌리를 찾으려고 할 때는 이미 많은 시간이 흘러 자신의 뿌리를 찾기가 쉽지 않게 된다. 특히 해외입양이 많은 한국에서 외국으로 입양된 사람의 경우에 한국에 돌아와 자신의 뿌리를 찾기가 매우 어렵게 된다. 따라서 아동이 입양될 때는 나중에 자신의 뿌리를 쉽게 찾을 수 있도록 반드시 본인과 부모의 신상에 대해서 기록을 남기고, 특히 입양관청이나 입양기관은 이러한 기록을 보존하고, 입양아의 양친에게도 제공해야 할 의무를 부담시켜야 한다. 해외입양에 관한 헤이그협약(1993)도 입양아의 뿌리(origin)와 관련된 정보, 특히 부모의 신원(identity)과 관련된 정보 및 출생에 관한 의료기록(medical history)을 입양을 관할하는 국가기관이

135 독일연방헌법재판소는 "자신의 출생기원을 알 권리(Recht auf Kenntnis der eigenen Abstammung)"가 독일기본법 제2조 제1항에 보장된 일반적 인격권과 제1조에 보장된 인간존엄에서 도출된다고 본다. *BVerfGE* 79, 256면 이하 및 90, 263면 이하 참조.

보존하도록 요구하고 있다(제30조 제1항).[136] 그리고 입양아동이 자신의 뿌리에 관한 정보에 접근할 수 있도록 보장되어야 한다(동조 제2항).[137] 이와 관련하여 입양특례법은 입양기관에 다음과 같은 의무를 부과하고 있다(동법 제21조).

① 입양기관의 장은 입양의뢰된 사람의 권익을 보호하고, 부모를 알 수 없는 경우에는 부모 등 직계존속을 찾기 위하여 노력을 다하여야 한다.

② 입양기관의 장은 입양을 알선할 때 그 양친이 될 사람에 대하여 제10조(양친이 될 자격 등)에서 정한 사실을 조사하여야 한다.

③ 입양기관의 장은 양친이 될 사람에게 입양 전에 아동양육에 관한 교육을 하여야 하며, 입양이 성립된 후에는 보건복지부령으로 정하는 바에 따라 입양아동과 그에 관한 기록 등을 양친 또는 양친이 될 사람에게 건네주고, 그 결과를 특별자치도지사 · 시장 · 군수 · 구청장에게 보고하여야 한다.

④ 입양기관의 장은 입양업무의 효율 및 입양기관 간의 협력체계 구축을 위하여 입양아동과 가족에 관한 정보를 보건복지부령으로 정하는 바에 따라 제26조에 따른 중앙입양원에 제공하여야 한다.

⑤ 입양기관의 장은 입양업무에 관한 사항을 보건복지부령으로 정하는

136 국제입양에 관한 헤이그협약(1993) 제30조 제1항: The competent authorities of a Contracting State shall ensure that information held by them concerning the child's origin, in particular information concerning the identity of his or her parents, as well as the medical history, is preserved.

137 국제입양에 관한 헤이그협약(1993) 제30조 제2항: They shall ensure that the child or his or her representative has access to such information, under appropriate guidance, in so far as is permitted by the law of that State.

바에 따라 기록하여야 한다. 이 경우 입양기록은 전자문서로서 기록할 수 있다.

⑥ 제5항에서 정한 입양업무에 관한 기록은 입양아동에 대한 사후관리를 위하여 영구보존하여야 하다.

⑦ 제4항에 따른 정보의 범위 및 내용과 제5항에 따른 입양기록 및 전자기록의 보존 등에 필요한 사항은 보건복지부령으로 정한다.

하지만 이러한 의무는 제1항에 규정된 입양아동의 권익을 해치는 행위에 대해서만 허가취소나 업무정지명령이 내려질 수 있을 뿐이고(동법 제39조 제1항 제2호), 다른 의무위반행위에 대해서는 제재가 가해지지 않기 때문에 단순한 '윤리적 의무'에 지나지 않는다고 평가할 수 있다. 한편 입양아동에게는 부모의 신원에 관한 정보의 공개를 요구할 수 있는 권리를 다음과 같이 보장하고 있다(동법 제36조).

① 이 법에 따라 양자가 된 사람은 중앙입양원 또는 입양기관이 보유하고 있는 자신과 관련된 입양정보의 공개를 청구할 수 있다. 다만, 이 법에 따라 양자가 된 사람이 미성년자인 경우에는 양친의 동의를 받아야 한다.

② 중앙입양원 또는 입양기관의 장은 제1항에 따른 요청이 있을 때 입양아동의 친생부모의 동의를 받아 정보를 공개하여야 한다. 다만, 친생부모가 정보의 공개에 동의하지 아니하는 경우에는 그 친생부모의 인적사항을 제외하고 정보를 공개하여야 한다.

③ 제2항의 단서에도 불구하고 친생부모가 사망이나 그 밖의 사유로 동의할 수 없는 경우에는 양자가 된 사람의 의료상 목적 등

특별한 사유가 있는 경우에는 친생부모의 동의 여부와 관계없이 입양정보를 공개할 수 있다.

④ 제1항부터 제3항까지의 규정에서 정한 정보공개의 청구대상이 되는 정보의 범위, 신청 방법과 절차, 그 밖에 필요한 사항은 대통령령으로 정한다.

여기서 주목할 것은 '중앙입양원'인데 이 기관은 국내입양 활성화 및 입양에 대한 사후관리 등을 위하여 설치된 재단법인으로(동법 제26조 제1항 및 제2항) 앞서 살펴본 것처럼 입양기관으로부터 입양아동과 가족에 관한 정보를 제공받을 뿐만 아니라(동법 제21조 제4항) 다음과 같은 업무를 수행하게 되고(동법 제26조 제4항), 중앙입양원에 대한 지도 · 감독의 권한은 보건복지부장관이 갖는다(동법 제30조 제1항).

① 입양아동 · 가족정보 및 친가족 찾기에 필요한 통합데이터베이스 운영
② 입양아동의 데이터베이스 구축 및 연계
③ 국내외 입양정책 및 서비스에 관한 조사 · 연구
④ 입양 관련 국제협력 업무
⑤ 그 밖에 보건복지부장관으로부터 위탁받은 사업

이러한 업무 가운데 입양아동의 뿌리를 알 권리와 관련하여 중요한 업무는 첫 번째 업무인데 입양기관이 중앙입양원에 얼마나 충분하고 정확한 정보를 제공하고, 중앙입양원의 업무에 대한 보건복지부장관의 지도 · 감독권이 충실하게 행사되는지에 따라 입양아동의 뿌리를 알

권리가 실현될 수 있다고 본다. 하지만 보건복지부장관의 지도·감독권은 실효성이 있게 행사될 수 있다고 보이지만 입양기관에 대한 강제권이 없는 중앙입양원이 입양기관에 대해서 입양아동의 가족에 관한 정보의 공개를 실효성이 있게 요구할 수 있는지는 의문이다. 결국 입양아동과 가족에 관한 정보를 기록·보관해야 하는 입양기관의 의무가 강제력을 가질 수 있도록 의무위반에 대한 제재를 강화하고, 중앙입양원이 입양기관에 대해서 충분하고 정확한 정보의 제공을 요구하였으나 이를 거부하거나 게을리 할 때 역시 제재할 수 있는 수단을 마련하는 것이 필수적이라고 보인다.

2. 입양아의 정보에 대한 조작

입양기관은 입양을 신속하게 진행하기 위해 입양아동의 정보(친부모 생존 여부, 입양아동의 건강상태 등)를 조작할 수 있다. 부모가 있는 아동을 고아로 만들거나 명백하게 부모의 동의를 받아 입양기관에 맡겨진 아동을 버려진 아동(기아)으로 만드는 예가 대표적이다. 이러한 행위에 대해서 입양기관은 아동을 신속하게 입양시킴으로써 결과적으로 아동의 복리에 기여했다고 주장할 수도 있지만 나중에 입양아동이 성인이 되어 뿌리를 찾고자 할 때 심각한 장애가 되기 때문에 이와 같은 행위는 금지되어야 한다. 더욱이 이러한 행위는 입양과정에서 제출되어야 하는 공문서나 사문서를 위조하는 행위이고, 양부모가 될 자를 기망하는 행위이기도 하기 때문에 반드시 처벌되어야 할 필요가 있다. 입양특례법에 따르면 입양에 관한 가정법원의 허가를 받고자 할 때 제출되어야 하는 서류(동법 제11조 제1항)[138] 가운데 양자가 될 아동이 입양특례법의 규율을 받는

138 입양에 관한 가정법원의 허가를 받기 위하여 제출되어야 하는 서면에는 ① 양자가 될

[별지 제2호서식] <개정 1999.5.19> (앞 쪽)

<table>
<tr><td colspan="5" rowspan="2">입양대상아동확인서</td><td>처리기간</td></tr>
<tr><td>2일</td></tr>
<tr><td rowspan="2">신청인</td><td>시설명</td><td colspan="2"></td><td>대 표 자</td><td></td></tr>
<tr><td>주 소</td><td colspan="4">☎</td></tr>
<tr><td rowspan="2">아 동</td><td>성 명</td><td></td><td>주민등록번호</td><td colspan="2">~</td></tr>
<tr><td>주 소</td><td colspan="2"></td><td>보호개시일</td><td>. . .</td></tr>
<tr><td rowspan="2">공 고
사 항</td><td>공고기관</td><td></td><td>공고번호</td><td>공고연월일</td><td>. . .</td></tr>
<tr><td>공고결과</td><td colspan="4">부양의무자 출현 □유 □무 (의견)</td></tr>
</table>

입양촉진및절차에관한특례법시행규칙 제4조의 규정에 의하여 위와 같이 입양대상자임을 확인하여 주시기 바랍니다.

년 월 일

신청인 서명 (인)

시장·군수·구청장 귀하

위의 사실과 틀림없음을 확인합니다.

년 월 일

시장·군수·구청장 [인]

※구비서류: 없 음 ☞공고사항은 보호시설에있는고아의후견직무에관한법률시행령 제3조의2의 규정에 의한 공고를 뜻합니다.	수수료 없 음

31314-01311일
95.12.19 개정

210mm×297mm
(신문용지 54g/㎡)

요보호아동인지를 증명하는 서류(193쪽 '서식: 입양대상아동확인서' 참조)는 해당 아동의 거주지를 관할하는 시장 · 군수 · 구청장이 필요한 조사 · 확인을 해야 한다(동조 제3항 및 동법 시행령 제2조 제1호). 하지만 실제로는 양자가 될 아동을 인수한 사회보장시설이나 입양기관의 장이 작성한 뒤에 위 기관의 확인을 받게 되므로(동법 시행규칙 제4조) 확인기관의 확인이 실질적으로 이루어지지 않는다면 입양아동의 정보에 대한 조작은 충분히 가능하다.

3. 공개입양의 원칙

1) 아동에게 최선의 이익이 되는 공개입양

입양아동이 자신의 뿌리를 쉽게 알려면 '공개입양(open adoption)의 원칙'이 준수되어야 한다. 공개입양은 여러 가지 의미로 사용될 수 있지만 입양아동의 입장에서는 언제든지 원하면 친부모의 신원을 알 수 있도록 친부모의 신원을 등록하여 열람할 수 있게 만드는 의미를 갖는다. 더 나아가 공개입양은 입양의 사실을 입양아동뿐만 아니라 제3자에게 공개하는 입양의 의미로 이해되기도 한다. 입양을 비밀(비공개)로 하기 때문에 친부모의 신분이 감춰지고, 아동의 정보에 대한 조작도 가능해진다. 사실 입양은 숨길 일이 아니고, 입양되는 아동에게 새로운 양육의 환경을 제공함으로써 아동의 복리에 기여한다는 점에서 공개될 필요가 있다. 더욱이 공개입양은 아동에게 최선의 이익을 제공할 수 있는 부모를 찾아 줄 수 있게 만든다는 점에서도 장려되어야 한다. 물론

아동의 출생신고 증빙 서류, ② 제9조(양자가 될 자격) 및 제10조(양친이 될 자격)의 자격을 구비하였다는 서류, ③ 제12조 및 제13조에 따른 입양동의 서류, ④ 그 밖에 아동의 복리를 위하여 보건복지부령으로 정하는 서류가 포함된다.

공개입양이 입양되는 아동의 복리에 최선이 되지 않을 수도 있기 때문에 해당 아동에게 최선의 이익이 되는 경우에 한하여 비공개입양이 허용될 필요가 있다. 어쨌든 공개입양의 원칙이라는 관점에서도 입양은 '법원의 허가'를 거치도록 하는 것이 타당하다. 따라서 민법과 입양특례법에 따른 입양에서 반드시 법원의 허가를 얻도록 한 것은 공개입양의 원칙과 관련해서 중요한 입법적 진전으로 평가할 수 있다.

2) 공개입양에 반대하는 논거

공개입양에 대해서 반대하는 다양한 논거가 있다. 우선 입양아동에게 친부모의 신원을 알려주게 되면 입양사실을 공개하지 않고 싶은 친부모의 권리(사생활의 비밀)를 침해하게 된다는 주장이 있다.[139] 실제로 이 주장이 염려하는 것은 친부모의 신원에 대한 익명성이 보장되지 않음으로써 '허위의 친생자 출생신고'(입양아동을 친생자인 것처럼 출생신고를 하는 행위)가 증가하고, 이로 인해 오히려 친부모에 관한 정보가 남지 않게 될 것이라는 점이다. 이에 따라 이 견해는 친부모의 동의가 있는 경우에만 입양아동에게 친부모의 신상에 관한 정보를 공개해야 한다는 결론을 도출한다. 물론 자녀를 출산하여 입양시킨 사실을 감추고 싶은 친부모, 특히 미혼모의 권리도 보장되어야 한다. 하지만 출산과 입양에 관한 사실의 비밀은 원칙적으로 입양된 자녀를 제외한 제3자에게만 보장될 수 있다. 출산하여 입양시킨 자녀에게 친부모가 본인의 신원을 감출 수 있는 권리를 주장할 수는 없다. 친부모의 신원이 공개됨으로써 허위의 친생자 출생신고가 증가할 것이라는 염려는 허위의 친생자

139 김상용, 〈'입양촉진 및 절차에 관한 특례법'의 개선방향〉, 《가족법연구》 제23권 제2호 (한국가족법학회, 2009), 241면 이하 참조.

출생신고를 예방하여 해결될 문제다.

한편 양부모의 신원을 친부모에게 공개하면 친부모가 언제든지 양자를 찾아와 접촉할 수 있게 됨으로써 입양의 안정성에 해악이 될 것이라고 주장한다.[140] 입양의 당사자는 원칙적으로 양자와 양친이고, 친부모는 입양을 결정하는 단계에서 자녀에게 최선의 복리가 제공되도록 승낙권이나 동의권을 행사할 수 있으면 충분하므로 친부모에게는 양부모가 양친이 될 자격요건이 되는지 여부를 판단할 수 있는 정보만 제공될 필요가 있다. 입양으로 친부모의 친권은 소멸되기 때문에 입양 후에도 입양된 자녀와 양부모가 동의하지 않는 한, 또는 아동의 복리를 위하여 불가피한 객관적 사정이 존재하지 않는 한 친부모에게 양부모의 신상정보를 알려줌으로써 친부모가 자녀와 접촉할 수 있도록 할 필요는 없다고 보인다.

3) 혈연 중심의 가족개념과 비공개입양

한국에서 주로 비공개입양이 이루어지는 이유는 가족개념에서 혈연을 필수적 요소로 보기 때문이다. 따라서 앞서 논의한 것처럼 입양을 하면서도 양자를 친생자로 등록하는 '허위의 친생자 출생신고'의 관례가 있어 왔다. 이 경우에 문제는 실질적으로 양친자관계임에도 불구하고 형식적으로 친생자관계로 등록되었다면 나중에 입양을 취소하거나 파양을 하고자 할 때 '친생자관계부존재확인의 소'를 제기할 수 있는지 여부다. 대법원에 따르면 형식은 비록 친생자관계라도 하더라도 실질이 양친자관계라면 허위의 친생자 출생신고는 '입양을 공시하는

140 김상용, 〈'입양촉진 및 절차에 관한 특례법'의 개선방향〉, 《가족법연구》 제23권 제2호(한국가족법학회, 2009), 237면 이하 참조.

효력'을 발생시키게 되고, 친생자관계존부확인의 소는 파양의 경우에는 제기할 수 있지만 입양취소의 경우에는 제기할 수는 없다고 한다.[141]

---

141 대판 2010.3.11. 2009므4099: "① 당사자가 양친자관계를 창설할 의사로 친생자 출생신고를 하고 거기에 입양의 실질적 요건이 모두 구비되어 있다면 그 형식에 다소 잘못이 있더라도 입양의 효력이 발생하고, 양친자관계는 파양에 의하여 해소될 수 있는 점을 제외하고는 법률적으로 친생자관계와 똑같은 내용을 갖게 되므로 이 경우의 허위의 친생자 출생신고는 법률상의 친자관계인 양친자관계를 공시하는 입양신고의 기능을 발휘하게 되는 것이지만, 여기서 입양의 실질적 요건이 구비되어 있다고 하기 위하여는 입양의 합의가 있을 것, 15세 미만자는 법정대리인의 대낙이 있을 것, 양자는 양부모의 존속 또는 연장자가 아닐 것 등 민법 제883조 각 호 소정의 입양의 무효사유가 없어야 함은 물론 감호·양육 등 양친자로서의 신분적 생활사실이 반드시 수반되어야 하는 것으로서, 입양의 의사로 친생자 출생신고를 하였다 하더라도 위와 같은 요건을 갖추지 못한 경우에는 입양신고로서의 효력이 생기지 아니한다. ② 입양취소는 〔…〕 친생자관계존부확인의 소와는 구별되는 것이므로, 입양의 취소를 구하는 의미에서 친생자관계부존재확인을 구할 수는 없다."; 대판 2001.5.24. 2000므1493: "당사자가 양친자관계를 창설할 의사로 친생자출생신고를 하고 거기에 입양의 실질적 요건이 모두 구비되어 있다면 그 형식에 다소 잘못이 있더라도 입양의 효력이 발생하고, 양친자관계는 파양에 의하여 해소될 수 있는 점을 제외하고는 법률적으로 친생자관계와 똑같은 내용을 갖게 되므로 이 경우의 허위의 친생자출생신고는 법률상의 친자관계인 양친자관계를 공시하는 입양신고의 기능을 발휘하게 되는 것이며, 이와 같은 경우 파양에 의하여 그 양친자관계를 해소할 필요가 있는 등 특별한 사정이 없는 한 그 호적기재 자체를 말소하여 법률상 친자관계의 존재를 부인하게 하는 친생자관계부존재확인청구는 허용될 수 없는 것이다." 심지어 대법원은 입양 당시에는 입양의 의사가 없었더라도 사후에 입양의 실질이 갖추어진 경우에도 허위의 친생자 출생신고에 대해서 소급적으로 입양신고의 효력을 인정한다. 대판 2000.6.9. 99므1633, 1640: "친생자 출생신고 당시 입양의 실질적 요건을 갖추지 못하여 입양신고로서의 효력이 생기지 아니하였더라도 그 후에 입양의 실질적 요건을 갖추게 된 경우에는 무효인 친생자 출생신고는 소급적으로 입양신고로서의 효력을 갖게 된다고 할 것이나 민법 제139조 본문이 무효인 법률행위는 추인하여도 그 효력이 생기지 않는다고 규정하고 있음에도 불구하고 입양 등의 신분행위에 관하여 이 규정을 적용하지 아니하고 추인에 의하여 소급적 효력을 인정하는 것은 무효인 신분행위 후 그 내용에 맞는 신분관계가 실질적으로 형성되어 쌍방 당사자가 이의 없이 그 신분관계를 계속하여 왔다면, 그 신고가 부적법하다는 이유로 이미 형성되어 있는 신분관계의 효력을 부인하는 것은 당사자의 의사에 반하고 그 이익을 해칠 뿐만 아니라, 그 실질적 신분관계의 외형과 호적의 기재를 믿은 제3자의 이익도 침해할 우려가 있기 때문에 추인에 의하여 소급적으로 신분행위의 효력을 인정함으로써 신분관계의 형성이라는 신분관계의 본질적 요소를 보호하는 것이 타당하다는 데에 그 근거가 있다고 할 것이므로, 당사자 간에 무효인 신고행위에 상응하는 신분관계가 실질적으로 형성되어 있지 아니한 경우에는 무효인 신분행위에 대한 추인의 의사표시만으로 그 무효행위의 효력을 인정할 수 없다."

이러한 문제는 앞서 논의한 것처럼 양자를 친생자와 구분하지 않는 '친양자제도'가 인정되지 않은 상황에서 발생하였으므로 친양자제도가 인정되고 있는 현재는 이와 같은 문제가 어느 정도 해소될 수 있을 것으로 보인다. 하지만 친양자제도의 경우에 파양은 법적 요건을 충족했을 때 대단히 제한적으로만 인정된다는 점에서 양자를 친생자로 등록하는 허위의 출생신고는 계속될 것으로 예상된다. 따라서 법원은 허위의 출생신고를 친양자입양의 신고로 보아 친생자존부확인의 소를 통해 파양을 하고자 할 때 친양자파양의 요건을 충족한 경우에만 파양을 허가해야 한다. 또한 친양자제도는 법원의 허가를 받아야 하므로 이 과정에서 입양이 공개될 여지도 여전히 남아 있다. 따라서 중요한 것은 혈연중심의 가족개념에서 벗어나 양육되는 자녀를 중심으로 가족개념을 재구성하는 것이다. 이에 따라 혈연이든 입양이든 '자녀가 양육되는 공동체'를 가족으로 인정하는 사회적 인식이 필요하다.

4. 입양등록제도

(1) 입양등록제도의 필요성

입양아동이 나중에 부모의 정보를 용이하게 찾기 위해서는 '입양등록제도'가 도입되어야 한다. 입양등록제도는 입양할 때 입양아동과 그 친부모 및 양부모에 관한 필수적 정보를 등록하게 하고, 이를 국가가 보존하고 관리하는 제도를 말한다. 이 제도가 도입되면 국가는 입양에 관한 정보를 등록하는 전담부서를 설치하여 등록된 정보를 보존·관리해야 하는 의무를 부담하고, 입양아동과 그 법정대리인은 원하면 그 정보를 열람할 수 있게 된다. 또한 입양등록제도에 따라 입양에 관한 정보를 등록할 때 그 내용을 증명하는 서류를 엄격하게 요구하면 정보의 조작도 원천적으로 불가능하게 된다. 또한 입양등록제도를 통해 공개입양의 원칙이 현실적으로 관철될 수도 있다. 다만 입양에 관한 정보는 개인의 신상정보로서 비밀이 요구되기 때문에 오로지 입양아동과 그 법정대리인만이 열람할 수 있도록 제한해야 하고, 입양정보를 관리하는 공무원에게 비밀준수의 의무를 부과해야 한다. 한편 입양등록제도는 가족관계의 형성을 의미하는 입양에 대해서 공적으로 확인해 주는 기능을 수행하기도 한다.[142]

(2) 가족관계등록법상의 입양등록제도

현재 입양에 관한 정보는 '가족관계의 등록 등에 관한 법률'(이하 '가족관계등록법'으로 약칭)에 따라 등록·관리된다. 이 법률에 따라 등록("기록")되는 사항으로 "출생·혼인·사망 등 가족관계의 발생 및 변동에 관한 사항"이 열거되어 있지만 입양은 명시되어 있지 않다(동법 제9조 제1항 제3호). 하지만 가족관계를 발생·변동시키는 '기타 사유("등")'에 입양이 포함되고, 가족관계등록부에 등록된 사항을 증명하는 서류 가운데 하나인 '가족관계증명서'에 기재되는 사항에 부모의 신상정보가 포함되는데 입양아동의 경우에는 양부모의 신상정보가

142 입양에서 중요한 것은 입양의 등록이라는 형식적 요건이 아니라 실질적 요건, 특히 입양에 관한 당사자의 합의이므로 단지 형식적 요건만 갖춘 이른바 '가장입양'에 대해서는 입양의 법적 효과를 인정할 수 없다. 대판 2004.4.9. 2003므2411: "입양의 실질적 요건이 구비되어 있다고 하기 위하여는 입양의 합의가 있을 것, 15세 미만자는 법정대리인의 대낙이 있을 것, 양자가 양부모의 존속 또는 연장자가 아닐 것 등 민법 제883조 각 호 소정의 입양의 무효사유가 없어야 하며, 민법 제883조 제1호의 입양무효사유인 '당사자 간에 입양의 합의가 없는 때'라 함은 당사자 간에 실제로 양친자로서의 신분적 생활관계를 형성할 의사를 가지고 있지 아니한 경우를 말하므로, 입양신고가 호적상 형식적으로만 입양한 것처럼 가장하기로 하여 이루어진 것일 뿐 당사자 사이에 실제로 양친자로서의 신분적 생활관계를 형성한다는 의사의 합치가 없었던 것이라면 이는 당사자 간에 입양의 합의가 없는 때에 해당하여 무효라고 보아야 한다."

기록되며(동법 제15조 제1항 제1호 나목), 가족관계를 증명하는 서류 가운데 '입양관계증명서'와 '친양자입양관계증명서'가 포함되므로(동조 동항 4호 및 5호) 입양도 가족관계등록법에 따라 등록 · 관리된다.

1) 입양 및 파양의 신고

입양과 관련된 사항을 등록하기 위하여 입양아동이나 그 법정대리인(입양아동이 15세 또는 13세 미만이어서 법정대리인이 입양아동을 대신하여 승낙한 경우)에게 입양사실을 신고해야 하는 의무를 부과한다(동법 제62조 제1항). 입양신고서에는 ① 당사자의 신상정보(성명 · 본 · 출생연월일 · 주민등록번호 · 등록기준지) 및 양자의 성별, ② 양자의 친생부모의 신상정보(성명 · 주민등록번호 및 등록기준지)가 기재되어야 한다(동법 제61조). 입양특례법에 의한 요보호아동의 입양에서도 가족관계등록법에 따른 입양신고를 해야 한다(입양특례법 제7조 제1항). 이 경우에 신고의무자는 양부모와 입양아동(양자가 될 자)의 후견인이다. 한편 파양의 경우에는 협의상 파양이면 '파양을 협의한 사람'이 신고해야만 하고(동법 제64조 제1항), 재판상 파양이면 '소를 제기한 사람'이 신고해야만 한다(동법 제66조, 제58조 제1항). 신고서에 기재해야 하는 사항은 ① 당사자의 신상정보와 ② 양자의 친생부모의 신상정보다(동법 제63조 제1항). 그 밖에 친양자관계의 경우에는 입양할 때는 '입양하고자 하는 사람'이, 파양할 때는 '소를 제기한 사람'이 신고해야만 한다(동법 제67조 제1항, 제69조 제1항). 신고의 내용은 일반 입양 · 파양의 경우와 동일하다. 입양과 협의상 파양의 경우에는 신고에 의해 비로소 법적 효력이 발생한다(민법 제878조 제1항, 904조). 입양특례법에 따른 입양의 경우에는 가정법원의 인용심판 확정으로 효력이 발생한다(동법 제15조 제1항).

2) 입양관계의 증명

등록된 입양정보 가운데 '입양관계증명서'와 '친양자입양관계증명서'에는 ① 본인의 신상정보(등록기준지 · 성명 · 성별 · 본 · 출생연월일 및 주민등록번호)와 ② 친생부모 · 양부모(본인이 양자/친양자인 경우) 또는 양자/친양자(본인이 양부모인 경우)의 성명 · 성별 · 본 · 출생연월일 및 주민등록번호 및 ③ 입양과 파양에 관한 사항이 표시된다(동법 제15조 제1항 제4호, 제5호). 입양관계증명서는 본인 또는 배우자, 직계혈족, 형제자매가 교부를 청구할 수 있고, 대리인이 청구하는 경우에는 본인 등의 동의가 필요하다(동법 제14조 제1항). 하지만 친양자입양관계증명서는 ① 친양자가 성년이 되어 신청하는 경우, ② 혼인당사자가 민법상의 친족관계를 파악하고자 하는 경우, ③ 법원의 사실조회촉탁이 있거나 수사기관이 수사상 필요에 따라 문서로 신청하는 경우, ④ 그 밖에 대법원규칙이 정하는 경우 가운데 하나에 해당할 때에만 교부를 청구할 수 있다(동조 제2항).

3) 문제점

입양이나 파양을 신고할 때는 당사자 쌍방과 성년자인 증인 2인의 연서한 서면이 필요하다(민법 제878조 제2항, 제904조). 그리고 입양과 파양의 신고는 입양과 파양의 법적 요건 및 기타 법령에 위반되지 않을 때에는 수리되어야 한다(동법 제881조, 903조).

입양특례법에서는 양자로 될 자가 양자의 자격요건(동법 제4조)에 해당한다는 사실을 증명하는 서류, 양친의 자격요건(동법 제5조 제1항)과 관련하여 양친이 될 자의 가정상황에 관한 서류, 입양의 동의에 관한 서류를 첨부하도록 요구하고 있다(동법 제7조 제2항). 그리고 양자의 자격요건과 양친의 자격요건과 관련된 서류는 법령에서 정하는 기관[143]이 필요한 조사·확인을 한 후에야 발급될 수 있도록 함으로써 양자와 양친의 자격요건에 대한 심사를 강화하고 있는 듯하다. 하지만 양자의 자격요건에 관한 증명은 국민기초생활보장법상의 보장시설이나 입양특례법상의 입양기관이 작성하고, 확인기관(시장·군수·구청장)의 확인을 받아야 한다(입양특례법 시행규칙 제7조). 그리고 양친의 자격요건에 관한 증명은 입양특례법 시행령상의 조사기관이 가정조사를 실시한 뒤에 발급해야 되는데 이러한 가정조사는 직장·이웃·가정 등을 2회 이상 직접 방문하여 실시하되 적어도 1회 이상은 미리 알리지 않고 방문조사를 해야 한다(동시행규칙 제8조 제2항, 제3항). 하지만 양자의 자격요건에 대한 확인기관의 확인이 형식적으로 될 개연성이 높고, 양친의 자격요건에 대한 입양기관의 가정조사도 입양을 알선하는 기관의 성격상 엄격하게 실시될 가능성이 낮다.

VI. 친부모에게 양육받을 권리

1. 불가피한 선택으로서 입양

아동은 친부모가 양육하는 것이 최선이고, 입양은 아동의 복리를

143 입양촉진 및 절차에 관한특례법 시행령 제2조(조사·확인기관) 〈입양촉진 및 절차에 관한 특례법〉(이하 "법"이라 한다) 제7조 제3항에서 "대통령령이 정하는 기관"이라 함은 다음 각 호의 1에 해당하는 기관을 말한다.

1. 양자로 될 자의 자격에 관한 확인기관 : 양자로 될 자의 거주지를 관할하는 시장·군수·구청장(자치구의 구청장을 말한다. 이하 같다)
2. 양친이 될 자의 가정상황에 관한 조사기관
   가. 양친이 될 자의 거주지를 관할하는 시장·군수·구청장
   나. 법 제10조 제1항의 규정에 의한 입양기관(이하 "입양기관"이라 한다)의 장
   다. 〈아동복지법〉 제8조 제1항의 규정에 의하여 설치된 아동상담소의 장

위해 불가피한 선택일 뿐이다. 원칙적으로 본인의 의사하여 반하여 친부모로부터 분리되지 않도록 요구하면서 아동에게 최선의 이익이 되는 경우에만 친부모로부터의 분리를 예외적으로 인정하는 아동권리협약(CRC)도 같은 의도다.[144] 또한 해외입양에 관한 헤이그협약(1993) 역시 "원가족에 의한 돌봄(the care of his or her family of origin)"을 강조하고 있다.[145] 이처럼 '친부모에게 양육받을 권리'는 아동에게 보장되어야 할 기본적인 인권에 속한다. 그렇지만 자녀를 입양시킬 수밖에 없는 이유는 대부분 자녀양육이 어려울 정도의 '경제적 곤란'이다. 물론 미혼모처럼 '사회적 편견과 차별' 때문에 자녀를 입양시키는 경우도 있겠지만 미혼모의 경우에도 경제적 곤란이 중요한 이유로 작동한다. 따라서 이미 미혼모의 양육권에 포함된 사회권에서 논의한 것처럼[146] 가장 중요한 것은 생활이 어려운 부모가 자녀를 양육할 수 있도록 양육의 비용이나 시설을 국가가 지원해야 한다는 점이다. 국가가 생활이 어려운 부모에게 자녀의 양육에 필요한 비용이나 시설을 제공했음에도 불구하고

144 아동권리협약(CRC) 제9조 제1항: 협약체결국은 아동이 본인의 의사에 반하여 친부모로부터 분리되지 않도록 보장해야 하되, 다만 권한을 가진 기관이 현행 법률과 절차에 근거하여 사법적 심사를 통해 **친부모로부터의 분리가 아동에게 최선의 이익이 된다고** 결정했을 경우에는 예외로 한다. 이러한 결정은 친부모에 의한 아동의 학대나 유기와 같은 특별한 경우 또는 친부모가 따로 살고 있고 그러한 결정이 아동의 거주지에 관한 것인 경우에만 필요하다(States Parties shall ensure that a child shall not be separated from his or her parents against their will, except when competent authorities subject to judicial review determine, in accordance with applicable law and procedures, that **such separation is necessary for the best interests of the child**. Such determination may be necessary in a particular case such as one involving abuse or neglect of the child by the parents, or one where the parents are living separately and a decision must be made as to the child's place of residence).

145 해외입양에 관한 헤이그협약(1993) 서문: [···] 각국이 우선적 문제로서 아동이 자신의 **원가족에 의해 계속적으로 돌봄**을 받을 수 있도록 하는 적절한 조치를 취해야만 한다는 점을 기억하며(Recalling that each State should take, as a matter of priority, appropriate measures to enable the child to **remain in the care of his or her family of origin**)···.

146 이 책 제2장 IV. 2. 참조.

입양을 선택할 수밖에 없는 경우도 존재한다. 하지만 국가는 가능하면 부모가 자녀를 양육할 수 있도록 가능하면 최대한 지원을 제공해야 하고, 만약에 헌법상 요구된 최소한의 지원조차 제공하지 않는다면 그것은 국민의 양육권에 포함된 사회권을 침해한 것으로 위헌이 될 수 있다. 또한 양육에 필요한 최소한의 경제적 지원도 하지 않는 것은 아동에게 보장된 친부모에게 양육받을 권리를 침해하는 것을 의미하기도 한다.

2. 해외입양의 문제

(1) 대안적 수단으로서 해외입양

불가피하게 입양을 선택하는 경우에도 가능하면 국내에서 입양이 될 수 있도록 국가는 최선의 노력을 다해야 한다. 아동이 언어와 문화가 다른 외국으로 입양되는 경우에 정신적 충격이 클 수 있고, 특히 인종과 피부색이 다른 국가로 입양되는 경우에 더욱 심각한 정신적 충격을 받을 수 있기 때문이다. 아동의 부당한 해외송출이나 송환거부를 금지하면서 이를 위한 국제적 노력을 요구하고 있는[147] 아동권리협약(CRC)도 해외입양(inter-country adoption)은 해당 아동의 출신국가에서 양부모를 찾을 수 없거나 적절한 돌봄을 받을 수 없는 경우에 한하여 "대안적 수단(alternative means)"으로 고려되어야 함을 분명히 하고 있다(CRC 제21조 제b호).[148] 또한 아동을 입양시킬 때는 해당 아동의 인종적, 종교적,

---

147 아동권리협약(CRC) 제11조: 1. 협약체결국은 부당한 해외송출이나 송환거부를 철폐하기 위한 조치를 취해야만 한다(States Parties shall take measures to combat the illicit transfer and non-return of children abroad). 2. 이러한 목적을 위하여 협약체결국은 양자간 또는 다자간 조약의 체결이나 기존의 조약에 대한 가입을 촉진하여야 한다(To this end, States Parties shall promote the conclusion of bilateral or multilateral agreements or accession to existing agreements).

148 아동권리협약(CRC) 제21조: 입양제도를 인정하거나 허용하는 협약체결국은 아동에게 최선의 이익이 되는지를 최우선적으로 고려하도록 보장해야만 하고,

문화적, 언어적 배경을 충분하게 고려하도록(due regard) 요구하고 있기도 하다(CRC 제20조 제3항).[149] 그리고 해외입양에 관한 헤이그협약(1993)도 먼저 국내에서 아동위탁이 가능한지를 "충분히 고려(due consideration)" 하고, "적합한 가족(suitable family)"을 찾을 수 없는 경우에 비로소 해외입양이 해당 아동에게 최선의 이익이 되는지를 검토하도록 주문하고 있다(동협약 서문 및 제4조 b호).[150] 특히 아동을 경제적 착취와 성적 착취 및 그 밖의 모든 형태의 착취로부터 보호하고 아동의 매매나 밀거래를 예방하도록 요구하고 있는 아동권리협약[151]의 취지에 비추어 보아도

다음과 같은 의무를 진다(States Parties that recognize and/or permit the system of adoption shall ensure that the best interests of the child shall be the paramount consideration and they shall): (b) 해외입양은 아동이 위탁가정이나 입양가정을 찾지 못한 경우 또는 아동의 원국적국에서 적절한 돌봄을 받을 수 없는 경우에 아동의 돌봄을 위한 하나의 **대안적 수단**으로 고려될 수 있도록 인정해야 할 의무(Recognize that inter-country adoption may be considered as an **alternative means** of child's care, if the child cannot be placed in a foster or an adoptive family or cannot in any suitable manner be cared for in the child's country of origin).

149 아동권리협약(CRC) 제20조 제3항: 그러한(아동에 대한 대안적) 돌봄은 위탁양육, 이슬람법상 카팔라, 입양 또는 필요하다면 아동의 돌봄을 위해 적절한 시설에 위탁을 포함할 수 있다. 해결책을 고려하여 아동의 양육에 대한 지속가능성과 **아동의 윤리적, 종교적, 문화적, 언어적 배경에 대한 충분한 고려**가 행해져야만 한다(Such care could include, inter alia, foster placement, kafalah of Islamic law, adoption or if necessary placement in suitable institutions for the care of children. When considering solutions, **due regard** shall be paid to the desirability of continuity in a child's upbringing and **to the child's ethnic, religious, cultural and linguistic background**).

150 해외입양에 관한 헤이그협약(1993) ◇ 서문: … 해외입양은 자신의 원국적 국가에서 적합한 가족을 찾을 수 없는 아동에게 영원한 가족의 혜택을 제공할 수 있다는 점을 기억하고 …(… Recognising that intercountry adoption may offer the advantage of a permanent family to a child for whom a suitable family cannot be found in his or her State of origin…) ◇ 제4조: 이 협약에 따른 입양은 입양아동의 원국적 국가의 권한을 가진 기관이 다음의 요건을 충족한 경우에만 가능하다(An adoption within the scope of the Convention shall take place only if the competent authorities of the State of origin –) b) 원국적 국가 내의 국내입양 가능성을 충분히 검토한 후에 해외입양이 해당 아동에게 최선의 이익이 된다고 결정한 경우(have determined, after possibilities for placement of the child within the State of origin have been given due consideration, that an intercountry adoption is in the child's best interests;)

151 아동권리협약(CRC) ◇ 제32조 제1항: 협약체결국은 경제적 착취와 아동의 교육에

아동에 대한 착취나 매매의 가능성이 국내입양보다 상대적으로 높은 해외입양은 예외적으로 허용하는 것이 타당하다.

한국전쟁 후 수많은 전쟁고아들을 해외에 입양시키기 시작하면서 미군과 한국여성 사이에서 태어난 혼혈아와 미혼모 자녀의 입양으로 이어지는 해외입양의 역사는 현재까지 계속되고 있다.[152] 해외입양을 활성화하거나 억지하는 정부정책이 반복되면서[153] 2011년말까지 해외로 입양된 한국아동의 숫자는 17만여 명에 이르고 있다(〈표 3-9〉 참조).[154] 해외로 입양된 아동의 대부분은 미혼모의 자녀이고, 이 가운데

해가 되거나 방해할 개연성이 높은 또는 아동의 건강이나 신체적, 정신적, 영적, 도덕적, 사회적 발전에 해악이 되는 모든 노동의 수행으로부터 보호받을 권리를 보장해야 한다(States Parties recognize the right of the child to be protected from economic exploitation and from performing any work that is likely to be hazardous or to interfere with the child's education, or to be harmful to the child's health or physical, mental, spiritual, moral or social development). ◇ 제34조 제1항: 협약체결국은 모든 형태의 성적 착취나 성폭력으로부터 아동을 보호해야만 한다. 이러한 목적을 위하여 협약체결국은 특히 다음과 같은 행위를 예방하기 위한 모든 국내적, 양자간, 다자간 조치를 취해야만 한다(States Parties undertake to protect the child from all forms of sexual exploitation and sexual abuse). ◇ 제35조: 협약체결국은 어떤 목적으로든 또는 어떤 형태로든 아동의 유괴나 매매 또는 밀거래를 예방하기 위하여 모든 적절한 국내적, 양자간, 다자간 조치를 취해야만 한다(States Parties shall take all appropriate national, bilateral and multilateral measures to prevent the abduction of, the sale of or traffic in children for any purpose or in any form). ◇ 제36조: 협약체결국은 아동의 복리에 해가 되는 그 밖의 모든 형태의 착취로부터 아동을 보호해야만 한다(States Parties shall protect the child against all other forms of exploitation prejudicial to any aspects of the child's welfare).

152 한국의 해외입양 역사에 대해서는 이삼돌(토비아스 휘비네트), 《해외입양과 한국 민족주의》, 뿌리의 집 옮김(소나무, 2008), 72면 이하 참조.

153 해입입양에 관한 정부정책의 변화에 대해서는 박인선, 〈해외입양에 대한 사회복지적 제언—국내보호 활성화 방안 연구〉, 《정신문화연구》 제28권 제1호(2005), 25면 이하 참조. 이에 따르면 1950년대는 전쟁고아 중 혼혈아동을 중심으로 한 해외입양, 1960년대는 고아입양특례법의 제정으로 해외입양의 법적 근거 마련 및 승인받은 입양기관에 대해서만 해외입양 허용, 1970년대는 해외입양 감소 및 국내입양 촉진을 위한 정책 강화, 1980년대는 전반기의 경우 민간외교 차원에서 해외입양의 활성화, 후반기의 경우 해외입양에 대한 국제적 비난에 따른 기아의 해외입양 금지, 1990년대는 해외입양중단계획의 실시 및 철회를 특징으로 한다.

154 연도별 해외입양아수에 관한 자세한 통계는 이미정, 〈미혼모에 대한 한국사회 처우와

표 3-9. 해외입양 현황

(단위: 명)

총계	2003 이전	2004	2005	2006	2007	2008	2009	2010	2011
162,683	152,786	2,258	2,101	1,899	1,264	1,250	1,125	1,013	916

자료: 보건복지부 웹사이트(www.mw.go.kr)

표 3-10. 유형별 해외입양 현황

(단위: 명)

	미혼모 아동	기아/빈곤	결손가정	합계
2007	1,251	11	2	1,264
2008	1,114	10	126	1,250
2009	1,005	8	112	1,125
2010	876	4	133	1,013
2011	810	9	97	916

자료: 보건복지부 웹사이트(www.mw.go.kr)

표 3-11. 미혼모 아동 해외입양 현황

(단위: 명)

	15세 미만	15~20세	20세 이상	합계
2007	13	319	907	1,239
2008	16	332	766	1,114
2009	10	292	823	1,125
2010	5	235	636	876
2011	3	263	544	810

자료: 보건복지부 웹사이트(www.mw.go.kr)

10대 미혼모의 비율은 대략 25퍼센트 정도를 차지한다(〈표 3-10〉 및 〈표 3-11〉 참조). '아동수출국'의 불명예가 계속되자 정부는 2007년부터 '국내입양우선추진제'를 도입하여 실시하고 있다. 입양부모에게 입양수수료, 입양양육수당, 의료급여 등을 제공하는 '경제적 지원'을 확대하고, 독신자에 대한 입양허용, 입양가능 연령제한의 완화, 입양가족 자녀수 제한의 폐지 등 '양친 자격의 확대'를 위한 조치를 시행하였다. 이에 따라 입양기관을 통해 아동을 입양한 국내입양가정에 입양수수료를 제공하고, 입양기관은 입양부모에게 일체의 입양수수료를 받지 못하도록 하고 있다. 또한 13세 미만의 아동을 입양한 국내입양가정에 아동이

국제입양〉, 《젠더리뷰》(2009년 가을호), 68면 참조.

13세가 되는 달까지 매월 입양아동 양육수당으로 일정금액(입양아동 1인당 10만 원)을 지급하고 있다. 또한 혼인중에 있지 않은 독신남녀도 입양할 수 있고, 입양아동과 입양부모 사이의 연령차이는 60세 미만으로 완화되었으며 입양아동을 포함하여 입양가정의 자녀수를 제한하던 규정은 완전히 삭제되어 자녀수와 상관없이 아동을 입양할 수 있게 되었다.

한편 개정된 입양특례법은 입양의뢰 된 아동의 양부모가 될 사람을 국내에서 찾기 위한 시책을 최우선적으로 시행해야 할 의무를 국가와 지방자치단체에 부과하고 있다(동법 제7조 제1항). 또한 입양의뢰된 아동의 양친을 국내에서 찾기 위한 조치를 취한 뒤에 그 결과를 보건복지부

표 3-12. 미국의 해외입양아 현황(출신국가별 순위)

(단위: 명)

순위	2005	2006	2007	2008	2009	2010	2011
1	중국 7,903	중국 6,492	중국 5,453	과테말라 4,122	중국 3,000	중국 3,401	중국 2,587
2	러시아 4,631	과테말라 4,135	과테말라 4,727	중국 3,912	에티오피아 2,275	에티오피아 2,511	에티오피아 1,732
3	과테말라 3,783	러시아 3,702	러시아 2,303	러시아 1,857	러시아 1,586	러시아 1,079	러시아 962
4	대한민국 1,628	대한민국 1,373	에티오피아 1,254	에티오피아 1,723	대한민국 1,079	대한민국 865	대한민국 736
5	우크라이나 824	에티오피아 731	대한민국 938	대한민국 1,064	과테말라 756	우크라이나 450	우크라이나 640
6	카자흐스탄 755	카자흐스탄 588	베트남 828	베트남 748	우크라이나 610	대만 282	필리핀 229
7	에티오피아 442	우크라이나 463	우크라이나 613	우크라이나 490	베트남 481	인도 241	인도 226
8	인도 323	라이베리아 353	카자흐스탄 547	카자흐스탄 380	아이티 330	콜롬비아 235	콜롬비아 216
9	콜롬비아 287	콜롬비아 344	인도 411	인도 308	인도 297	필리핀 216	우간다 207
10	필리핀 268	인도 319	라이베리아 314	콜롬비아 306	카자흐스탄 295	카자흐스탄 181	대만 205
합계	22,734	20,680	19,608	17,456	12,744	11,058	9,319

* 회기연도: 전년도 10.1. - 해당년도 9.30.
자료: 미국 국무부 아동국 웹사이트(www.adoption.state.gov)

표 3-13. 미국의 해외입양아 현황(2009 회계연도/출신대륙별)

(단위: 명)

대륙					
아프리카	2,768	에티오피아 2,277	나이지리아 110	가나 103	우간다 69
아시아	5,607	중국 3,001	대한민국 1,077	베트남 481	인도 297
		필리핀 281	대만 253	태국 56	일본 40
유럽	2,695	러시아 1,586	우크라이나 610	카자흐스탄 295	폴란드 50
북아메리카	1,295	과테말라 756	아이티 330	멕시코 72	자메이카 54
남아메리카	351	콜롬비아 238	가이아나 38	브라질 32	페루 29
오세아니아	33	마샬군도 22	통가 7	사모아 2	

* 2009 회계연도: 2008.10.1. - 2009.9.30.

자료: 미국 국무부 아동국 웹사이트(www.adoption.state.gov)

장관에게 보고하고, 이러한 국내입양을 위한 조치에도 불구하고 양부모를 찾지 못한 경우 입양아동에 관한 정보시스템을 활용한 관련 기관과의 정보공유를 통하여 국내입양을 추진해야 할 의무를 입양기관에 부과하면서 그럼에도 불구하고 국내에서 양부모가 되려는 사람을 찾지 못하였을 경우에 한하여 입양기관이 국외입양을 추진할 수 있도록 하고 있다(동조 제2항에서 제4항). 하지만 국가나 지방자치단체 또는 입양기관에 부과하고 있는 국내입양 우선추진의 의무는 강제력이 없다는 점에서 얼마나 실효성을 발휘할지는 의문이다.

국내입양을 촉진하기 시작한 2007년부터 해외입양아의 숫자가 절반 수준으로 대폭 줄어든 것은 사실이다. 하지만 대한민국은 미국의 해외입양아 통계를 볼 때 2007년도 회기(전년도 10월 1일부터 해당년도 9월 30일까지) 이후에도 줄곧 입양아를 많이 송출한 국가순위에서 4-5위권에 들고 있다(〈표 3-12〉 참조). 2011년도 회기만 보더라도 해외에서 미국으로 입양된 아동 총 9,319명 가운데 한국 출신은 736명으로 중국, 에티오피아, 러시아에 이어 네 번째로 많은 숫자를 기록하고 있다(〈표 3-13〉 참조).

표 3-14. 스웨덴의 해외입양아 현황(출신대륙별)

(단위: 명)

대륙	주요 출신국가	2005	2006	2007	2008	2009
아프리카	합계	129	121	128	178	181
	남아공	46	38	44	40	41
	소말리아	19	21	25	59	40
	에티오피아	37	32	39	42	37
아시아/오세아니아	합계	773	581	549	479	547
	중국	462	314	280	206	248
	대한민국	104	91	66	79	97
	베트남	80	67	54	50	65
	인도	44	38	56	51	37
유럽	합계	110	103	72	77	111
	러시아	34	46	4	8	21
	폴란드	27	18	25	17	15
아메리카	합계	71	74	51	58	73
	콜롬비아	54	47	39	41	54
	볼리비아	9	11	9	6	6
총계		1,083	879	800	793	912

자료: 스웨덴 해외입양청(MIA) 웹사이트(www.mia.eu)

표 3-15. 호주의 해외입양아 현황

(단위: 명)

출신국가	2000-01	2001-02	2002-03	2003-04	2004-05	2005-06	2006-07	2007-08	2008-09	2009-10	2010-11
대한민국	75	93	101	98	96	103	80	47	45	30	19
중국	15	39	46	112	140	116	125	63	63	32	51
에티오피아	37	36	39	45	59	70	47	35	38	33	40
필리핀	18	12	18	29	48	42	45	41	45	49	37
인도	40	40	33	29	31	34	25	27	12	22	19
합계	289	294	278	370	434	421	405	270	269	222	215

* 주요 국가 외에 기타 국가의 통계는 제외하였으므로 합계와 차이가 있음.
자료: 호주 법무부(Attorney General's Department) 웹사이트(www.ag.gov.au)

해외입양아를 비교적 많이 수용하고 있는 스웨덴이나 호주의 경우에도 상황은 비슷하다(〈표 3-14〉 및 〈표 3-15〉 참조).

(2) 해외입양에 관한 독립적 법률의 필요성

해외입양(국제입양)에 대해서는 입양특례법이 규율하는데 ① 외국인이 국내에서 입양하는 경우와 ② 외국인이 입양기관을 통해 외국에서 입양하는 경우로 구분된다. 우선 외국인이 국내에서 요보호아동을 입양하는 경우에도 '가정법원의 허가'가 필요하고, 이를 위해 후견인과 함께 양자로 할 사람의 등록기준지 또는 주소지를 관할하는 가정법원에 ① 양자가 될 아동의 출생신고 증빙 서류, ② 양자가 될 사람이 법정자격을 구비하였다는 서류, ③ 양친이 될 사람의 가정상황에 관한 서류, ④ 친부모 등의 입양동의 서류를 첨부하여 입양허가를 신청하여야 한다(동법 제18조). 한편 외국인이 입양기관을 통해 외국에서 입양하는 경우에도 '가정법원의 허가'가 필요한데 국외에 거주하는 외국인이 국내에 거주하는 아동을 입양하기 위해서는 입양기관을 통하여 입양절차를 진행해야 하고, 외국인으로부터 입양알선을 의뢰받은 입양기관의 장은 입양알선을 하려면 보건복지부장관이 발행한 '해외이주허가서'를 첨부하여 가정법원에 입양허가를 신청해야만 한다(동법 제19조 제1항 및 제2항). 신청을 받은 보건복지부장관은 ① 양자가 될 사람이 미아(迷兒)이거나 그 밖에 보건복지부령으로 정하는 사람인 경우, ② 입양기관의 장이 입양을 원하는 외국인의 국가나 그 국가의 공인받은 입양기관과 입양업무에 관한 협약을 체결하지 않은 경우, ③ 입양을 원하는 외국인의 국가가 대한민국과 전쟁상태 또는 적대적인 상태에 있는 국가인 경우 중 어느 하나에 해당하면 해외이주허가서를 발행하지 않을 수 있다(동조 제4항).

해외입양에서 가장 문제는 해외입양에 관한 '독립된 법률'이 존재하지 않는다는 점이다. 따라서 무엇보다도 해외입양을 규율하는 독립된 법률이 제정되어야 한다. 해외입양법의 제정을 체약국에 요구하는

'해외입양에 관한 헤이그협약(Convention on Protection of Children and Co-operation in Respect of Intercountry Adoption)'은 해외입양법에 포함될 내용을 열거하고 있다. 첫째, 친부모나 입양아동의 동의(consent)와 관련하여 상담 및 설명절차의 보장, 법적 형식과 서면동의, 대가의 금지, 출산후 입양동의와 같은 요건이 규정되어야 한다. 둘째, 해외입양을 전담하는 중앙기관(Central Authority)이 설치되어야 한다. 셋째, 입양기관의 자격에 관한 요건을 규정해야 한다. 해외입양을 위한 독립적 법률은 아니지만 입양특례법에서 우선 친부모나 입양아동의 동의와 관련된 "충분한 상담"의 제공의무가 입양기관에 부과되어 있고(동법 제13조 제3항 및 제4항),[155] 입양의 동의나 동의철회는 "서면으로" 하도록 요구되고 있으며(동법 제12조 제6항), 입양동의에 대한 "대가의 주고받음"은 금지되고(동법 제13조 제2항), 입양동의는 "아동의 출생일로부터 1주일이 지난 후"에만 허용된다(동조 제1항). 이로써 해외입양과 관련된 입양동의에서 헤이그협약이 요구하는 요건들은 충족되었다고 보인다. 다음으로 해외입양을 전담하는 중앙기관과 관련하여 입양특례법에 따라 설치된 "중앙입양원"은 원칙적으로 국내입양의 활성화를 위해 설치된 기관이므로 헤이그협약에서 요구하고 있는 요건을 충족하지 못한다고 평가된다. 마지막으로 입양기관의 "시설 및 종사자의 기준"에 대해서는 보건복지부령에서 정하도록 위임하고는 있지만(동법 제20조 제6항) 어쨌든 법령에서 입양기관의 자격요건이 정해지므로 외관상 헤이그협약의 요건이 충족된 것으로 보인다. 그러나 법률에서 입양기관의 자격요건과

155 입양기관은 친부모가 입양에 동의하기 전에 아동을 직접 양육할 경우 지원받을 수 있는 사항 및 입양의 법률적 효력 등에 관한 충분한 상담을 제공해야만 한다(동법 제13조 제3항). 그리고 입양기관은 입양아동이 입양에 동의하기 전에 입양동의의 효과 등에 관한 충분한 상담을 제공해야만 한다(동조 제4항).

관련된 대강의 내용이라도 정해질 필요는 있다고 판단된다.

(3) 해외입양에서 국제적 협력의 필요성

해외입양은 아동을 송출하는 국가(원국적 국가)에서 아동을 인도받는 국가로 아동이 이주하게 된다는 점에서 아동을 입양시키는 국가와 입양받는 국가 상호간의 긴밀한 협력이 요구된다. 우선 아동을 송출하는 국가는 입양아동과 그 친부모 및 가족에 관한 정보와 자료를 충분히 수집하여 양부모가 될 사람에게 제공함으로써 입양의 결정에 도움이 될 수 있도록 협력해야 한다. 해외입양에 관한 헤이그협약(1993)은 아동을 송출하는 국가에 대해서 입양아동과 그 가족의 정보를 수집해야 할 의무를 요구하고 있다.[156] 한편 입양받는 국가는 입양을 원하는 양부모의 신원과 환경을 면밀하게 조사하여 양부모의 자격요건을 갖추고 입양에 적합한 사람인지 여부를 확인하여 이를 입양시키는 국가에 제공할 필요가 있다. 해외입양에 관한 헤이그협약도 양부모의 신원과 환경에 관한 정보의 수집이나 송부와 관련하여 입양아동 수용국가의 의무를 요구하고 있다.[157] 이와 관련하여 입양아동 수용국가는 양부모가 되기

156 해외입양에 관한 헤이그협약 제16조 제1항: **원국적 국가의 중앙행정기관**이 아동이 입양가능하다고 판단하려면 다음과 같은 사항을 이행해야 할 의무를 진다(If the Central Authority of the State of origin is satisfied that the child is adoptable, it shall) – a) 아동의 신원, 입양가능성, 배경, 사회환경, 가족사, 아동의 가족의 의료기록을 포함한 의료기록 및 아동의 특별한 필요에 관한 정보를 포함한 **보고서의 준비**(prepare a report including information about his or her identity, adoptability, background, social environment, family history, medical history including that of the child's family, and any special needs of the child).

157 해외입양에 관한 헤이그협약 제15조(Article 15): (1) 인도받는 국가의 중앙행정기관이 입양신청자가 입양의 자격을 갖추고 입양에 적합하다고 판단하려면 신청자의 신원, 입양자격, 입양적합성, 배경, 가족, 의료기록, 사회환경, 입양사유, 해외입양능력 및 아동의 특성에 관한 정보를 포함한 보고서를 준비해야만 한다(If the Central Authority of the receiving State is satisfied that the applicants are eligible and suited to adopt, it shall prepare a report including information about their identity, eligibility and suitability to adopt,

원하는 사람의 입양자격과 입양적합성을 심사해야 할 뿐만 아니라 입양아동의 체류허가에 관한 부분도 심사해야 한다.[158]

(4) 해외입양에 대한 찬반논의

1) 휴머니즘에 관한 논의

해외입양을 정당화하는 가장 강력한 논거 가운데 하나가 '휴머니즘'이다. 이에 따르면 전쟁이나 재난 또는 빈곤에 처한 국가에서 부모를 잃거나 버려진 아동을 입양하는 것은 숭고한 박애나 인류애의 표현이라고 주장된다. 대체로 이미 자녀가 있지만 추가로 아동을 입양하는 사람들에게서 이러한 태도가 나타난다. 하지만 이러한 주장과 태도에 대해서는 "더 적은 숫자의 아이들이 서구로 입양될수록 지구촌의 삶이 더 좋은 삶이 된다는 사실에 대해서 무지하다"는 비판이 가해진다.[159] 이러한 비판이 그 자체로 잘못된 것은 아니다. 아동의 입장에서는 입양이 불가피하다면 해외입양은 차선이고, 국내입양이 최선이기 때문이다.

---

background, family and medical history, social environment, reasons for adoption, ability to undertake an intercountry adoption, as well as the characteristics of the children for whom they would be qualified to care). (2) 인도받는 국가의 중앙행정기관은 원국적 국가의 중앙행정기관에게 해당 보고서를 송부해야만 한다(It shall transmit the report to the Central Authority of the State of origin).

158 해외입양에 관한 헤이그협약(1993) 제5조: 이 협약에 따른 입양은 아동이 인도되는 국가의 권한 있는 기관이 다음의 사항을 확인한 경우에만 가능하다(An adoption within the scope of the Convention shall take place only if the competent authorities of the receiving State). a) 양부모가 될 사람이 법적 자격을 갖추고 입양에 적합한 경우(have determined that the prospective adoptive parents are eligible and suited to adopt;) b) 양부모가 될 사람이 필수적일 수 있는 상담을 받은 경우(have ensured that the prospective adoptive parents have been counselled as may be necessary; and) c) 입양아동이 해당 국가에 입국하고 영주할 수 있는 허가를 받았거나 받게 될 경우(have determined that the child is or will be authorised to enter and reside permanently in that State.)

159 김도현, 〈해외입양: 미혼모자 복지체계 형성의 걸림돌〉, 《젠더리뷰》(한국여성정책연구원, 2008년 겨울호), 58면 참조.

그러나 더 적은 숫자의 아이들이 해외로 입양될수록 그만큼 국내에서 입양되는 아이들의 숫자가 증가하는 것은 아니다. 점점 더 많은 숫자의 아이들이 해외로 입양되고 있다는 사실은 오히려 그만큼 국내에서 입양되는 아이들의 숫자가 줄어들고 있다는 증거일 뿐이다. 자녀를 가진 부모가 해외에서 자녀를 입양하는 것은 여전히 휴머니즘의 발현이다. 따라서 국내입양의 감소는 국내의 낮아지는 휴머니즘 수준을 보여 주는 바로미터다. 해외입양의 축소로 곧바로 국내입양이 증가하지는 않는다. 모든 입양의 기초에는 휴머니즘이 놓여 있기 때문에 국내입양의 증가를 위해서는 국내의 휴머니즘 수준을 향상시키는 노력이 수반되어야 한다. 국내의 휴머니즘 수준을 향상시키지 않은 채 해외입양만 줄이면 국내와 해외 어디에서도 가족을 찾지 못한 아동의 숫자만 증가함으로써 오히려 아동의 복리에 역행하게 된다.

2) 입양의 산업화에 대한 논의

해외입양을 반대하는 가장 강력한 논거 가운데 하나는 해외입양이 이윤을 추구하는 하나의 '산업'이 되어 간다는 점이다. 해외입양을 알선하는 입양기관들은 양부모로부터 과도한 알선비용을 수수하여 이윤을 축적해 간다. 이 과정에서 입양아동의 원활한 공급을 위하여 미혼모복지시설을 운영하면서 수용한 미혼임부들에게 입양을 강요하기도 하며 입양을 전제로 미혼임부를 수용하기도 한다. 입양을 통해 유입되는 외화의 증가는 국익(경제성장)에 도움이 되기도 하기 때문에 국가는 해외입양의 산업화를 방관하거나 심지어 촉진하기도 한다. 해외입양이 '아동수출'로 표현된다고 반드시 틀리지 않은 맥락이 여기에 있다.

입양절차의 합리화를 위하여 입양절차를 체계화하고 전문화할 필요성이 있기 때문에 입양을 조직적이고 전문적으로 담당하는 입양기관의 출현은 불가피한 측면이 있다. 물론 입양기관의 역할을 국가가 담당할 수도 있지만 권위적이고 비효율적인 국가기관의 일반적 속성상 관료화할 가능성도 배제할 수 없다. 따라서 필수적인 비용의 범위 내에서 알선료를 수수하면서 비영리법인으로 활동하는 입양기관의 설립을 허용하는 것이 입양업무의 신속한 처리를 통해 입양아동과 친부모 및 양부모에게 편의를 제공할 수 있다. 따라서 입양기관의 '산업화'에는 반대해야 하지만 입양기관의 '전문화'에 대해서 반대할 이유는 없다. 입양기관의 전문화는 적어도 입양을 원하는 친부모와 양부모의 이익, 그리고 궁극적으로 입양아동의 이익에도 기여할 수 있기 때문이다.

입양기관의 산업화를 예방하기 위해서는 적정한 알선료의 설정도 중요하지만 오로지 입양만을 목적으로 미혼모의 입양을 강요하지 않도록 제도적 장치를 마련하는 것도 중요하다. 그것은 미혼모복지시설이 입양아의 공급원이 되지 않도록 입양기관이 미혼모복지시설을 설치 · 운영하는 행위를 금지시키는 것이다.[160] 개정된 한부모가족지원법에 따르면 입양기관이 기본생활지원을 하는 '미혼모자가족복지시설'을 설치 · 운영하는 것은 금지된다(동법 제20조 제4항). 여기서 기본생활지원은 "미혼 여성의 임신 · 출산 시 안전 분만 및 심신의 건강 회복과 출산 후의 아동의 양육 지원을 위하여 일정 기간 동안 주거와 생계를 지원"하는 것을 의미하는데 이러한 편의를 제공하는 시설의 설치 · 운영은 금지되지만

160 최영희 의원이 2010년 5월 11일에 대표발의한 〈한부모가족지원법 일부개정법률안〉은 입양기관의 한부모가족복지시설 운영을 금지하는 내용을 포함하고 있다(동법안 제20조 제3항).

"출산 후 해당 아동을 양육하지 아니하는 미혼모 또는 미혼모와 그 출산 아동으로 구성된 미혼모자가족에게 일정 기간 동안 공동생활을 통하여 자립을 준비할 수 있도록 주거 등을 지원"하는 공동생활지원을 제공하는 복지시설의 설치 · 운영은 금지되지 않고 있다. 공동생활지원을 제공하는 복지시설의 경우에 출산한 자녀를 양육하지 않기로 한 미혼모는 문제가 없지만 미혼모와 출산한 자녀로 구성된 미혼모자가정은 입양기관이 이러한 복지시설을 설치 · 운영하게 되면 입양을 권유받을 수 있다는 점에서 여전히 입양의 산업화라는 문제가 남는다는 점에서 입법적 개선이 요청된다고 볼 수 있다.

VII. 차별받지 않을 권리

입양아동은 입양되었다는 사실로 인해 차별받지 않아야 한다. 아동에 대한 "어떠한 종류의 차별(discrimination of any kind)"도 금지하고 있는 아동권리협약(CRC)[161]에 비추어 보면 '입양사실'을 이유로 입양

161 아동권리협약(CRC) 제2조: 1. 협약체결국은 그 사법관할 안에 있는 모든 아동이 본인이나 그 부모 또는 법적 후견인의 인종, 피부색, 성별, 언어, 종교, 정치적 또는 그 밖의 의견, 출신국가나 출신민족 또는 출신사회, 재산, 장애, 출생 또는 그 밖의 지위에 따라 **어떠한 종류의 차별도 없이** 협약에 규정된 권리를 존중하고 보장해야 한다(States Parties shall respect and ensure the rights set forth in the present Convention to each child within their jurisdiction **without discrimination of any kind**, irrespective of the child's or his or her parent's or legal guardian's race, colour, sex, language, religion, political or other opinion, national, ethnic or social origin, property, disability, birth or other status). 2. 협약체결국은 아동의 부모나 법적 후견인 또는 가족구성원의 지위, 활동, 표현된 의견 또는 신념을 이유로 **모든 형태의 차별**이나 형벌이 가해지지 않도록 보장하기 위하여 모든 적절한 조치를 취해야만 한다(States Parties shall take all appropriate measures to ensure that the child is protected against **all forms of discrimination** or punishment on the basis of the status, activities, expressed opinions, or beliefs of the child's parents, legal guardians, or family members).

아동을 차별하는 행위는 법적으로 금지되어야 한다. 특히 해외로 입양되는 아동의 경우에는 인종이나 피부색, 출신국가나 출신민족을 이유로 차별받을 가능성이 높다는 점에서 특별한 보호가 요구된다. 국가인권위원회법에 따르면 "사회적 신분"뿐만 아니라 "출신지역, 출신국가, 출신민족", 그리고 "가족형태 또는 가족상황"을 이유로 차별하는 행위는 금지되기 때문에(동법 제2조 제3호) 입양아동이라는 사회적 신분, 입양아동의 출신지역 · 출신국가 · 출신민족, 입양가족이라는 가족형태나 가족상황을 이유로 한 차별행위는 금지된다. 이에 따라 입양사실이나 입양아동 또는 입양가족이라는 이유로 고용,[162] 거래,[163] 교육[164] 등에서 차별하는 행위는 불법이다.

162 인권위법 제2조 제3항 가호에 따라 고용영역에서 금지되는 차별행위는 고용(모집, 채용, 교육, 배치, 승진, 임금 및 임금 외의 금품 지급, 자금의 융자, 정년, 퇴직, 해고 등을 포함한다)과 관련하여 특정한 사람을 우대·배제·구별하거나 불리하게 대우하는 행위를 말한다.

163 인권위법 제2조 제3항 나호에 따라 거래영역에서 금지되는 차별행위는 재화 · 용역 · 교통수단·상업시설·토지·주거시설의 공급이나 이용과 관련하여 특정한 사람을 우대·배제·구별하거나 불리하게 대우하는 행위를 말한다.

164 인권위법 제2조 제3항 다호에 따라 교육영역에서 금지되는 차별행위는 교육시설이나 직업훈련기관에서의 교육 · 훈련이나 그 이용과 관련하여 특정한 사람을 우대 · 배제 · 구별하거나 불리하게 대우하는 행위를 말한다.

제4장

결론을 대신하는 몇 가지 명제

명제 I. 해외입양은 최후수단이다

해외입양은 입양아에게 본인의 의사와 상관없이 해외로 이주당하게 되므로 '강제이주'를 의미한다는 점에서 '최후의 수단(ultima ratio)'이 되어야 한다. 해외로 입양된 아동은 인종,[165] 언어, 문화가 전혀 다른 국가로 강제적인 이주를 당하게 된다는 점에서 문제의 심각성이 강화된다. 이로써 해외입양아는 친생부모로부터 강제로 분리될 뿐만 아니라 조국과 고향으로부터도 강제로 분리됨으로써 '이중의 분리'를 경험하게 된다. 따라서 해외입양은 입양아의 출신국가에서 입양이나 위탁이 불가능한 경우에만 허용되어야 한다. 해외입양은 전쟁이나 재난 또는 빈곤으로 국내에서 고아나 기아를 부양할 수 없을 때 어쩔 수 없이 선택하는 수단이다. 굳이 해외입양이 필요하다면 그것은 인구감소를 목적으로 한 해외이주의 한 방식으로 시행되기도 한다. 하지만 대한민국은 전쟁이나 재난 또는 빈곤 때문에 고아나 기아를 부양할 수 있는 능력이 없거나 인구감소를 위해 해외입양이 불가피한 국가가

165 물론 한국전쟁 후 한국여성과 미군 사이에 출생한 아동의 경우에는 오히려 인종적으로 유사한 해외로 입양된 경우에 해당할 수 있다.

아니다. 한국에서 해외입양이 선호되는 결정적 이유는 가족의 개념에서 혈연이 중시되는 문화에 있다. 결국 해외입양을 감소시키기 위해서는 혈연중심의 가족 개념이 해체되는 방법 밖에는 없다.

명제 II. 입양은 차선이다.

입양은 입양아에게 영원한 가족을 찾아줌으로써 아동의 복리에 기여한다는 점에서 불가피한 수단이다. 하지만 입양은 친생부모로부터의 분리를 의미하므로 '차선의 선택'이 되어야 한다(입양차선론). 아동은 친생부모에 의해 양육되는 것이 최선이기 때문이다. 따라서 입양 이전에 친생부모가 자녀를 직접 양육할 수 있는 충분한 여건이 제공되어야 한다. 자녀의 양육을 위해서는 무엇보다도 '경제적 여건'이 중요하기 때문에 국가는 자녀를 양육할 경제적 능력이 되지 않는 부모, 특히 입양아의 대부분을 차지하는 미혼모가족에게 경제적 지원을 제공해야 한다. 또한 부모가, 특히 여성이 자녀를 양육하면서도 직업활동을 계속할 수 있는 '사회적 여건'도 중요하므로 국가는 여성이 일과 양육을 병행할 수 있는 제도적 지원도 제공해야 한다. 이러한 경제적 · 사회적 여건이 충분히 제공되었음에도 불구하고 불가피하게 선택하는 수단으로만 입양이 고려될 필요가 있다.

물론 '입양이 낙태보다 낫다'는 생명우선론(pro-life)은 임신 · 출산에 관한 여성의 권리를 고려하지 않는다는 점에서 입양차선론과 구분되어야 한다. 생명우선론은 임신한 여성에게 무조건적으로 출산을 강요하고 그 대안으로 입양을 제시하지만 입양차선론은 임신한 여성에게 일정한 조건에서 출산을 선택할 수 있게 하고, 입양도 출산한 여성의 선택에 맡긴다. 이처럼 출산과 입양 여부가 여성에 의해 자유롭게 결정될 수 있을 때야 비로소 이러한 자유로운 결정권이 실질적으로 행사될 수 있는 현실적 여건도 함께 고려됨으로써 입양은 차선책에 지나지 않게 된다. 하지만 생명을 절대적 가치로 이해하는 생명우선론에 따라 출산이 강요되면 출산을 원하지 않은 여성에게 입양도 선택이 아니라 강요가 되고, 입양은 그 자체가 목적으로서 자연스럽게 최선의 대안이 되어버린다. 따라서 입양이 차선이 되기 위해서는 무엇보다도 먼저 출산 여부에 대해서 여성이 결정할 수 있어야 한다. 입양은 목적이 아니라 수단이다. 입양의 목적은 '아동에게 최선이 되는 이익(the best interest of the child)'이다. 이러한 목적을 실현하기 위한 수단 가운데 하나가 입양일 뿐이다. 따라서 입양은 더 나은 수단이 있으면 당연히 물러나야 하는 차선의 수단에 지나지 않는다.

명제 III. 미혼모가족에 대한 사회복지가 최선이다

입양아가 미혼모의 자녀인 경우에 입양아의 입장에서 최선의 대안은 미혼모가족에 대한 사회복지의 제공이 되어야 한다. 미혼모가 자녀를 직접 양육하기를 원함에도 불구하고 입양시키는 가장 큰 이유는 자녀를 양육하는 데 드는 비용을 벌기가 어렵기 때문이다. 물론 미혼모가족에 대한 사회복지의 제공이 사회적 합의가 되기 위해서는 미혼모에 대한 사회적 편견의 제거가 전제되어야 한다. 가족의 개념에서 혼인은 여전히 중요한 요소이지만 절대적 요소는 아니다. 따라서 혼인하지 않은 남녀와 그 자녀로 구성된 공동체도 가족이고, 독신여성(또는 남성)과 그 자녀로 구성된 공동체도 가족이다. 혼인을 가족의 필수적 요소에서 배제한다고 해서 여전히 일반적인 삶의 양식인 혼인을 금지할 수는 없다. 혼인을 원하는 남녀가 존재하는 한 혼인제도를 폐지할 합리적 이유는 없다. 하지만 혼인을 전제로 한 가족(혼인가족)이든 혼인을 전제로 하지 않은 가족(비혼가족)이든 자녀를 양육하는 가족이 모두 국가에 의해 보호를 받아야 한다면 혼인 여부와 상관없이 모든 가족에게는 국가의 평등한 보호가 제공되어야 한다. 특히 생활능력이 없어 자녀를 양육할 비용이 없는 가족에게는 우선적인 국가의 보호가 요구된다. 그렇다면 생활능력이 없을 개연성이 높은 미혼모가족은 국가의 우선적 보호의 대상이 된다.

미혼모가족에 대한 사회복지의 제공이 최선의 정책임에도 불구하고 차선인 입양을 활성화하는 정책은 국가의 사회복지적 과제를 방기하는 처사다. 특히 해외입양을 활성화하는 정책은 국가의 사회복지적 부담을 줄이면서 해외입양을 통해 경제적 이득까지 취하려는 숨은 의도를 의심하기에 충분하다. 많은 해외입양아 숫자를 통해 한국에 붙여진 '아동수출국'이라는 불명예스러운 이름은 단지 엄청난 수의 아동을 해외에 입양시키고 있다는 사실에 국한되는 객관적 별칭만이 아니라 '수출'이라는 함의에서 드러나듯이 아동의 해외입양을 매개로 경제적 수익을 얻고 있다는 사실에 대한 부정적 별칭이기도 하기 때문이다. 따라서 국가는 더 이상 해외입양을 통해 경제적 이득을 얻으려는 꼼수를 버릴 뿐만 아니라 해외입양을 줄이기 위해 국내입양을 강화하는 미봉책도 포기해야 한다. 오히려 국가는 미혼모가 입양 대신에 양육을 선택할 수 있는 현실적 여건이 마련되도록 제도적, 경제적 지원을 제공해야 한다. 물론 미혼모가 반드시 자녀를 양육하도록 강제할 수는 없지만 적어도 자녀를 양육할 수 있는 현실적 여건을 제공하여 자녀양육에 대한 결정권을 실질화해야 할 필요는 있다. 국가의 사회복지적 과제는 자녀양육에 대한 실질적 결정권에 대응한다.

명제 IV. 가족은 상대적 가치다

혼인과 혈연을 기반으로 하는 전통적인 가족은 혼인하여 공동의 자녀를 갖기 원하는 남녀가 존재하는 한 이를 폐지하거나 심지어 금지할 합리적인 이유는 없다. 더욱이 전통적인 가족이 다른 사람의 권리나 사회 전체의 이익을 침해하지 않는다면 이러한 가족의 폐지나 금지는 정당화될 수 없다. 하지만 혼인과 혈연을 기반으로 하는 전통적인 가족을 모든 사람에게 강요할 수도 없다. 전통적인 가족은 누구나 인정해야만 하는 '절대적 가치'가 아니라 그것을 원하는 사람에게만 인정되는 '상대적 가치'이기 때문이다. 혼인하여 공동의 자녀를 출산해야만 가족이 된다고 강제할 수 없다면 '혼인하지 않은 남녀와 자녀' 또는 '독신의 여성이나 남성과 자녀'로 구성된 공동체도 가족이 되고, '자녀를 입양한 부부' 또는 '동거하면서 자녀를 입양한 남녀'도 가족이 된다. 이처럼 가족의 개념에서 그 핵심적 요소가 자녀의 양육이 되면 출산이든 입양이든 양육하는 자녀가 있는 남녀 또는 남성이나 여성은 가족이 될 수 있지만 양육하는 자녀가 없는 남녀는 혼인신고와 관계없이 부부가 될 수 있을지라도 가족이 될 수는 없다. 여기서 자녀의 양육마저도 가족의 개념에서 제외하는 대안을 생각해 볼 수 있다. 심지어 1인으로 구성된 가족의 개념을 구성해 보는 것도 가능하다. 하지만 이것은 가족 개념의 해체를 의미하기 때문에 가족 개념을 완전히 포기하지 않는 한 최소한의 한계는 남겨 놓아야 할 것으로 보인다. 그것은 적어도 가족이 공동체로서 의미를 가지기 위하여 적어도 '2인 이상의 공동체'이어야 한다는 점이다.

명제 V. 입양기관과 미혼모복지시설은 분리되어야 한다

입양기관은 입양아동과 양부모를 연결시켜 공개적이고 체계적인 입양업무를 수행하기 위하여 활동한다. 반면에 미혼모복지시설은 미혼모가 자녀를 건강하고 안전하게 출산하여 양육하고 자립할 수 있도록 지원하기 위하여 활동한다. 따라서 '입양'을 목적으로 하는 입양기관과 친부모에 의한 '양육'을 목적으로 하는 미혼모복지시설은 그 목적이 다르고, 심지어 그 목적은 상충하기 때문에 입양기관과 미혼모복지시설은 반드시 분리되어 운영되어야 한다. 입양기관과 미혼모복지시설이 결합되어 운영되면 '입양의 산업화'를 촉진할 수 있다. 미혼모에게 우선적으로 입양을 권유할 수밖에 없는 입양기관에 부속된 미혼모복지시설은 입양기관이 필요로 하는 입양아동을 공급하는 원활한 공급처 역할을 하고, 입양아동의 숫자를 확보해야 하는 입양기관은 미혼모복지시설에 미혼모의 수용 여부를 결정할 때부터 입양을 필수적 조건으로 내세울 수도 있기 때문이다. 입양의 산업화는 입양아동의 이익에 최선이 될 수 없다는 점에서 큰 문제다. 입양은 그 자체가 목적이 아니고, 입양아동의 이익에 최선이 되어야 한다는 목적을 실현하기 위한 수단에 지나지 않기 때문이다. 아동의 이익에 최선은 친부모에 의한 양육이고, 입양은 차선임에 불구하고 입양의 산업화는 입양을 최선의 선택으로 강요하게 만든다. 이러한 맥락에서 개정된 한부모가족지원법에 따라 입양기관이 미혼모복지시설의 설치 · 운영을 금지한 것은 바람직한 입법으로 평가할 수 있다.

입양의 산업화를 예방하기 위하여 입양기관과 미혼모복지시설의 분리와 함께 반드시 요구되는 것은 입양기관이 활동과 운영에 필요한 경비를 초과하는 수수료를 받음으로써 영리단체로 전락하는 것을 예방하는 일이다. 따라서 입양기관이 입양을 알선하는 활동과 거기에 필요한 인력의 인건비를 넘는 수수료를 받는 것을 법적으로 금지하고 이를 위반할 때는 엄격한 제재가 가해져야 한다. 하지만 현행 법률은 입양알선에 실제로 들어가는 비용을 초과하여 수수료를 받는 행위를 금지하고 있을 뿐이고, 이를 위반할 경우에 허가의 취소 등과 같은 제재에 대한 조항이 없어 금지의 실효성이 발휘되고 있지 못한 실정이다. 입양기관의 영리활동에 대한 엄격한 제재를 위한 입법이 시급하게 요구된다.

부록 1.
아동권리협약(Convention on the Rights of the Child)
(미혼모와 입양아동 관련조항)

1989년 11월 20일에 유엔총회에서 44/25의결로 채택되고, 제49조에 따라 1990년 9월 2일부터 시행(Adopted and opened for signature, ratification and accession by General Assembly resolution 44/25 of 20 November 1989, entry into force 2 September 1990, in accordance with article 49)

전문(Preamble)

이 협약의 가맹국은 유엔헌장에서 선언된 원칙에 따라 인류 모든 구성원의 선천적 존엄성과 평등하고 양도불가능한 권리를 인정하는 것이 세계의 자유와 정의 및 평화의 기초가 된다는 점을 고려하고(The States Parties to the present Convention, Considering that, in accordance with the principles proclaimed in the Charter of the United Nations, recognition of the inherent dignity and of the equal and inalienable rights of all members of the human family is the foundation of freedom, justice and peace in the world),

유엔에 속한 국가의 국민은 유엔헌장에서 기본적 인권과 인간의 존엄과 가치를 재확인하였다는 점과 사회적 진보와 더 광범위한 자유 속에서 더 나은 삶의 기준을 향상시키기로 결정하였다는 점을 명심하며(Bearing in mind that the peoples of the United Nations have, in the Charter, reaffirmed their faith in fundamental human rights and in the dignity and worth of the human person, and have determined to promote social progress and better standards of life in larger freedom),

유엔은 세계인권선언과 인권에 관한 국제협약에서 누구나 인종, 피부색,

성별, 언어, 종교, 정치적 의견이나 그 밖의 의견, 출신국가나 출신사회, 재산, 출생 또는 그 밖의 신분과 같은 어떠한 종류의 제한도 없이 모든 천부적인 권리와 자유를 향유할 자격을 가지고 있음을 선언하고 동의하였다는 점을 인정하고(Recognizing that the United Nations has, in the Universal Declaration of Human Rights and in the International Covenants on Human Rights, proclaimed and agreed that everyone is entitled to all the rights and freedoms set forth therein, without distinction of any kind, such as race, colour, sex, language, religion, political or other opinion, national or social origin, property, birth or other status),

세계인권선언에서 유엔은 아동이 특별한 돌봄과 지원을 향유할 자격이 있음을 선언하였다는 점을 기억하며(Recalling that, in the Universal Declaration of Human Rights, the United Nations has proclaimed that childhood is entitled to special care and assistance),

가족은 사회의 기본적 집단이고, 모든 사회구성원, 특히 아동의 성장과 복지를 위한 자연적 환경으로서 필요한 보호와 지원을 제공받음으로써 공동체 안에서 그 책임을 완전히 다할 수 있어야 함을 확인하고(Convinced that the family, as the fundamental group of society and the natural environment for the growth and well-being of all its members and particularly children, should be afforded the necessary protection and assistance so that it can fully assume its responsibilities within the community),

아동은 자신의 인격을 완전하고 조화롭게 개발하기 위하여 가족의 환경, 즉 행복과 사랑 및 이해의 분위기에서 양육되어야 한다는 점을 인정하며(Recognizing that the child, for the full and harmonious development of his or her personality, should grow up in a family environment, in an atmosphere of happiness, love and understanding),

아동은 사회에서 개인적 삶을 살고 유엔헌장에 선언된 이념의 정신, 특히 평화,

존엄, 관용, 자유, 평등, 연대의 정신에 따라 양육될 완전한 준비가 되어야 함을 고려하고(Considering that the child should be fully prepared to live an individual life in society, and brought up in the spirit of the ideals proclaimed in the Charter of the United Nations, and in particular in the spirit of peace, dignity, tolerance, freedom, equality and solidarity),

아동에 대한 특별한 배려가 확대되어야 한다는 요구가 1924년의 제네바 아동권리선언, 1959년 11월 20일에 유엔 총회에서 채택된 아동권리선언에서 명시되었고, 세계인권선언과 시민적 · 정치적 권리에 관한 국제협약(특히 제23조와 제24조) 및 경제적 · 사회적 · 문화적 권리에 관한 국제협약(특히 제10조), 그리고 아동의 복지에 관한 특별기관과 국제기구의 규정과 주요 조약에서 인정되었다는 점을 명심하며(Bearing in mind that the need to extend particular care to the child has been stated in the Geneva Declaration of the Rights of the Child of 1924 and in the Declaration of the Rights of the Child adopted by the General Assembly on 20 November 1959 and recognized in the Universal Declaration of Human Rights, in the International Covenant on Civil and Political Rights (in particular in articles 23 and 24), in the International Covenant on Economic, Social and Cultural Rights (in particular in article 10) and in the statutes and relevant instruments of specialized agencies and international organizations concerned with the welfare of children),

아동권리선언에서 선언한 바와 같이 "아동은 신체적, 정신적 미성숙성 때문에 출생 이전뿐만 아니라 출생 이후에도 적절한 법적 보호를 포함하여 특별한 보호와 배려를 필요로 한다"는 점을 명심하고(Bearing in mind that, as indicated in the Declaration of the Rights of the Child, "the child, by reason of his physical and mental immaturity, needs special safeguards and care, including appropriate legal protection, before as well as after birth"),

국내 및 국제 위탁과 입양을 특별히 고려한 아동의 보호와 복지에 관한 사회적 ·

법적 원칙의 선언, 청소년 사법행정에 관한 최소기준의 유엔 기준(베이징 기준), 응급상황과 전쟁에 처한 여성과 아동의 보호에 관한 선언의 규정을 기억하고, 세계 모든 국가에 극도로 힘든 조건에서 생활하고 있는 아동이 존재하고 이러한 아동이 특별한 배려를 필요로 한다는 점을 인정하며(Recalling the provisions of the Declaration on Social and Legal Principles relating to the Protection and Welfare of Children, with Special Reference to Foster Placement and Adoption Nationally and Internationally; the United Nations Standard Minimum Rules for the Administration of Juvenile Justice (The Beijing Rules); and the Declaration on the Protection of Women and Children in Emergency and Armed Conflict, Recognizing that, in all countries in the world, there are children living in exceptionally difficult conditions, and that such children need special consideration),

아동의 보호와 조화로운 발전을 위한 세계 각국 국민의 전통과 문화적 가치의 중요성을 적절히 고려하고, 모든 국가, 특히 개발도상국가에 사는 아동의 생활조건을 향상하기 위한 국제적 협력의 중요성을 인정하며(Taking due account of the importance of the traditions and cultural values of each people for the protection and harmonious development of the child, Recognizing the importance of international cooperation for improving the living conditions of children in every country, in particular in the developing countries),

다음의 내용에 합의하였다(Have agreed as follows):

제1장(PART I)

제1조(Article 1)

이 협약의 목적에 따라 아동은 아동에게 적용할 수 있는 법률에 의해 그 이하로 규정하지 않은 한 18세 미만의 사람을 의미한다(For the purposes of the present

Convention, a child means every human being below the age of eighteen years unless under the law applicable to the child, majority is attained earlier).

제2조(Article 2)

1. 협약체결국은 그 사법관할 안에 있는 모든 아동이 본인이나 그 부모 또는 법적 후견인의 인종, 피부색, 성별, 언어, 종교, 정치적 또는 그 밖의 의견, 출신국가나 출신민족 또는 출신사회, 재산, 장애, 출생 또는 그 밖의 지위에 따라 어떠한 차별도 없이 협약에 규정된 권리를 존중하고 보장해야 한다(States Parties shall respect and ensure the rights set forth in the present Convention to each child within their jurisdiction **without discrimination of any kind**, irrespective of the child's or his or her parent's or legal guardian's race, colour, sex, language, religion, political or other opinion, national, ethnic or social origin, property, disability, birth or other status).
2. 협약체결국은 아동의 부모나 법적 후견인 또는 가족구성원의 지위, 활동, 표현된 의견 또는 신념을 이유로 모든 형태의 차별이나 형벌이 가해지지 않도록 보장하기 위하여 모든 적절한 조치를 취해야만 한다(States Parties shall take all appropriate measures to ensure that the child is protected against all forms of discrimination or punishment on the basis of the status, activities, expressed opinions, or beliefs of the child's parents, legal guardians, or family members).

제3조(Article 3)

1. 아동과 관련된 모든 조치들의 경우에 공공 · 민간 사회복지기관, 법원, 행정관청 또는 입법기관과 같은 그 주체와 상관없이 가장 먼저 고려되어야 하는 것은 아동에게 최선의 이익이 되어야 한다는 점이다(In all actions concerning children, whether undertaken by public or private social welfare institutions, courts of law, administrative authorities or legislative bodies, **the best interests of the child** shall be a primary consideration).
2. 협약체결국은 아동의 부모와 법적 보호자 및 그 밖의 아동에게 법적 책임을

지는 사람들의 권리와 의무를 고려하여 아동의 복리에 필수적인 보호와 돌봄을 보장해야 하고, 이러한 목적을 위하여 모든 적절한 입법적 · 행정적 조치를 취해야 한다(States Parties undertake to ensure the child such protection and care as is necessary for his or her well-being, taking into account the rights and duties of his or her parents, legal guardians, or other individuals legally responsible for him or her, and, to this end, shall take all appropriate legislative and administrative measures).

3. 협약체결국은 아동의 돌봄과 보호를 위한 시설, 서비스, 편의시설이 권한을 가진 기관이 제정한 기준, 특히 안전과 건강의 영역, 종사자의 숫자와 자격 및 감독에 관한 기준을 충족하도록 보장해야 한다(States Parties shall ensure that the institutions, services and facilities responsible for the care or protection of children shall conform with the standards established by competent authorities, particularly in the areas of safety, health, in the number and suitability of their staff, as well as competent supervision).

제6조(Article 6)

1. 협약체결국은 모든 아동에게 선천적인 생명권을 인정한다(States Parties recognize that every child has the inherent right to life).
2. 협약체결국은 아동의 생존과 발전을 가능하도록 최대한 보장해야만 한다(States Parties shall ensure to the maximum extent possible the survival and development of the child).

제7조(Article 7)

1. 아동은 출생 후 즉시 공적 기록부에 등록되어야 하고, 출생과 동시에 이름을 가질 권리, 국적을 취득할 권리 및 가능하다면 부모를 알 권리와 친부모에 의해 돌봄을 받을 권리를 가져야만 한다(The child shall be registered immediately after birth and shall have **the right from birth to a name, the right to acquire a nationality** and, as far as possible, **the right to know and be cared for by his or her parents**).

2. 협약체결국은 해당 국가의 법령에 저촉되지 않는 범위에서 위의 권리가 구체적으로 규정되도록 보장해야만 하고, 이 분야에 관한 중요한 국제 협약에 따른 의무, 특히 국적이 없게 되는 아동에 대한 의무를 이행해야만 한다(States Parties shall ensure the implementation of these rights in accordance with their national law and their obligations under the relevant international instruments in this field, in particular where the child would otherwise be stateless).

제8조(Article 8)

1. 협약체결국은 국적, 이름, 가족관계를 포함하여 법률에 따라 인정된 자신의 정체성을 불법적 침해로부터 유지할 수 있는 아동의 권리를 존중해야만 한다(States Parties undertake to respect the right of the child to preserve his or her identity, including nationality, name and family relations as recognized by law without unlawful interference).
2. 아동이 자신의 정체성에 관한 요소의 일부 또는 전부를 불법적으로 박탈당한 경우에 협약체결국은 신속하게 그 정체성을 회복시키기 위하여 적절한 지원과 보호를 제공해야만 한다(Where a child is illegally deprived of some or all of the elements of his or her identity, States Parties shall provide appropriate assistance and protection, with a view to re-establishing speedily his or her identity).

제9조(Article 9)

1. 협약체결국은 아동이 본인의 의사에 반하여 친부모로부터 분리되지 않도록 보장해야 하되, 다만 권한을 가진 기관이 현행 법률과 절차에 근거하여 사법적 심사를 통해 친부모로부터의 분리가 아동에게 최선의 이익이 된다고 결정했을 경우에는 예외로 한다. 이러한 결정은 친부모에 의한 아동의 학대나 유기와 같은 특별한 경우 또는 친부모가 따로 살고 있고 그러한 결정이 아동의 거주지에 관한 것인 경우에만 필요하다(States Parties shall **ensure that a child shall not be separated from his or her parents against their**

will, except when competent authorities subject to judicial review determine, in accordance with applicable law and procedures, that such separation is necessary for the best interests of the child. Such determination may be necessary in a particular case such as one involving abuse or neglect of the child by the parents, or one where the parents are living separately and a decision must be made as to the child's place of residence).

2. 이 조항 제1항에 따른 절차에서 모든 이해당사자는 절차에 참여해서 자신의 관점을 알릴 수 있는 기회가 보장되어야만 한다(In any proceedings pursuant to paragraph 1 of the present article, all interested parties shall be given an opportunity to participate in the proceedings and make their views known).
3. 협약체결국은 친부모의 일방 또는 쌍방으로부터 분리되는 아동에게 친부모와 정기적으로 개인적인 관계와 직접적인 접촉을 유지할 수 있는 권리를 존중해야 하되, 아동에게 최선의 이익에 반하는 경우에는 예외로 한다(States Parties shall respect **the right** of the child who is separated from one or both parents **to maintain personal relations and direct contact with both parents on a regular basis**, except if it is contrary to the child's best interests).
4. 아동의 친부모의 일방 또는 쌍방의 구금, 징역, 추방, 강제퇴거 또는 사망(국가의 보호 아래에 있는 사람이 어떤 이유에서든 발생한 사망을 포함)과 같이 친부모로부터의 분리가 협약체결국에 의해 취해진 조치에 따라 이루어진 경우에는 협약체결국은 요청이 있으면 친부모나 아동 또는 적절하다면 그 밖의 가족구성원에게 분리된 가족구성원의 소재지에 관한 본질적인 정보를 제공해야만 하되, 정보의 제공이 아동의 복리에 해악이 되는 경우에는 예외로 한다. 더욱이 협약체결국은 그러한 요청으로 인해 관련된 당사자(들)에게 불이익이 초래되지 않도록 보장해야만 한다(Where such separation results from any action initiated by a State Party, such as the detention, imprisonment, exile, deportation or death (including death arising from any cause while the person is in the custody of the State) of one or both parents or of the child, that State Party shall, upon request, provide the parents, the child or, if appropriate, another member of the family with the essential information

concerning the whereabouts of the absent member(s) of the family unless the provision of the information would be detrimental to the well-being of the child. States Parties shall further ensure that the submission of such a request shall of itself entail no adverse consequences for the person(s) concerned).

제10조(Article 10)

1. 제9조 제1항에 따른 협약체결국의 의무에 따라 가족의 재결합을 목적으로 협약체결국에 대한 아동과 부모의 출입국신청은 협약체결국에 의해 적극적이고, 인도적이며 신속한 방식으로 처리되어야만 한다. 더욱이 협약체결국은 그러한 신청으로 인해 신청자와 가족구성원에게 불리한 결과가 초래되지 않도록 보장해야만 한다(In accordance with the obligation of States Parties under article 9, paragraph 1, applications by a child or his or her parents to enter or leave a State Party for the purpose of family reunification shall be dealt with by States Parties in a positive, humane and expeditious manner. States Parties shall further ensure that the submission of such a request shall entail no adverse consequences for the applicants and for the members of their family).
2. 부모가 다른 국가에 거주하고 있는 아동은 예외적인 상황을 제외하고 정기적으로 부모와 개인적인 관계와 직접적인 접촉을 유지할 수 있는 권리를 가진다. 이러한 목적을 위하여, 그리고 제9조 제1항에 따른 협약체결국의 의무에 따라 협약체결국은 아동과 부모가 본국을 포함하여 어떤 국가로부터도 출국할 수 있고, 본국으로 입국할 수 있는 권리를 존중해야만 한다. 어떤 국가로부터도 출국할 수 있는 권리는 법률상 규정되고, 국가안보, 공공질서, 공중보건이나 공중도덕 또는 타인의 권리와 자유를 보호하기 위하여 필요하며, 이 협약에서 인정된 다른 권리와 일치하는 경우에만 제한될 수 있다(A child whose parents reside in different States shall have the right to maintain on a regular basis, save in exceptional circumstances personal relations and direct contacts with both parents. Towards that end and in accordance with the obligation of States Parties under article 9, paragraph 1, States Parties shall respect the right of the child and his or her parents to leave any country, including

their own, and to enter their own country. The right to leave any country shall be subject only to such restrictions as are prescribed by law and which are necessary to protect the national security, public order (ordre public), public health or morals or the rights and freedoms of others and are consistent with the other rights recognized in the present Convention).

제11조(Article 11)

1. 협약체결국은 부당한 해외송출이나 송환거부를 철폐하기 위한 조치를 취해야만 한다(States Parties shall take measures to combat the illicit transfer and non-return of children abroad).
2. 이러한 목적을 위하여 협약체결국은 양자간 또는 다자간 조약의 체결이나 기존의 조약에 대한 가입을 촉진해야 한다(To this end, States Parties shall promote the conclusion of bilateral or multilateral agreements or accession to existing agreements).

제12조(Article 12)

1. 협약체결국은 자신의 관점을 형성할 수 있는 아동에게 본인에게 영향을 미칠 수 있는 모든 문제에서 자신의 관점, 즉 해당 아동의 나이와 성숙도에 따라 적절하게 비중을 둔 자신의 관점을 자유롭게 표현할 수 있는 권리를 보장해야만 한다(States Parties shall assure to the child who is capable of forming his or her own views **the right to express those views freely** in all matters affecting the child, the views of the child being given due weight in accordance with the age and maturity of the child).
2. 이러한 목적을 위하여 해당 아동은 특히 본인이 직접 또는 대리인이나 적절한 기관을 통해 사법절차나 행정절차에서 원국적 국가의 절차법에 따라 청문의 기회가 제공되어야 한다(For this purpose, the child shall in particular be provided the **opportunity to be heard** in any judicial and administrative proceedings affecting the child, either directly, or through a representative or an appropriate body, in a manner consistent with the procedural rules of national law).

제18조(Article 18)

1. 협약체결국은 부모가 모두 아동의 양육과 개발에 대한 공동의 책임을 진다는 원칙의 인정을 보장하기 위하여 최선의 노력을 해야만 한다. 부모나 경우에 따라서 법적 후견인은 아동의 양육과 개발에서 우선적인 책임을 진다. 아동에게 최선이 되는 이익은 그들의 기본적인 관심사가 되어야 한다(States Parties shall use their best efforts to ensure recognition of the principle that both parents have common responsibilities for the upbringing and development of the child. Parents or, as the case may be, legal guardians, have the primary responsibility for the upbringing and development of the child. The best interests of the child will be their basic concern).
2. 이 협약에서 열거된 권리의 보장과 향상을 목적으로 협약체결국은 부모와 법적 후견인이 아동의 양육에 대한 책임을 이행하는 데 적절한 지원을 제공해야만 하고, 아동의 돌봄을 위한 시설, 편의시설 및 서비스를 보장해야만 한다(For the purpose of guaranteeing and promoting the rights set forth in the present Convention, States Parties shall render appropriate assistance to parents and legal guardians in the performance of their child-rearing responsibilities and shall ensure the development of institutions, facilities and services for the care of children).
3. 협약체결국은 직장을 가진 부모의 아동이 자격을 가진 아동돌봄을 위한 서비스와 편의시설의 혜택을 받을 권리를 갖도록 보장하는 모든 적절한 조치를 취해야만 한다(States Parties shall take all appropriate measures to ensure that children of working parents have the right to benefit from child-care services and facilities for which they are eligible).

제20조(Article 20)

1. 가족적 환경을 영원히 또는 일시적으로 박탈당하거나 자신에게 최선의 이익에서 볼 때 그러한 환경이 유지되도록 허용될 수 없는 아동은 국가에 의해 제공되는 특별한 보호와 지원을 받을 자격을 갖는다(A child temporarily or permanently deprived of his or her family environment, or in whose own best

interests cannot be allowed to remain in that environment, shall be **entitled to special protection and assistance provided by the State**).

2. 협약체결국은 국내법에 따라 그러한 아동에 대한 대안적 돌봄을 보장해야만 한다(States Parties shall in accordance with their national laws ensure alternative care for such a child).
3. 그러한 돌봄은 위탁양육, 이슬람법상 카팔라, 입양 또는 필요하다면 아동의 돌봄을 위해 적절한 시설에 위탁을 포함할 수 있다. 해결책을 고려하는 경우에는 아동의 양육에 대한 지속가능성과 아동의 윤리적, 종교적, 문화적, 언어적 배경에 대한 적절한 주의가 행해져야만 한다(Such care could include, inter alia, foster placement, kafalah of Islamic law, adoption or if necessary placement in suitable institutions for the care of children. When considering solutions, due regard shall be paid to the desirability of continuity in a child's upbringing and to the child's ethnic, religious, cultural and linguistic background).

제21조(Article 21)

입양제도를 인정하고(거나) 허용하는 협약체결국은 아동에게 최선의 이익이 되는지를 최우선적으로 고려하도록 보장해야만 하고, 다음과 같은 의무를 진다(States Parties that recognize and/or permit the system of adoption shall ensure that the best interests of the child shall be the paramount consideration and they shall):

(a) 아동의 입양이 현행 법과 절차에 따라 모든 적절하고 신뢰할 수 있는 정보에 기초하여 입양이 해당 친부모와 관련된 아동의 지위에서 허용될 수 있다고 결정하는 권한을 가진 기관에 의해서만 허가되고, 필요하다면 관련된 사람들이 필수적일 수 있는 상담을 받고 정보가 제공된 상태에서 입양동의를 하도록 보장해야 할 의무(Ensure that the adoption of a child is authorized only by competent authorities who determine, in accordance with applicable law and procedures and on the basis of all pertinent and reliable information, that the adoption is permissible in view of the child's status concerning parents, relatives and legal guardians and that, if required, the persons concerned have given their informed consent to the adoption on the basis of such counselling as may be necessary);

(b) 해외입양은 아동이 위탁가정이나 입양가정을 찾지 못한 경우 또는 아동의 원국적국에서 적절한 돌봄을 받을 수 없는 경우에 아동의 돌봄을 위한 대안적 수단으로 고려될 수 있도록 인정해야 할 의무(Recognize that inter-country adoption may be considered as an **alternative means** of child's care, if the child cannot be placed in a foster or an adoptive family or cannot in any suitable manner be cared for in the child's country of origin);

(c) 해외입양이 되는 아동이 국내입양의 경우에 존재하는 안전대책이나 기준과 동일한 안전대책이나 기준을 향유하도록 보장해야 할 의무(Ensure that the child concerned by inter-country adoption enjoys safeguards and standards equivalent to those existing in the case of national adoption);

(d) 해외입양으로 그에 종사하는 사람들이 부당한 금전적 이득을 얻지 못하도록 보장하는 모든 적절한 조치를 위한 의무(Take all appropriate measures to ensure that, in inter-country adoption, the placement does not result in improper financial gain for those involved in it);

(e) 이 조항의 목표를 양자간 또는 다자간 조약을 체결함으로써 증진하고, 이러한 체계 안에서 아동의 해외입양이 권한을 가진 기관이나 기구에 의해 수행될 수 있도록 보장하기 위하여 노력해야 할 의무(Promote, where appropriate, the objectives of the present article by concluding bilateral or multilateral arrangements or agreements, and endeavour, within this framework, to ensure that the placement of the child in another country is carried out by competent authorities or organs).

제26조(Article 26)

1. 협약체결국은 모든 아동에게 사회보험을 포함한 사회보장의 혜택을 받을 권리를 인정해야만 하고, 해당 아동의 국내법에 따른 권리의 완전한 실현을 달성하기 위하여 필요한 조치를 취해야만 한다(States Parties shall recognize

for every child the right to benefit from social security, including social insurance, and shall take the necessary measures to achieve the full realization of this right in accordance with their national law).

2. 사회보장의 혜택은 적절한 경우에 아동과 아동의 양육에 대한 책임이 있는 사람들의 재원과 환경 및 아동이 직접 또는 다른 사람이 아동을 위하여 신청된 사회보장의 혜택에 중요하게 고려되어야 할 다른 사항들을 유의하여 제공되어야만 한다(The benefits should, where appropriate, be granted, taking into account the resources and the circumstances of the child and persons having responsibility for the maintenance of the child, as well as any other consideration relevant to an application for benefits made by or on behalf of the child).

제27조(Article 27)

1. 협약체결국은 아동의 신체적, 정신적, 영적, 도덕적, 사회적 발달을 위해 적정한 생활기준에 관한 권리를 모든 아동에게 인정해야만 한다(States Parties recognize **the right of every child to a standard of living adequate** for the child's physical, mental, spiritual, moral and social development).
2. 부모 또는 아동에 대한 책임이 있는 그 밖의 사람은 능력과 재정능력의 범위 안에서 아동의 발달에 필요한 생활조건을 보장할 우선적인 책임을 진다(The parent(s) or others responsible for the child have the primary responsibility to secure, within their abilities and financial capacities, the conditions of living necessary for the child's development).
3. 협약체결국은 위의 권리를 보완하기 위하여 국내적 조건에 따라, 그리고 재정의 범위 안에서 부모와 아동을 책임져야 하는 그 밖의 사람을 지원하기 위한 적절한 조치를 취해야만 하고, 필요가 있는 경우에 물질적 지원을 제공할 뿐만 아니라 프로그램, 특히 의식주와 관련된 프로그램을 지원해야만 한다(States Parties, in accordance with national conditions and within their means, shall take appropriate measures to assist parents and others responsible for the child to implement this right and shall in case of need provide material assistance and support programmes, particularly with regard to nutrition,

clothing and housing).

4. 협약체결국은 국내든 해외든 부모 또는 아동을 책임져야 하는 그 밖의 사람들로부터 아동의 양육비 보전을 보장하기 위하여 모든 적절한 조치를 취해야만 한다. 특히 아동에 대한 재정적 책임을 지는 사람이 아동의 국적국과 다른 국가에서 생활하는 경우에는 협약체결국은 국제조약에 대한 가입이나 그러한 조약의 체결 및 그 밖의 다른 조치를 모색해야 한다(States Parties shall take all appropriate measures to secure the recovery of maintenance for the child from the parents or other persons having financial responsibility for the child, both within the State Party and from abroad. In particular, where the person having financial responsibility for the child lives in a State different from that of the child, States Parties shall promote the accession to international agreements or the conclusion of such agreements, as well as the making of other appropriate arrangements).

제32조(Article 32)

1. 협약체결국은 경제적 착취와 아동의 교육에 해가 되거나 방해할 개연성이 높은 또는 아동의 건강이나 신체적, 정신적, 영적, 도덕적, 사회적 발전에 해악이 되는 모든 노동의 수행으로부터 보호받을 권리를 보장해야 한다(States Parties recognize the right of the child to be protected from **economic exploitation** and from performing any work that is likely to be hazardous or to interfere with the child's education, or to be harmful to the child's health or physical, mental, spiritual, moral or social development).
2. 협약체결국은 이 조항의 이행을 보장하기 위하여 입법적, 행정적, 사회적, 교육적 조치를 취해야만 한다. 이러한 목적을 위하여 협약체결국은 다른 국제조약의 규정을 고려하여 특히 다음의 사항을 이행해야만 한다(States Parties shall take legislative, administrative, social and educational measures to ensure the implementation of the present article. To this end, and having regard to the relevant provisions of other international instruments, States Parties shall in particular):

(a) 고용허가를 위한 단일 또는 복수의 최소연령의 규정(Provide for a minimum age or minimum ages for admission to employment);
(b) 고용 시간과 조건에 관한 적절한 규율의 규정(Provide for appropriate regulation of the hours and conditions of employment);
(c) 이 조항의 효과적인 집행을 보장하기 위한 적절한 처벌이나 그 밖의 제재의 규정(Provide for appropriate penalties or other sanctions to ensure the effective enforcement of the present article).

제34조(Article 34)

협약체결국은 모든 형태의 성적 착취나 성폭력으로부터 아동을 보호해야만 한다. 이러한 목적을 위하여 협약체결국은 특히 다음과 같은 행위를 예방하기 위한 모든 국내적, 양자간, 다자간 조치를 취해야만 한다(States Parties undertake to protect the child from all forms of **sexual exploitation** and sexual abuse. For these purposes, States Parties shall in particular take all appropriate national, bilateral and multilateral measures to prevent):
(a) 아동이 불법적 성행위에 참여하도록 유도하거나 강요하는 행위(The inducement or coercion of a child to engage in any unlawful sexual activity);
(b) 성매매 또는 그 밖의 불법적인 성적 관행을 통해 아동을 착취 목적으로 이용하는 행위(The exploitative use of children in prostitution or other unlawful sexual practices);
(c) 포르노그래피를 위한 연기나 소재로서 아동을 착취 목적으로 이용하는 행위(The exploitative use of children in pornographic performances and materials).

제35조(Article 35)

협약체결국은 어떤 목적으로든 또는 어떤 형태로든 아동의 유괴나 매매 또는 밀거래를 예방하기 위하여 모든 적절한 국내적, 양자간, 다자간 조치를 취해야만 한다(States Parties shall take all appropriate national, bilateral and multilateral measures to prevent the **abduction of, the sale of or traffic in children** for any purpose or in any form).

제36조(Article 36)

협약체결국은 아동의 복리에 해가 되는 그 밖의 모든 형태의 착취로부터 아동을 보호해야만 한다(States Parties shall protect the child against all other forms of exploitation prejudicial to any aspects of the child's welfare).

부록 2.

해외입양에 관한 헤이그협약(1993. 5. 29. 체결)

(Convention on Protection of Children and Co-Operation in Respect of Intercountry Adoption, Concluded 29 May 1993)

이 협약에 가입한 국가는(The States signatory to the present Convention),

아동이 자신의 인격을 완전하고 조화롭게 발전시키기 위해서는 가족적 환경 및 행복과 사랑, 그리고 이해의 분위기에서 양육되어야만 한다는 점을 인정하고(Recognising that the child, for the full and harmonious development of his or her personality, should grow up in a family environment, in an atmosphere of happiness, love and understanding),

각국이 우선적 문제로서 아동이 자신의 원가족에 의해 계속적으로 돌봄을 받을 수 있도록 하는 적절한 조치를 취해야만 한다는 점을 기억하며(Recalling that each State should take, as a matter of priority, appropriate measures to enable the child to remain in the care of his or her family of origin),

해외입양은 자신의 원국적 국가에서 적합한 가족을 찾을 수 없는 아동에게 영원한 가족의 혜택을 제공할 수 있다는 점을 기억하고(Recognising that intercountry adoption may offer the advantage of a permanent family to a child for whom a suitable family cannot be found in his or her State of origin),

해이입양이 아동에게 최선의 이익이 되고, 아동의 기본적 권리를 존중하도록 보장하면서 아동의 유괴, 매매, 밀거래를 예방하기 위한 조치를 취해야 할 필요성을 확인하며(Convinced of the necessity to take measures to ensure that intercountry adoptions are made in the best interests of the child and with respect for his or her fundamental rights, and to prevent the abduction, the sale of, or traffic in children),

국제협약, 특히 1989년 11월 20일의 유엔아동권리협약과 국내·해외에 위탁 및 입양되는 아동의 보호와 복지에 관한 사회적 · 법적 원칙의 선언(1986년 12월 3일 유엔총회결의 41/85)에서 제시된 원칙들을 고려하여 위에서 제시된 목적을 실현하기 위한 공통의 규정을 제정하기를 소망하면서(Desiring to establish common provisions to this effect, taking into account the principles set forth in international instruments, in particular the United Nations Convention on the Rights of the Child, of 20 November 1989, and the United Nations Declaration on Social and Legal Principles relating to the Protection and Welfare of Children, with Special Reference to Foster Placement and Adoption Nationally and Internationally (General Assembly Resolution 41/85, of 3 December 1986)),

다음의 규정에 합의하였다(Have agreed upon the following provisions).

제1장 협약의 적용범위(Chapter I – Scope of the Convention)

제1조(Article 1)

이 협약의 목표는 다음과 같다(The objects of the present Convention are).

a) 해외입양이 아동에게 최선의 이익이 되고, 국제법에서 보장된 아동의 기본적 권리를 존중하면서 진행되도록 보장하기 위한 안전대책을 수립하는 것(to establish safeguards to ensure that intercountry adoptions take place in **the best interests of the child** and with respect for his or her fundamental rights as recognised in international law);
b) 그러한 안전대책이 존중되고, 그로 인해 아동의 유괴, 매매, 밀거래가 예방되도록 협약체결국 간의 협력체계를 구축하는 것(to establish a system

of co-operation amongst Contracting States to ensure that those safeguards are respected and thereby prevent the abduction, the sale of, or traffic in children);

c) 협약체결국에서 이 협약과 일치하는 입양이 인정될 수 있도록 보장하는 것(to secure the recognition in Contracting States of adoptions made in accordance with the Convention).

제2조(Article 2)

(1) 이 협약은 일방 협약체결국("원국적 국가")에 상시적으로 거주하는 아동이 타방 협약체결국("인도받는 국가")으로 이주하였거나 이주하고 있거나 이주하게 될 경우에 인도받는 국가에 상시적으로 거주하는 부부 또는 개인에 의한 입양이 원국적 국가에서 이루어진 이후 또는 인도받는 국가나 원국적 국가에서의 입양을 목적으로 적용되어야만 한다(The Convention shall apply where a child habitually resident in one Contracting State ("the State of origin") has been, is being, or is to be moved to another Contracting State ("the receiving State") either after his or her adoption in the State of origin by spouses or a person habitually resident in the receiving State, or for the purposes of such an adoption in the receiving State or in the State of origin).

(2) 이 협약은 영원한 친자관계를 형성하는 입양에만 적용된다(The Convention covers only adoptions which create a permanent parent-child relationship).

제3조(Article 3)

이 협약은 제17조 제c호에서 규정된 동의가 아동이 18세가 되기 전에 내려진 경우에는 적용이 중지된다(The Convention ceases to apply if the agreements mentioned in Article 17, sub-paragraph c, have not been given before the child attains the age of eighteen years).

제2장 해외입양의 요건(Chapter II – Requirements for Intercountry Adoptions)

제4조(Article 4)

이 협약에 따른 입양은 입양아동의 원국적 국가의 권한을 가진 기관이 다음의 요건을 충족시킨 경우에만 가능하다(An adoption within the scope of the Convention shall take place only if the competent authorities of the State of origin).

a) 입양될 아동의 입양자격을 확인한 경우(have established that the child is adoptable;)

b) 원국적 국가내의 국내입양 가능성을 충분히 검토한 후에 해외입양이 아동에게 최선의 이익이 된다고 결정한 경우(have determined, after possibilities for placement of the child within the State of origin have been given due consideration, that an intercountry adoption is in the child's best interests;)

c) 다음과 같은 사실을 확인한 경우(have ensured that)

(1) 입양에 필수적인 동의를 한 사람이나 시설 또는 기관이 그러한 동의의 효과, 특히 입양이 아동과 그 원가족의 법적 관계를 중단시키는 결과를 초래할 것인지 여부에 대하여 필수적일 수 있는 상담을 받고, 적절한 정보가 제공되었다는 사실(the persons, institutions and authorities whose consent is necessary for adoption, have been counselled as may be necessary and duly informed of the effects of their consent, in particular whether or not an adoption will result in the termination of the legal relationship between the child and his or her family of origin),

(2) 그 사람, 시설, 기관이 법정형식에 따라 자유롭게 동의했고, 그 동의가 서면으로 표현되었거나 증명되었다는 사실(such persons, institutions and authorities have given their consent freely, in the required legal form, and expressed or evidenced in writing),

(3) 그 동의가 어떤 종류의 대가나 보상도 없이 표시되었거나 철회되었다는 사실 및(the consents have not been induced by payment or compensation of any kind and have not been withdrawn, and)

(4) 친모의 동의가 요구되는 경우에 해당 아동의 출생 후에 표시된 경우(the

consent of the mother, where required, has been given only after the birth of the child; and)

d) 아동의 나이와 성숙도에 따라 다음과 사실을 확인한 경우(have ensured, having regard to the age and degree of maturity of the child, that)

(1) 해당 아동의 동의가 요구되는 경우에 입양과 본인의 입양동의의 효과에 대하여 상담을 받고 적절한 정보가 제공되었다는 사실(he or she has been counselled and duly informed of the effects of the adoption and of his or her consent to the adoption, where such consent is required),

(2) 해당 아동의 희망과 의견이 고려되었다는 사실(consideration has been given to the child's wishes and opinions),

(3) 해당 아동의 입양동의가 요구되는 경우에 법정형식에 따라 자유롭게 동의되고, 그 동의가 서면으로 표시되었거나 증명되었다는 사실 및(the child's consent to the adoption, where such consent is required, has been given freely, in the required legal form, and expressed or evidenced in writing, and)

(4) 그 동의가 어떠한 종류의 대가나 보상도 없이 표시되었다는 사실(such consent has not been induced by payment or compensation of any kind).

제5조(Article 5)

이 협약에 따른 입양은 아동이 인도받는 국가의 권한 있는 기관이 다음의 사항을 확인한 경우에만 가능하다(An adoption within the scope of the Convention shall take place only if the competent authorities of the receiving State).

a) 양부모가 될 사람이 법적 자격을 갖추고 입양에 적합한 경우(have determined that the prospective adoptive parents are eligible and suited to adopt;)

b) 양부모가 될 사람이 필수적일 수 있는 상담을 받은 경우(have ensured that the prospective adoptive parents have been counselled as may be necessary; and)

c) 입양아동이 해당 국가에 입국하고 영주할 수 있는 허가를 받았거나 받게 될 경우(have determined that the child is or will be authorised to enter and reside permanently in that State.)

제3장 중앙행정기관 및 허가기관
(Chapter III - Central Authorities and Accredited Bodies)

제6조(Article 6)

(1) 협약체결국은 이 협약에 다른 의무를 부담하는 하나의 중앙행정기관을 설치해야만 한다(A Contracting State shall designate a Central Authority to discharge the duties which are imposed by the Convention upon such authorities).

(2) 연방국가, 1개 이상의 법체계를 가진 국가 또는 자치구역을 가진 국가는 1개 이상의 중앙행정기관을 설치하고, 그 업무의 지역적, 인적 범위를 특정할 수 있다. 1개 이상의 중앙행정기관을 가진 경우에 해당 국가내의 적절한 중앙행정기관과 통신을 위하여 의사가 전달될 수 있는 중앙행정기관을 임명해야만 한다(Federal States, States with more than one system of law or States having autonomous territorial units shall be free to appoint more than one Central Authority and to specify the territorial or personal extent of their functions. Where a State has appointed more than one Central Authority, it shall designate the Central Authority to which any communication may be addressed for transmission to the appropriate Central Authority within that State).

제7조(Article 7)

(1) 중앙행정기관은 상호간에 협력하고, 아동의 보호와 이 협약이 추구하는 다른 목표의 달성을 위하여 권한을 가진 행정기관 상호간의 협력을 증진해야만 한다(Central Authorities shall co-operate with each other and promote co-operation amongst the competent authorities in their States to protect children and to achieve the other objects of the Convention).

(2) 중앙행정기관은 다음과 같은 모든 적절한 조치를 직접 취해야만 한다(They shall take directly all appropriate measures to).

a) 입양과 관련된 해당 국가의 법률에 관한 정보 및 통계나 표준양식과 같은 그 밖의 일반적 정보의 제공(provide information as to the laws of their States concerning adoption and other general information, such as statistics and standard forms);

b) 이 협약의 이행에 관한 상호간의 정보교환 및 가능한 경우에 이 협약의 적용에 대한 장애의 제거(keep one another informed about the operation of the Convention and, as far as possible, eliminate any obstacles to its application).

제8조(Article 8)

중앙행정기관은 직접 또는 공공기관을 통하여 입양과 관련된 부당한 금전적 또는 그 밖의 이익의 취득을 예방하고, 이 협약의 목표에 위반되는 모든 관행을 제거하기 위하여 모든 적절한 조치를 취해야만 한다(Central Authorities shall take, directly or through public authorities, all appropriate measures to prevent improper financial or other gain in connection with an adoption and to deter all practices contrary to the objects of the Convention).

제9조(Article 9)

중앙행정기관은 직접 또는 공공기관이나 해당 국가에서 허가받은 다른 기관을 통하여 모든 적절한 조치, 특히 다음과 같은 조치를 취해야만 한다(Central Authorities shall take, directly or through public authorities or other bodies duly accredited in their State, all appropriate measures, in particular to).

a) 입양을 완성하기 위하여 필요한 경우에 아동과 장래의 양부모의 상황에 관한 정보의 수집, 보존, 교환(collect, preserve and exchange information about the situation of the child and the prospective adoptive parents, so far as is necessary to complete the adoption);
b) 입양의 성립과 관련된 절차의 편리화, 신속화(facilitate, follow and expedite proceedings with a view to obtaining the adoption);
c) 해당 국가내의 입양상담과 입양후 서비스의 발전에 대한 향상(promote the development of adoption counselling and post-adoption services in their States);
d) 해외입양과 관련된 경험에 대한 일반적 평가보고서의 상호 제공(provide each other with general evaluation reports about experience with intercountry

adoption);

e) 해당 국가의 법률에서 허용하는 범위에서 특수한 입양상황에 관한 정보수집을 위하여 다른 중앙행정기관이나 공공기관이 정당하게 요구한 것에 대한 답변(reply, in so far as is permitted by the law of their State, to justified requests from other Central Authorities or public authorities for information about a particular adoption situation).

제10조(Article 10)

담당하게 될 업무를 적절하게 수행할 수 있는 자격을 증명한 기관에 대해서만 허가가 부여되어야만 한다(Accreditation shall only be granted to and maintained by **bodies demonstrating their competence** to carry out properly the tasks with which they may be entrusted).

제11조(Article 11)

허가받은 기관은 다음과 같은 의무가 있다(An accredited body shall).

a) 권한을 가진 기관이 설정한 조건과 한계 내에서 오로지 비영리 목적만을 추구할 의무(pursue only **non-profit objectives** according to such conditions and within such limits as may be established by the competent authorities of the State of accreditation);

b) 해외입양 분야에서 일할 수 있는 윤리적 기준과 훈련이나 경험으로 자격을 갖춘 사람이 감독하고 보조해야 할 의무 및(be directed and staffed by **persons qualified** by their ethical standards and by training or experience to work in the field of intercountry adoption; and)

c) 그 조직과 활동 및 재정상황에 관하여 해당 국가의 권한을 가진 기관의 감독에 복종할 의무(be subject to **supervision by competent authorities** of that State as to its composition, operation and financial situation).

제12조(Article 12)

하나의 협약체결국에서 허가받은 기관이 다른 협약체결국에서 활동하기 위해서는 양 당사국의 권한을 가진 기관으로부터 허가를 받아야만 한다(A body accredited in one Contracting State may act in another Contracting State only if the competent authorities of both States have authorised it to do so).

제13조(Article 13)

중앙행정기관의 설치와 적절한 경우에 그 업무범위의 설정 및 허가받은 기관의 명칭과 주소는 각 협약체결국이 국제사법에 관한 헤이그협약 영구사무소에 통지되어야만 한다(The designation of the Central Authorities and, where appropriate, the extent of their functions, as well as the names and addresses of the accredited bodies shall be communicated by each Contracting State to the Permanent Bureau of the Hague Conference on Private International Law).

제4장 해외입양의 절차적 요건
(Chapter IV – Procedural Requirements in Intercountry Adoption)

제14조(Article 14)

협약체결국에 상주하는 사람으로 다른 협약체결국에 상주하는 아동을 입양하기 원하는 사람은 본인이 상주하는 국가의 중앙행정기관에 입양신청을 해야만 한다(Persons habitually resident in a Contracting State, who wish to adopt a child habitually resident in another Contracting State, shall apply to the Central Authority in the State of their habitual residence).

제15조(Article 15)

(1) 인도받는 국가의 중앙행정기관이 입양신청자가 입양의 자격을 갖추고 입양에 적합하다고 판단하려면 신청자의 신원, 입양자격, 입양적합성, 배경, 가족, 의료기록, 사회환경, 입양사유, 해외입양능력 및 아동의 특성에 관한 정보를 포함한 보고서를 준비해야만 한다(If the Central Authority of the receiving State is satisfied that the applicants are eligible and suited to adopt,

it shall prepare a report including information about their identity, eligibility and suitability to adopt, background, family and medical history, social environment, reasons for adoption, ability to undertake an intercountry adoption, as well as the characteristics of the children for whom they would be qualified to care).

(2) 인도받는 국가의 중앙행정기관은 원국적 국가의 중앙행정기관에게 해당 보고서를 송부해야만 한다(It shall transmit the report to the Central Authority of the State of origin).

제16조(Article 16)

(1) 원국적 국가의 중앙행정기관이 아동이 입양가능하다고 판단하려면 다음과 같은 사항을 이행해야 할 의무를 진다(If the Central Authority of the State of origin is satisfied that the child is adoptable, it shall).

a) 아동의 신원, 입양가능성, 배경, 사회환경, 가족사, 아동의 가족의 의료기록을 포함한 의료기록 및 아동의 특별한 필요에 관한 정보를 포함한 보고서의 준비(prepare a report including information about his or her identity, adoptability, background, social environment, family history, medical history including that of the child's family, and any special needs of the child);

b) 아동의 양육과 민족적, 종교적, 문화적 배경에 대한 충분한 고려(give due consideration to the child's upbringing and to his or her ethnic, religious and cultural background);

c) 동의가 제4조에 따라 표시되었다는 보장 및(ensure that consents have been obtained in accordance with Article 4; and)

d) 특히 아동과 장래의 양부모와 관련된 보고서에 기초하여 예정된 입양이 아동에게 최선의 이익이 되는지에 대한 판단(determine, on the basis in particular of the reports relating to the child and the prospective adoptive parents, whether the envisaged placement is in the best interests of the child).

(2) 원국적 국가의 중앙행정기관은 인도받는 국가의 중앙행정기관에 아동에 관한 보고서, 필수적인 동의가 표시되었다는 증명 및 입양에 대한 결정의

이유를 송부해야만 하고, 이 경우에 원국적 국가에서 친부모의 신원이 공개될 수 없다면 친부모의 신원이 드러나지 않도록 주의하여야 한다(It shall transmit to the Central Authority of the receiving State its report on the child, proof that the necessary consents have been obtained and the reasons for its determination on the placement, taking care not to reveal the identity of the mother and the father if, in the State of origin, these identities may not be disclosed).

제17조(Article 17)

아동이 미래의 양부모에게 맡겨져야 한다는 원국적 국가의 결정은 오로지 다음과 같은 경우에만 가능하다(Any decision in the State of origin that a child should be entrusted to prospective adoptive parents may only be made if).

a) 해당국가의 중앙행정기관이 미래의 양부모가 동의한다는 점을 보장한 경우(the Central Authority of that State has ensured that the prospective adoptive parents agree);

b) 입양아동을 인도받는 국가의 중앙행정기관이 그러한 결정을 승인하고, 그러한 승인이 입양아동을 인도받는 국가의 법률 또는 인도하는 국가의 중앙행정기관에 의해 요구되는 경우(the Central Authority of the receiving State has approved such decision, where such approval is required by the law of that State or by the Central Authority of the State of origin);

c) 양 당사국의 중앙행정기관이 입양이 진행되어도 좋다고 동의한 경우 및(the Central Authorities of both States have agreed that the adoption may proceed; and)

d) 제5조에 따라 미래의 양부모가 자격이 있고, 입양에 적합하다는 점과 아동이 그를 인도받는 국가에 입국하여 영주할 자격을 인정받았거나 받게 된다는 점이 결정된 경우(it has been determined, in accordance with Article 5, that the prospective adoptive parents are eligible and suited to adopt and that the child is or will be authorised to enter and reside permanently in the receiving State).

제18조(Article 18)

양 당사국의 중앙행정기관은 원국적 국가에서 출국하여 인도받는 국가에 영주하기 위하여 입국하는 아동의 체류허가를 얻는 데 필요한 모든 조치를 취해야만 한다(The Central Authorities of both States shall take all necessary steps to obtain permission for the child to leave the State of origin and to enter and reside permanently in the receiving State).

제19조(Article 19)

(1) 인도받는 국가로 아동을 인도가기 위해서는 제17조의 요건이 충족되어야만 한다(The transfer of the child to the receiving State may only be carried out if the requirements of Article 17 have been satisfied).

(2) 양 당사자 국가의 중앙행정기관은 안전하고 적절한 환경, 가능하다면 양부모나 장래의 양부모가 함께 하는 자리에서 아동이 인도되도록 보장해야만 한다(The Central Authorities of both States shall ensure that this transfer takes place in secure and appropriate circumstances and, if possible, in the company of the adoptive or prospective adoptive parents).

(3) 아동이 인도되지 않으면 제15조와 제16조에 규정된 보고서는 그것을 송부한 기관에 다시 송부되어야만 한다(If the transfer of the child does not take place, the reports referred to in Articles 15 and 16 are to be sent back to the authorities who forwarded them).

제20조(Article 20)

중앙행정기관은 입양절차와 입양을 완성하기 위한 조치 및 준비기간이 요구되는 경우에 위탁과정에 관한 정보를 서로 공유해야 한다(The Central Authorities shall keep each other informed about the adoption process and the measures taken to complete it, as well as about the progress of the placement if a probationary period is required).

제21조(Article 21)

(1) 아동이 인도받는 국가에 인도된 후에 입양이 이루어져야만 하고, 아동을 장래의 양부모에게 위탁하는 것이 아동에게 최선이 되는 이익이 되지 않는다고 해당 국가의 중앙행정기관이 판단한 경우에 해당 중앙행정기관은 아동의 보호에 필요한 조치를 취해야만 하고, 특히 다음과 같은 조치를 취해야만 한다(Where the adoption is to take place after the transfer of the child to the receiving State and it appears to the Central Authority of that State that the continued placement of the child with the prospective adoptive parents is not in the child's best interests, such Central Authority shall take the measures necessary to protect the child, in particular).

a) 장래의 양보무로부터 아동을 되돌려 받아 일시적 돌봄을 알선하는 조치(to cause the child to be withdrawn from the prospective adoptive parents and to arrange temporary care);

b) 원국적국가의 중앙행정기관과 협의하여 지체없이 입양의사를 가진 아동에게 새로운 입양을 알선하고, 이것이 적절하지 않은 때에는 장기간의 대체적 돌봄을 알선하는 조치. 이 경우에 입양은 원국적국가의 중앙행정기관이 새로운 장래의 양부모와 관련된 정보를 충분하게 제공받은 후에 이루어져야 한다(in consultation with the Central Authority of the State of origin, to arrange without delay a new placement of the child with a view to adoption or, if this is not appropriate, to arrange alternative long-term care; an adoption shall not take place until the Central Authority of the State of origin has been duly informed concerning the new prospective adoptive parents);

c) 최후의 조치로서 아동의 이익을 고려할 때 필수적인 경우에 아동의 송환을 알선하는 조치(as a last resort, to arrange the return of the child, if his or her interests so require).

(2) 특히 아동의 나이와 성숙도를 고려하여 아동은 상담을 받아야 하고, 적절하다면 이 조항에 따라 취해진 조치와 관련하여 아동의 동의가 표시되어야 한다(Having regard in particular to the age and degree of maturity

of the child, he or she shall be consulted and, where appropriate, his or her consent obtained in relation to measures to be taken under this Article).

제22조(Article 22)

(1) 이 장에 따른 중앙행정기관의 업무는 제3장에 따른 인가를 받은 공공기관이나 기관에 의해 해당 국가의 법률이 허용하는 범위내에서 수행될 수 있다(The functions of a Central Authority under this Chapter may be performed by public authorities or by bodies accredited under Chapter III, to the extent permitted by the law of its State).

(2) 협약체결국은 제15조에서 제21조에 따른 중앙행정기관의 업무가 해당 국가내에서 해당국가의 법률이 허용하는 범위내에서, 그리고 권한을 가진 기관의 감독에 따라 또는 다음과 같은 조건을 만족한 기관이나 사람에 의해 수행될 수 있다고 협약에 대한 유보조항을 표시할 수 있다(Any Contracting State may declare to the depositary of the Convention that the functions of the Central Authority under Articles 15 to 21 may be performed in that State, to the extent permitted by the law and subject to the supervision of the competent authorities of that State, also by bodies or persons who).

a) 정직성, 직업적 능력, 경험, 책임성에 관한 해당 국가의 요구를 만족시킨 경우 및(meet the requirements of integrity, professional competence, experience and accountability of that State; and)

b) 해외입양 분야에서 일할 수 있는 윤리적 기준과 훈련이나 경험의 자격을 충족한 경우(are qualified by their ethical standards and by training or experience to work in the field of intercountry adoption).

(3) 제2항에 규정된 유보조항을 둔 협약체결국은 국제사법에 관한 헤이그협약 영구사무소에 해당 기관과 사람의 성명 및 주소에 관한 정보를 지속적으로 제공해야만 한다(A Contracting State which makes the declaration provided for in paragraph 2 shall keep the Permanent Bureau of the Hague Conference on Private International Law informed of the names and addresses of these bodies and persons).

(4) 협약체결국은 해당 국가의 영역 내에 상주하는 아동의 입양이 중앙행정기관의 업무가 제1항을 준수한 경우에만 이루어질 수 있다고 협약에 대한 유보조항을 둘 수 있다(Any Contracting State may declare to the depositary of the Convention that adoptions of children habitually resident in its territory may only take place if the functions of the Central Authorities are performed in accordance with paragraph 1).

(5) 제2항에 따른 유보조항에도 불구하고 제15조와 제16조에 규정된 보고서는 항상 중앙행정기관 또는 제1항을 준수하는 다른 행정기관이나 기관의 책임하에 제공되어야만 한다(Notwithstanding any declaration made under paragraph 2, the reports provided for in Articles 15 and 16 shall, in every case, be prepared under the responsibility of the Central Authority or other authorities or bodies in accordance with paragraph 1).

제5장 입양의 인정 및 효과
(Chapter V – Recognition and Effects of the Adoption)

제23조(Article 23)

(1) 이 협약에 따라 성립된 입양으로 입양국가의 권한을 가진 기관에 의해 확인된 입양은 다른 협약체결국의 법률에 의해서도 인정되어야만 한다. 입양사실확인서는 제17조 제c호에 따른 동의가 표시되었을 때 동의를 표시한 사람에게 한정된다(An adoption certified by the competent authority of the State of the adoption as having been made in accordance with the Convention shall be recognised by operation of law in the other Contracting States. The certificate shall specify when and by whom the agreements under Article 17, sub-paragraph c), were given).

(2) 각 협약체결국은 서명, 비준, 승인, 찬성 또는 가입의 시점에 해당 국가 내에서 확인의 권한을 가진 기관이나 다수의 기관들의 정체와 업무에 관한 이 협약에 대하여 유보를 표시할 수 있다(Each Contracting State shall, at

the time of signature, ratification, acceptance, approval or accession, notify the depositary of the Convention of the identity and the functions of the authority or the authorities which, in that State, are competent to make the certification. It shall also notify the depositary of any modification in the designation of these authorities).

제24조(Article 24)

협약체결국에서 입양의 허가는 입양이 아동에게 최선이 되는 이익을 고려할 때 공공정책에 명백하게 위배되는 경우에만 거부될 수 있다(The recognition of an adoption may be refused in a Contracting State only if the adoption is manifestly contrary to its public policy, taking into account the best interests of the child).

제25조(Article 25)

모든 협약체결국은 제39조 제2항에 따라 체결된 조약에 따라 이루어진 입양을 인정하기 위하여 이 협약에 구속되지 않는다는 유보의사를 표시할 수 있다(Any Contracting State may declare to the depositary of the Convention that it will not be bound under this Convention to recognise adoptions made in accordance with an agreement concluded by application of Article 39, paragraph 2).

제26조(Article 26)

(1) 입양의 인정은 다음 사항에 대한 인정을 포함한다(The recognition of an adoption includes recognition of)
  a) 아동의 양부모 간의 법적 친자관계(the legal parent-child relationship between the child and his or her adoptive parents);
  b) 아동에 대한 양부모의 친권적 책임(parental responsibility of the adoptive parents for the child);
  c) 입양이 성립되었을 때 협약체결국에서 인정하는 경우에 아동과 친부모 간에 존재했던 법적 관계의 종료(the termination of a pre-existing legal relationship between the child and his or her mother and father, if the

adoption has this effect in the Contracting State where it was made).

(2) 종래의 친자관계를 종료하는 효력을 가진 입양의 경우에 아동은 인도받은 국가와 해당 입양이 인정되는 그 밖의 다른 협약체결국에서 그러한 효력을 가진 입양에 의해 부여되는 것과 동등한 권리를 향유한다(In the case of an adoption having the effect of terminating a pre-existing legal parent-child relationship, the child shall enjoy in the receiving State, and in any other Contracting State where the adoption is recognised, rights equivalent to those resulting from adoptions having this effect in each such State).

(3) 위의 조항들은 해당 입양을 인정하는 협약체결국에서 시행되고 있는, 아동에게 더 유리한 규정이 적용되는 경우에는 적용되지 않는다(The preceding paragraphs shall not prejudice the application of any provision more favourable for the child, in force in the Contracting State which recognises the adoption).

제27조(Article 27)

(1) 원국적 국가에서 허가된 입양이 종래의 친자관계를 종료하는 효력을 갖지 않는 경우에 이 협약에 따른 입양을 인정하는 인도받는 국가에서 다음과 같은 경우에 그러한 효력을 가진 입양으로 전환된다(Where an adoption granted in the State of origin does not have the effect of terminating a pre-existing legal parent-child relationship, it may, in the receiving State which recognises the adoption under the Convention, be converted into an adoption having such an effect).

  a) 인도받는 국가의 법률이 그것을 허용하는 경우 및(if the law of the receiving State so permits; and)

  b) 제4조 제c호 및 제d호에 따른 동의가 표시되었거나 그러한 입양의 목적으로 표시된 경우(if the consents referred to in Article 4, sub-paragraphs c and d, have been or are given for the purpose of such an adoption).

(2) 제23조는 입양을 전환하는 결정에 적용된다(Article 23 applies to the decision

converting the adoption).

제6장 일반규정(Chapter VI – General Provisions)

제28조(Article 28)

이 협약은 원국적 국가에 상주하는 아동의 국내입양을 요구하거나 인도받는 국가에 대한 아동의 입양에 우선하는 위탁이나 인도를 금지하는 법률에 영향을 미치지 않는다(The Convention does not affect any law of a State of origin which requires that the adoption of a child habitually resident within that State take place in that State or which prohibits the child's placement in, or transfer to, the receiving State prior to adoption).

제29조(Article 29)

제4조 제a호에서 제c호 및 제5조 제a호에 따른 요건이 충족될 때까지 장래의 양부모와 친부모 또는 아동을 돌보고 있는 그 밖의 사람 간의 계약은 금지되고, 다만 입양이 가족 안에서 이루어지거나 입양계약이 원국적 국가의 권한을 가진 행정기관에 의해 설정된 조건에 따르는 경우에는 예외로 한다(There shall be no contact between the prospective adoptive parents and the child's parents or any other person who has care of the child until the requirements of Article 4, sub-paragraphs a) to c), and Article 5, sub-paragraph a), have been met, unless the adoption takes place within a family or unless the contact is in compliance with the conditions established by the competent authority of the State of origin).

제30조(Article 30)

(1) 협약체결국의 행정당국은 수집된 정보 가운데 아동의 뿌리, 특히 아동의 부모의 신원에 관한 정보 및 의료기록이 보관될 수도 있도록 보장해야만 한다(The competent authorities of a Contracting State shall ensure that

information held by them concerning the child's origin, in particular information concerning the identity of his or her parents, as well as the medical history, is preserved).

(2) 협약체결국의 행정당국은 해당 국가의 법령이 허용하는 범위 안에서 아동과 그 대리인이 적절한 안내에 따라 위 정보에 접근할 수 있도록 보장해야만 한다(They shall ensure that the child or his or her representative has access to such information, under appropriate guidance, in so far as is permitted by the law of that State).

제31조(Article 31)

제30조와 상관없이 이 협약에 따라 수집되거나 이송된 개인정보, 특히 제15조와 제16조에서 언급된 정보는 오로지 수집되거나 이송된 목적을 위해서만 이용되어야 한다(Without prejudice to Article 30, personal data gathered or transmitted under the Convention, especially data referred to in Articles 15 and 16, shall be used only for the purposes for which they were gathered or transmitted).

제32조(Article 32)

(1) 누구도 해외입양과 관련된 활동으로 부당한 금전적 이득이나 그 밖의 이익을 얻을 수 없다(No one shall derive improper financial or other gain from an activity related to an intercountry adoption).

(2) 단지 입양에 종사하는 사람이 직업상 요구할 수 있는 합리적인 수수료를 포함한 비용이나 지출만 부과되고 지급될 수 있다(Only costs and expenses, including reasonable professional fees of persons involved in the adoption, may be charged or paid).

(3) 입양에 종사하는 기관장, 사무직원, 근로자는 제공된 서비스에 비해 불합리하게 과도한 급료를 받을 수 없다(The directors, administrators and employees of bodies involved in an adoption shall not receive remuneration which is unreasonably high in relation to services rendered).

제33조(Article 33)

이 협약의 규정이 존중받지 않거나 존중받지 않을 것 같은 심각한 위험이 있다는 사실을 발견한 권한을 가진 행정기관이 즉시 해당 국가의 중앙행정기관에 통보해야만 한다. 중앙행정기관은 적절한 조치가 취해지도록 보장해야 할 책임을 져야만 한다(A competent authority which finds that any provision of the Convention has not been respected or that there is a serious risk that it may not be respected, shall immediately inform the Central Authority of its State. This Central Authority shall be responsible for ensuring that appropriate measures are taken).

제34조(Article 34)

서류가 송부되는 국가의 권한을 가진 행정기관이 요구하면 원본과 일치한다고 공증된 번역이 첨부되어야만 한다. 다른 규정이 없다면 이 번역의 비용은 미래의 양부모가 지불해야만 한다(If the competent authority of the State of destination of a document so requests, a translation certified as being in conformity with the original must be furnished. Unless otherwise provided, the costs of such translation are to be borne by the prospective adoptive parents).

제35조(Article 35)

협약체결국의 권한을 가진 행정기관은 입양의 절차에서 신속하게 행동해야만 한다(The competent authorities of the Contracting States shall act expeditiously in the process of adoption).

제36조(Article 36)

상이한 지역단위에 적용될 수 있는 입양에 관한 2개 이상의 법체계를 가지고 있는 국가의 경우에 다음을 적용한다(In relation to a State which has two or more systems of law with regard to adoption applicable in different territorial units).

a) 해당 국가 내에 상주하는지 여부에 대해서는 해당 국가의 지역단위에 상주하는지 여부로 확인되어야 한다(any reference to habitual residence in that

State shall be construed as referring to habitual residence in a territorial unit of that State);

b) 해당 국가의 법률에 해당하는지 여부에 대해서는 관련되는 지역단위에 시행되는지 여부로 확인되어야 한다(any reference to the law of that State shall be construed as referring to the law in force in the relevant territorial unit);

c) 해당 국가의 권한을 가진 기관이나 공공기관의 관할에 속하는지 여부에 대해서는 관련된 지역단위에서 활동할 수 있도록 허가를 받은 기관인지 여부로 확인되어야 한다(any reference to the competent authorities or to the public authorities of that State shall be construed as referring to those authorised to act in the relevant territorial unit);

d) 해당 국가의 허가받은 기관인지 여부에 대해서는 관련된 지역단위에서 허가를 받은 기관인지 여부로 확인되어야 한다(any reference to the accredited bodies of that State shall be construed as referring to bodies accredited in the relevant territorial unit).

제37조(Article 37)

입양과 관련하여 상이한 인적 범주에 따라 달리 적용되는 2개 이상의 법체계를 가진 국가의 경우에 해당 국가의 법률에 대한 모든 인용은 해당 국가의 법률에 의해 특정된 법체계가 인용된다는 식으로 확인되어야만 한다(In relation to a State which with regard to adoption has two or more systems of law applicable to different categories of persons, any reference to the law of that State shall be construed as referring to the legal system specified by the law of that State).

제38조(Article 38)

입양과 관련하여 상이한 지역적 단위에서 고유한 법규를 가지고 있는 국가는 하나의 통일된 법체계에 따라 이 협약의 적용에 구속받지 않는 경우에는 이 협약의 적용에 구속받지 않는다(A State within which different territorial units have their own rules of law in respect of adoption shall not be bound to apply the Convention where a State with a unified system of law would not be bound to do so).

제39조(Article 39)

(1) 이 협약은 협약체결국이 당사자이고, 이 협약에 따라 규율되는 사항에 대한 규정을 포함하고 있는 국제조약에 영향을 미치지 않되, 협약체결국이 해당 조약에 대한 반대의사를 표시한 경우에는 예외로 한다(The Convention does not affect any international instrument to which Contracting States are Parties and which contains provisions on matters governed by the Convention, unless a contrary declaration is made by the States Parties to such instrument).

(2) 모든 협약체결국은 1개 이상의 협약체결국과 이 협약을 상호간에 적용하기 위하여 조약을 체결할 수 있다. 이 조약은 제14조에서 제16조 및 제18조에서 제21조의 규정을 적용받지 않을 수 있다. 이러한 조약을 체결한 국가는 이 협약의 유보에 관한 복사본을 송부해야만 한다(Any Contracting State may enter into agreements with one or more other Contracting States, with a view to improving the application of the Convention in their mutual relations. These agreements may derogate only from the provisions of Articles 14 to 16 and 18 to 21. The States which have concluded such an agreement shall transmit a copy to the depositary of the Convention).

제40조(Article 40)

이 협약에 대해서는 어떠한 유보도 허용되지 않는다(No reservation to the Convention shall be permitted).

제41조(Article 41)

이 협약은 이 협약이 발효된 후에 인도받는 국가와 원국적 국가에 제14조에 따른 신청이 접수된 경우에 적용되어야만 한다(The Convention shall apply in every case where an application pursuant to Article 14 has been received after the Convention has entered into force in the receiving State and the State of origin).

제42조(Article 42)

헤이그 국제사법회의 사무총장은 이 협약의 실질적인 작동을 심사하기 위하여

정기적으로 특별위원회를 소집해야만 한다(The Secretary General of the Hague Conference on Private International Law shall at regular intervals convene a Special Commission in order to review the practical operation of the Convention).

제7장 최종조항(Chapter VII – Final Clauses)

제43조(Article 43)

(1) 이 협약은 헤이그 국제사법회의 제17차 회기 당시에 가맹국이었거나 그 회기에 참여했던 그 밖의 국가가 체결할 수 있다(The Convention shall be open for signature by the States which were Members of the Hague Conference on Private International Law at the time of its Seventeenth Session and by the other States which participated in that Session).

(2) 이 협약은 비준, 승인 또는 수용되어야만 하고, 비준, 승인 또는 수용의 문서는 이 협약의 공탁기관인 네덜란드 외무부장관이 보관되어야만 한다(It shall be ratified, accepted or approved and the instruments of ratification, acceptance or approval shall be deposited with the Ministry of Foreign Affairs of the Kingdom of the Netherlands, depositary of the Convention).

제44조(Article 44)

(1) 그 밖의 국가는 제46조 제1항에 따라 이 협약의 효력이 발생한 후에 이 협약에 가입할 수 있다(Any other State may accede to the Convention after it has entered into force in accordance with Article 46, paragraph 1).

(2) 가입문서는 위 공탁기관에 보관되어야만 한다(The instrument of accession shall be deposited with the depositary).

(3) 협약에 대한 가입은 가입하게 되는 국가와 제48조 제b호에 규정된 공지를 수령한 후 6개월 안에 가입에 반대하지 않은 협약체결국 사이에서만

효력이 발생한다. 반대는 가입 후에 협약을 비준, 승인 또는 수용하는 시점에서도 제기될 수 있다. 모든 반대는 공탁기관에 공지되어야만 한다(Such accession shall have effect only as regards the relations between the acceding State and those Contracting States which have not raised an objection to its accession in the six months after the receipt of the notification referred to in sub-paragraph b) of Article 48. Such an objection may also be raised by States at the time when they ratify, accept or approve the Convention after an accession. Any such objection shall be notified to the depositary).

제45조(Article 45)

(1) 이 협약에서 규율하는 문제와 관련하여 상이한 법체계가 적용되는 2개 이상의 지역단위를 가진 국가의 경우에 서명, 비준, 승인, 수용 또는 가입의 시점에서 이 협약이 모든 지역단위 또는 그 가운데 1개 이상에 확대된다는 의사를 표시할 수 있고, 이러한 의사표시는 다른 의사표시를 제출함으로써 언제든지 변경될 수 있다(If a State has two or more territorial units in which different systems of law are applicable in relation to matters dealt with in the Convention, it may at the time of signature, ratification, acceptance, approval or accession declare that this Convention shall extend to all its territorial units or only to one or more of them and may modify this declaration by submitting another declaration at any time).

(2) 모든 의사표시는 공탁기관에 공지되어야만 하고, 이 협약이 적용되는 지역단위에 신속하게 공표되어야 한다(Any such declaration shall be notified to the depositary and shall state expressly the territorial units to which the Convention applies).

(3) 이 조항에 따른 의사표시를 하지 않은 국가의 경우에 이 협약은 해당 국가의 모든 지역단위로 확대되어야 한다(If a State makes no declaration under this Article, the Convention is to extend to all territorial units of that State).

제46조(Article 46)

(1) 이 협약은 제43조에 규정된 비준, 승인 또는 수용의 세 번째 문서가 보관된 후 3개월이 지난 시점의 다음 달 1일부터 효력을 발생한다(The Convention shall enter into force on the first day of the month following the expiration of three months after the deposit of the third instrument of ratification, acceptance or approval referred to in Article 43).

(2) 그 이후에 이 협약은 다음과 같은 날에 효력을 발생한다(Thereafter the Convention shall enter into force).

a) 차후에 이 협약을 비준, 승인 또는 수용하거나 가입한 국가의 경우에는 비준, 승인, 수용 또는 가입의 문서가 보관된 후 3개월이 지난 시점의 다음 달 1일(for each State ratifying, accepting or approving it subsequently, or acceding to it, on the first day of the month following the expiration of three months after the deposit of its instrument of ratification, acceptance, approval or accession);

b) 제45조에 따라 이 협약이 확대된 지역단위의 경우에 동조에 규정된 공지 후 3개월이 지난 시점의 다음 달 1일(for a territorial unit to which the Convention has been extended in conformity with Article 45, on the first day of the month following the expiration of three months after the notification referred to in that Article).

제47조(Article 47)

(1) 협약 당사자국은 공탁기관을 주소로 한 문서로 협약의 탈퇴를 공지할 수 있다(A State Party to the Convention may denounce it by a notification in writing addressed to the depositary).

(2) 탈퇴는 그에 대한 공지를 공탁기관이 수령한 후 12개월 지난 시점의 다음 달 1일부터 효력을 발생한다. 탈퇴의 효력에 관한 기간을 탈퇴공지에서 더 장기간으로 특정한 경우에는 그 공지를 공탁기관이 수령한 후 더 장기간인 해당 기간이 지난 시점부터 효력을 발생한다(The denunciation takes effect on the first day of the month following the expiration of twelve months after

the notification is received by the depositary. Where a longer period for the denunciation to take effect is specified in the notification, the denunciation takes effect upon the expiration of such longer period after the notification is received by the depositary).

제48조(Article 48)

공탁기관은 헤이그 국제사법회의 가맹국과 제17차 회기에 참석했던 그 밖의 국가 및 제44조에 따라 가입한 국가에 다음과 같은 사항을 공지해야만 한다(The depositary shall notify the States Members of the Hague Conference on Private International Law, the other States which participated in the Seventeenth Session and the States which have acceded in accordance with Article 44, of the following).

a) 제43조에 규정된 체결, 비준, 승인, 수용(the signatures, ratifications, acceptances and approvals referred to in Article 43);
b) 제44조에 규정된 가입과 가입에 대한 거부(the accessions and objections raised to accessions referred to in Article 44);
c) 제46조에 따른 이 협약의 효력발생 시점(the date on which the Convention enters into force in accordance with Article 46);
d) 제22조, 제23조, 제25조 및 제45조에 규정된 의사표시와 설치(the declarations and designations referred to in Articles 22, 23, 25 and 45);
e) 제39조에 규정된 동의(the agreements referred to in Article 39);
f) 제47조에 규정된 탈퇴(the denunciations referred to in Article 47).

정당한 서명권한을 가진 아래의 서명자가 입회한 가운데 이 협약에 서명하였다(In witness whereof the undersigned, being duly authorised thereto, have signed this Convention).

1993년 5월 29일 헤이그에서 영어와 프랑스어로 두 개의 원본이 작성되었고, 하나의 복사본은 네덜란드 정부기록보관소에 보관되며 공증된 복사본은 외교통로를 통해 헤이그 국제사법회의 제17차 회기 당시의 가맹국과 그 회기에 참석했던 그 밖의 국가에 각각 송부한다(Done at The Hague, on the 29th day of May 1993, in the English and French languages, both texts being equally authentic, in a single copy which shall be deposited in the archives of the Government of the Kingdom of the Netherlands, and of which a certified copy shall be sent, through diplomatic channels, to each of the States Members of the Hague Conference on Private International Law at the date of its Seventeenth Session and to each of the other States which participated in that Session).

찾아보기

ㅇ

학술연구총서 · 76

가족의 탄생

가족 개념의 변화에 따른 미혼모와 입양인의 권리

초판발행 2012년 8월 28일
초판 1쇄 2012년 8월 28일
지은이 이준일
펴낸곳 고려대학교출판부
www.kupress.com
kupress@korea.ac.kr
136-701 서울특별시 성북구 안암동
02-3290-4230, 4232
Fax 923-6311
찍은곳 경주문화인쇄

ISBN 978-89-7641-783-1 94360
ISBN 978-89-7641-352-9 (세트)

값 14,000원

* 잘못 만들어진 책은 바꿔드립니다.